Génie logici

Gestion
de projet agile

Génie logiciel

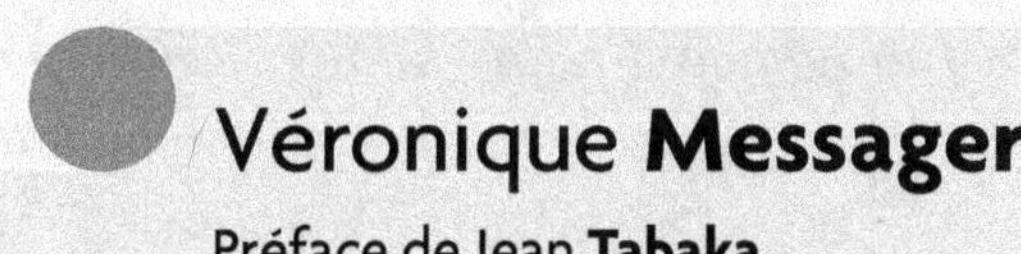

Véronique **Messager**

Préface de Jean **Tabaka**

Gestion de projet agile

vec Scrum, Lean, eXtreme Programming...

EYROLLES

ÉDITIONS EYROLLES
61, bd Saint-Germain
75240 Paris Cedex 05
www.editions-eyrolles.com

La 3ᵉ édition de cet ouvrage a fait l'objet d'un reconditionnement à l'occasion de son 3ᵉ tirage (nouvelle collection et nouvelle couverture). Le texte de l'ouvrage reste inchangé par rapport au tirage précédent.

Remerciements à Christophe Addinquy, Claude Aubry, Jérôme Barrand, Laurent Bossavit, Antoine Contal, Elisabeth Ducarre, Marc Dumonte, David Gageot, Jean-Claude Grosjean, Marie-Pia Ignace, Freddy Mallet, Régis Médina, Pascal Pratmarty, Alain Pujol, Jean Tabaka, Dominic Williams.

Préface

En février 2001, dix-sept personnes se sont réunies pour faire une déclaration innovante sur ce qu'elles considéraient être un socle de facteurs clés de succès dans le développement logiciel. Elles sont tombées d'accord sur le fait que, durant leurs expériences de développement ou d'assistance au développement, le succès d'une livraison ne se produisait a priori pas dans des approches qui s'appuyaient sur des plans ou de la documentation. Au contraire, elles reconnurent qu'un ensemble de valeurs et de pratiques totalement différentes étaient à l'origine de la réussite des projets.

De cette réunion résulta leur déclaration présentant une approche dénommée le développement logiciel agile. Les dix-sept participants ont résumé leurs convictions dans un document intitulé le « Manifeste pour le développement logiciel agile », qu'ils signèrent tous, en mettant en avant les valeurs suivantes :

- les individus et leurs interactions plutôt que des outils et des processus ;

- des fonctionnalités opérationnelles plutôt qu'une documentation abondante ;

- la collaboration avec le client plutôt que la négociation d'un contrat ;

- s'adapter au changement plutôt que suivre un plan.

Cette déclaration a eu un écho partout dans le monde et un vrai mouvement du développement logiciel agile a vu le jour. Ce mouvement a fait émerger toute une série de pratiques qui tendent à illustrer les quatre valeurs du manifeste. Certaines pratiques focalisent sur les disciplines d'ingénierie ; d'autres s'intéressent à de nouvelles formes de gestion de projet ; et d'autres encore présentent de nouvelles responsabilités pour les équipes. Toutes peuvent déconcerter les équipes qui envisagent de passer à une nouvelle approche de développement logiciel.

Mon travail personnel, en tant qu'« évangéliste » du développement logiciel agile, et compte tenu de ma croyance profonde dans la valeur de l'agilité pour les petites, moyennes ou grandes organisations, m'a conduite à travers l'Europe, l'Amérique du Nord et certaines parties de l'Asie. J'ai eu suffisamment de chance pour être impliquée dans de vraies mutations organisationnelles basées sur les disciplines et les pratiques présentées dans cet ouvrage. En tant qu'auteur de *Collaboration Explained: Facilitation Skills for Software Project Leaders*, j'entends avec plaisir les voix qui, comme celles de Véronique Messager Rota, considèrent que l'agilité est le chemin le plus approprié pour livrer des logiciels tout en dégageant de la valeur ajoutée. C'est en travaillant avec elle que j'ai pu mesurer sa conviction dans le message qu'elle délivre.

Dans l'ouvrage de Véronique Messager Rota, *Gestion de projet – Vers les méthodes agiles*, on a la chance de bénéficier de ses propres expériences et de ses réflexions sur ce qu'est une transition vers des pratiques agiles. On peut ainsi prendre du recul et évaluer l'état actuel de ces pratiques et la façon dont elles sont mises en œuvre par les différents experts du monde agile. Guidée par son ouverture d'esprit, Véronique invite ses lecteurs à considérer le mérite de ces pratiques par rapport aux approches en cascade. Tout ce que nous avons appris des approches fondées sur les plans comme un cycle en cascade ne doit pas être condamné ; tout ce que nous découvrons avec le développement logiciel agile ne constitue pas une solution miracle. Les deux approches sont riches d'enseignements. Véronique en propose adroitement des comparaisons utiles, suivies de recommandations. Cette information est inestimable pour les organisations qui envisagent d'adopter des pratiques agiles.

En outre, ce livre est particulièrement intéressant puisqu'il s'adresse à la communauté francophone. Véronique avait le souhait profond de présenter ce thème stratégique en langue française et d'y associer des commentaires de quelques experts francophones de tout premier plan. Ces contributeurs y partagent leur expérience pratique et émettent quelques suggestions pour soutenir l'adoption des méthodes agiles. Cette association des conseils donnés par Véronique et par ses contributeurs fait de cet ouvrage un support très crédible et précieux pour améliorer vos performances. Parce que Véronique rend le sujet accessible à la fois à des techniciens et des non-techniciens, l'ouvrage devrait avoir une large audience de lecteurs intéressés par l'agilité. Cela constitue un autre point positif en faveur du livre.

Le développement logiciel agile n'est plus complètement nouveau ; il ne devrait plus vous effrayer. Cependant, ne partez pas seul à sa découverte. Cherchez plutôt un guide expérimenté qui saura vous accompagner avec encouragements et prudence. Véronique Messager Rota est ce guide. Avec son livre, vous pouvez vous attendre, vous et vos équipes, à tirer profit des fondements du manifeste de 2001 qui a changé le monde du développement logiciel. Je vous souhaite un excellent voyage !

Jean Tabaka,
coach et mentor agile
chez Rally Software Development

Remerciements

*Avant de mourir, il faut avoir fait un enfant,
écrit un livre et planté un arbre.*

Proverbe chinois.

L'idée d'un livre, un soir au printemps 2006, suggérée par Yann… et le projet démarre ainsi. Merci à toi, Yann, pour ta persuasion et tes encouragements ; merci pour ta patience, car cela n'a pas été tous les jours facile de supporter ce stress.

Merci, également, à Muriel Shan Sei Fan, éditrice chez Eyrolles, pour sa confiance ; d'emblée, elle a cru à ce projet et m'a confié cette responsabilité de représenter, en tant qu'auteur, la maison Eyrolles.

Merci à Christophe Addinquy, pour la qualité de tes relectures sans complaisance – c'est un euphémisme ! –, ton immense culture, ton humour et surtout ta disponibilité, ta générosité pour me proposer ton aide au beau milieu de tes vacances alors que je t'appelai à la rescousse ! À charge de revanche, Christophe, quand tu te seras décidé à écrire ton livre !

Merci à Alain Pujol, le premier et, sans doute, le seul directeur qualité qui m'a fait comprendre, il y a quelques années, ce qu'était la qualité vue avec pragmatisme ; merci pour ton intelligence, tes conseils toujours avertis, tes remarques pertinentes et justes, tes suggestions qui ont toujours été très précieuses.

Merci à tous les contributeurs de cet ouvrage. Jean Tabaka, avant tout, avec laquelle nous avons immédiatement partagé le même esprit agile, dès notre première rencontre lors de ta venue en Europe. Merci pour ta grande expérience, ton dynamisme, ton professionnalisme et ton appui dans ce projet. Merci à Claude Aubry, Laurent Bossavit, Antoine Contal, Élisabeth Ducarre, Marc Dumonte, David Gageot, Jean-Claude Grosjean, Marie-Pia Ignace, Freddy Mallet, Régis Medina, Pascal Pratmarty, Dominic Williams, tous actifs dans la communauté agile en Europe ; et pour cette troisième édition, merci à Jérôme Barrand, spécialiste de l'agilité stratégique et comportementale des organisations.

Merci à Sophie Hincelin, Karine Joly et toute l'équipe Eyrolles, pour leurs conseils techniques et leur soutien moral lorsque tout paraît perdu au pied des échéances !

Ma gratitude va aussi à mes anciens collègues de Valtech et Valtech Training, des experts de haut niveau, au contact desquels j'ai tellement appris ; à mes clients et mes stagiaires, qui par leurs attentes, leurs questions et leurs projets me poussent à être plus pédagogue, plus professionnelle et plus exigeante encore pour mieux les servir.

Merci à tous ceux qui m'entourent et m'ont encouragée dans cette entreprise ô combien enrichissante.

Bonne lecture à vous tous.

Table des matières

Introduction

Chef de projet : un métier complexe

La pleine conscience de l'incertitude, de l'aléa, de la tragédie dans toutes choses humaines est loin de m'avoir conduit à la désespérance. Au contraire, il est tonique de troquer la sécurité mentale pour le risque, puisqu'on gagne ainsi la chance. Les vérités polyphoniques de la complexité exaltent, et me comprendront ceux qui comme moi étouffent dans la pensée close, la science close, les vérités bornées, amputées, arrogantes.

Edgar Morin (*Le Paradigme perdu*, p. 233, Points nᵒ 109).

Rigueur, ouverture, disponibilité, intégrité, bon sens, organisation, anticipation, écoute active, autodiscipline, capacités analytiques, diplomatie, leadership, transparence, proactivité, capacités relationnelles, professionnalisme… Voilà tout ce qu'on demande à un chef de projet aujourd'hui : de réunir l'ensemble de ces qualités… et la liste pourrait s'allonger. Un « mouton à cinq pattes », allez-vous dire. En effet, dans un environnement complexe, de surcroît, contraint par le *time to market*, il doit (faire) développer un produit au moindre coût dans des délais de plus en plus courts avec une qualité irréprochable.

Capitaine du navire, chef d'entreprise ou chef d'orchestre, clé de voûte de l'édifice que constitue son équipe, le métier de chef de projet est loin d'être simple et confortable ! D'autant que si tout va bien, il recueille rarement les félicitations du client ou de sa hiérarchie (« après tout, il n'a fait que son travail ! ») ; en revanche, si quelque chose tourne mal, il en sera responsable.

En référence à la métaphore de Jérôme Barrand, dans son ouvrage sur *Le Manager agile*[1], on pourrait comparer le chef de projet à « Tarzan » dont le talent est « avant tout d'être sensible aux signaux pertinents dans la jungle, univers d'ombre et de "bruit", univers de turbulence fait de menaces d'espèces concurrentes et d'opportunités végétales et animales ! Son talent a alors été d'inventer tous les jours des solutions innovantes pour survivre puis de trouver un équilibre et surtout de communiquer malgré tout avec tous les acteurs de son environnement […] ».

Débutant ou expérimenté, n'avez-vous jamais ressenti ce sentiment de solitude dans cette jungle qu'est l'entreprise, un univers dans lequel risques et menaces rendent le chemin plus ardu ? Ne vous êtes-vous jamais senti à cours d'imagination pour trouver des réponses et des solutions aux écueils rencontrés ? N'avez-vous jamais été envahi par l'incertitude liée à l'imprévisibilité des événements ? N'avez-vous jamais rencontré de difficultés à mobiliser tous les membres de votre équipe ? N'avez-vous jamais eu l'impression d'être abandonné par votre hiérarchie ? Pouvez-vous, enfin, affirmer avoir réussi tous les projets que vous avez menés ?

Être chef de projet est un métier passionnant mais difficile à exercer. Avant tout, parce que le chef de projet, lui-même, doit être multicompétent : c'est-à-dire maîtriser les techniques de gestion de projet, appréhender, chaque fois, les spécificités du projet et en plus être un bon leader d'équipe. Ensuite, il est souvent seul, pour faire face, notamment, à l'incertitude qui l'entoure. Alors, gérer un projet serait-ce une mission (im)possible ?

Le chef de projet multicompétent

Le périmètre des responsabilités du chef de projet est large mais variable.

En effet, selon la taille et le contexte particulier du projet, le métier change.

Il est fréquent de rencontrer des chefs de petits projets qui portent plusieurs « casquettes » ; ils font tout, depuis l'expression de besoins jusqu'aux tests en passant par les développements.

Après tout, ne voit-on pas, parfois, un chef d'orchestre cumuler son rôle avec celui de soliste voire avec celui de premier instrumentiste d'un pupitre !

Sur de gros projets, la répartition des rôles est plus nette, le chef de projet se concentrant sur le pilotage, la coordination du projet et l'animation d'équipe.

Dans le cadre d'un projet où tout ou partie des développements est sous-traité, son rôle est davantage orienté vers le suivi et le contrôle du prestataire.

On voit donc que le métier est à géométrie variable selon le contexte.

---

1. Voir Jérôme Barrand, *Le Manager agile, Vers un nouveau management pour affronter la turbulence*, Dunod, 2006.

Cependant, invariablement, la responsabilité première du chef de projet est de mener le projet à son terme.

> **Qu'est-ce qu'un projet ?**
>
> Le Project Management Institute[a], organisation internationale de standardisation du management de projet, définit un projet ainsi :
>
> *Un projet est une entreprise temporaire décidée dans le but de créer un produit, un service ou un résultat unique.*
>
> *Entreprise :* c'est la dimension économique du projet, englobant les ressources, le budget et les risques encourus. Et l'aventure est chaque fois nouvelle.
>
> *Temporaire :* tout projet a un début et une fin déterminés, la fin marquant l'atteinte des objectifs ou le constat qu'ils ne pourront être atteints.
>
> *Produit, service ou résultat unique :* un projet crée des livrables uniques, un produit ou un service, une application logicielle, de la documentation… Même si des éléments sont reproductibles ou réutilisables, le résultat de chaque projet est unique.
>
> ───────────
>
> a. http://www.pmi.org ou http://pmi-fr.org/

Un projet est généralement subdivisé en phases, chacune d'entre elles devant aboutir à la mise à disposition de livrables. On parle aussi de *cycle de vie* pour décrire l'enchaînement de ces phases.

La gestion de projet est la mise en œuvre de connaissances, de compétences, d'outils et de techniques appliqués au projet afin d'en respecter les exigences, vis-à-vis du client (interne ou externe) et de sa propre hiérarchie. Même si elle se résume souvent à… faire des listes ! Des listes de priorités, des listes de risques, des check-lists d'éléments à vérifier, des listes d'actions…

Pour atteindre l'objectif, le chef de projet doit toutefois prendre en compte les trois contraintes (les 3 C) que constituent *le contenu du projet, le calendrier et le coût* (voir figure I-1).

Figure I-1

Les 3 C

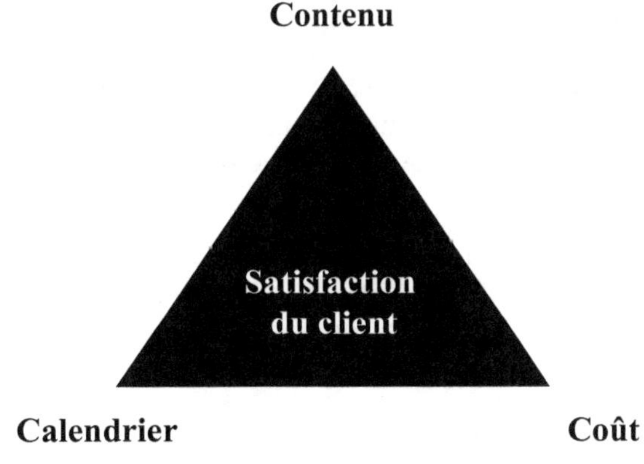

Le succès du projet se mesure, en effet, à la satisfaction du client et à la qualité du résultat, c'est-à-dire à la conformité du produit, à ce qui est attendu, livré dans le respect du délai imparti et du budget alloué.

> D'autres critères peuvent permettre d'évaluer le succès d'un projet. Ils seront étudiés en détail au chapitre 7, « Adopter une approche agile ».

Or, comme nous l'indique la figure I-2, statistiquement, les études menées par le Standish Group[2] démontrent que la proportion de projets qui sont considérés comme des succès (autrement dit, respectant les 3 C) reste faible : entre 25 % et 30 %. Cela signifie que trois projets sur quatre sont des échecs complets ou partiels : les projets sont abandonnés en cours de route ou aboutissent, mais au prix de dépassements importants, ou offrent moins de fonctionnalités que prévu. En effet, l'ajout d'un contenu supplémentaire affecte le budget, voire le délai. Raccourcir le délai de réalisation, pour respecter une date réglementaire par exemple, nécessitera d'ajuster le contenu à la baisse ou d'augmenter le budget en affectant de nouvelles ressources.

Figure I-2

Le taux de réussite des projets

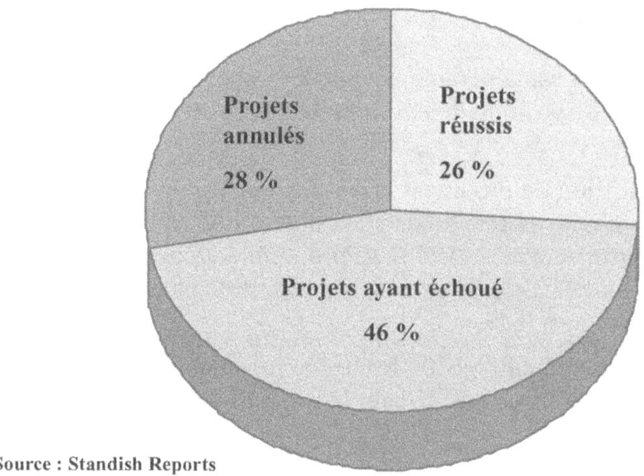

Jonglant avec ces contraintes, devant souvent arbitrer, à tort, en lieu et place du client, le chef de projet va devoir puiser dans sa « boîte à outils », usant de telle ou telle compétence pour faire aboutir le projet avec succès.

La maîtrise des techniques de gestion de projet est une compétence de base, que le chef de projet doit exploiter en s'adaptant aux caractéristiques de chaque projet. Il doit donc développer des qualités d'analyse et de compréhension de l'environnement de chaque projet. Si, en outre, il est accompagné d'une équipe et que de nombreux acteurs sont

---

2. *http://www.standishgroup.com/*.

partie prenante du projet, il doit déployer des qualités interpersonnelles pour animer et coordonner cette communauté.

Maîtriser les techniques de gestion de projet

Le PMI, dans son PMBOK[3] (*Project Management Body of Knowledge*), recense et classifie les techniques de gestion de projet en neuf domaines de connaissance et en groupes de processus (voir tableau I-1).

Tableau I-1 Vue d'ensemble des neuf domaines de connaissance

Management de l'intégration du projet	Management du contenu du projet	Management des délais du projet
• Élaboration de la charte du projet • Élaboration de l'énoncé préliminaire du contenu du projet • Élaboration du plan de management du projet • Direction et pilotage de l'exécution du projet • Surveillance et maîtrise du travail du projet • Maîtrise intégrée des modifications • Clôture du projet	• Planification du contenu • Définition du contenu • Création de la structure de découpage du projet • Vérification du contenu • Maîtrise du contenu	• Identification des activités • Séquencement des activités • Estimation des ressources nécessaires aux activités • Estimation de la durée des activités • Élaboration de l'échéancier • Maîtrise de l'échéancier
Management des coûts du projet	**Management de la qualité du projet**	**Management des ressources humaines du projet**
• Estimation des coûts • Budgétisation • Maîtrise des coûts	• Planification de la qualité • Mise en œuvre de l'assurance qualité • Mise en œuvre du contrôle qualité	• Planification des ressources humaines • Formation de l'équipe de projet • Développement de l'équipe de projet • Diriger l'équipe de projet
Management des communications du projet	**Management des risques du projet**	**Management des approvisionnements du projet**
• Planification des communications • Diffusion de l'information • Établissement du rapport d'avancement • Management des parties prenantes	• Planification du management des risques • Identification des risques • Analyse qualitative des risques • Analyse quantitative des risques • Planification des réponses aux risques • Surveillance et maîtrise des risques	• Planification des approvisionnements • Planification des contrats • Sollicitation des offres ou des propositions des fournisseurs • Administration du contrat • Clôture du contrat

Derrière les processus, des activités sont à réaliser, généralement instrumentées avec des applications progicielles ou bureautiques.

---

3. *Guide du corpus des connaissances en management de projet*, 3e édition, (Guide PMBOK), PMI.

> Par exemple, dans le domaine de connaissance, *Management des coûts du projet*, le chef de projet maîtrise une ou deux techniques d'estimation de charge, qu'il utilise avec un outil qu'il a développé sur Excel, afin d'en déduire le budget du projet. Il connaît, en outre, la technique de la valeur acquise, pour le suivi et la maîtrise des coûts du projet.
>
> Ces techniques seront vues en détail dans les chapitres suivants qui abordent de façon transversale les différents domaines de connaissance du PMBOK.

Le PMBOK liste et décrit ces activités mais c'est au chef de projet d'apprécier leur pertinence et de déterminer leur organisation ou leur séquencement, selon la méthodologie adoptée et le degré de formalisme exigé, en fonction du projet (taille, criticité, acteurs, risques, innovation ou maintenance, externalisation partielle ou totale).

En professionnel de la gestion de projet, le chef de projet doit :

- connaître et maîtriser ces techniques ;
- savoir expliciter et justifier ses choix ;
- être capable de reproduire une pratique qui a bien marché dans un contexte donné, dans un contexte analogue ou l'adapter à un contexte différent ;
- savoir mettre en avant ce qu'il sait et inspirer confiance ;
- être reconnu en tant que professionnel.

Comprendre l'environnement de chaque projet

Chaque projet se déroule dans un contexte particulier : social, économique, fonctionnel, national ou international, normatif, politique, technologique, historique, stratégique… qu'il faut prendre en compte dès son démarrage.

Aussi, le chef de projet agit-il en interaction avec ce qui l'entoure : directement avec les acteurs du projet, avec l'organisation dans laquelle se déroule le projet et l'environnement dans lequel évolue cette organisation (figure I-3) ; son rôle, sa responsabilité, ses tâches ou son influence varient en fonction de ces facteurs.

Le chef de projet interagit avec son équipe, le client, les sous-traitants ou autres fournisseurs impliqués dans le déroulement du projet.

> Toutes les parties prenantes doivent être identifiées : il s'agit de toutes les organisations (départements, services, entreprises, sous-traitants, fournisseurs…) et toutes les personnes affectées par le projet ou y ayant un rôle direct ou indirect. Le chef de projet comprend, ainsi, les attentes, les bénéfices escomptés, les enjeux, les conflits d'intérêt, les priorités. Le plus tôt est le mieux pour identifier les alliés possibles, repérer ceux qui pourraient constituer des obstacles et envisager de mettre au point un plan de conduite du changement. Sur le plan organisationnel et logistique, par exemple, dans une entreprise qui pratique le développement offshore, le projet sera impacté par les décalages horaires et la distance entre les équipes. L'environnement humain est un facteur déterminant pour le succès d'un projet.

Figure I-3

*Le chef de projet
dans son
environnement*

Le projet se déroule dans une organisation qui se caractérise par une culture, un organigramme, des procédures, des moyens plus ou moins importants mis à disposition.

> La culture de l'entreprise se reflète au travers de ses valeurs, de ses rapports humains, de son organisation ; certains projets bénéficient de la culture projet développée par des entreprises, qui offrent ainsi plus facilement support, responsabilité et autonomie aux équipes projet ; l'organigramme et les procédures plus ou moins contraignantes ont un impact sur les rapports hiérarchiques et les modalités du reporting ; les services juridiques d'une structure importante ou d'un établissement public peuvent être plus contraignants sur les procédures d'achat qu'une PME de quelques personnes.

L'environnement dans lequel évolue cette organisation influence les conditions du projet.

> Un projet international nécessite une prise en compte des différences culturelles et des réglementations locales. La concurrence, la pression du marché peuvent impacter le délai d'un projet ; une nouvelle réglementation ou un décret-loi peuvent modifier le contenu du projet.

Tous les éléments de contexte doivent donc être bien appréhendés par le chef de projet ; il reste ainsi mieux focalisé sur l'objectif, il évalue les contraintes et les risques, il établit la stratégie d'ensemble et définit les conditions de pilotage du projet.

Le chef de projet doit, par conséquent, être attentif, observateur, faire preuve d'une bonne capacité d'analyse et d'organisation. Il adaptera son style de management en fonction du contexte ; c'est ce qu'on appelle le *management situationnel*, qui répond à la nécessité d'exercer différents modes de management, à différents moments et avec des équipes souvent hétérogènes, dans divers contextes, souvent évolutifs au cours d'un projet.

Le chef de projet doit, en outre, développer son sens de la négociation pour obtenir les ressources qui lui sont nécessaires, avec des profils et des expertises spécifiques pour chaque projet ou bien pour discuter de l'assouplissement de telle ou telle formalité.

Entouré d'une équipe de collaborateurs et d'experts, le chef de projet doit démontrer une ouverture d'esprit mais rester indépendant afin de ne jamais perdre de vue l'objectif et de ne pas se laisser influencer abusivement par les discours des techniciens séduits par une technologie émergente ou les *bons conseils* prodigués par tous ceux qui, en dehors du projet, ont toujours *de bonnes idées* sur la façon de mieux conduire le projet !

Manager les hommes

Indépendance d'esprit, oui, mais la capacité du chef de projet à mobiliser l'ensemble des acteurs du projet facilitera l'atteinte des objectifs.

Une fois l'équipe constituée, le chef de projet doit rassembler, pour amener l'équipe à comprendre la vision du projet, à l'accepter et à la partager.

La méthodologie de gestion du projet mise au point sera communiquée, afin que chacun applique les processus et procédures définis. La tolérance et l'ouverture d'esprit du chef de projet faciliteront l'adaptation de cette méthodologie au fil de l'eau. C'est sa compétence de leader et ses capacités à bien communiquer qui favorisent cette adhésion.

On sous-estime souvent la dimension managériale de la fonction du chef de projet ; on décrit trop souvent ce dernier en réduisant son rôle à la construction de diagrammes de Gant et à la rédaction de plans projet dans lesquels il décrit sa stratégie. Avant tout, il est un chef d'orchestre, animé par le souci de réaliser une œuvre collective, avec des profils et des rôles variés. Sa tâche consiste à rendre cohérent le *jeu* de l'ensemble des acteurs en leur donnant un rythme commun.

Le succès du manager passe par la confiance qu'il doit gagner et que lui témoignent les membres de l'équipe ainsi que par la sécurité et la solidarité ressenties au sein du groupe face à l'extérieur (hiérarchie, clients…).

Nous verrons, au chapitre 6, « Gérer les hommes », combien son style de management est en train d'évoluer : plutôt directif à l'origine, le chef de projet devient progressivement coach et facilitateur pour *servir* son équipe.

Un débat est fréquemment ouvert sur la nécessité, pour le chef de projet, d'avoir en outre des compétences sur les aspects techniques du projet. Certes, il est plus aisé de trouver des solutions adéquates lorsqu'on a un ou plusieurs domaines d'expertise ; il est évidemment plus confortable de dialoguer *en connaisseur* avec des techniciens qui mettront telle ou telle technologie en avant ; et il est plus facile de démontrer son empathie pour un développeur qui rencontre des difficultés lorsqu'on a soi-même produit quelques millions de lignes de code.

Cependant, les activités de management, de relations humaines, de coordination et de gestion, notamment dans les projets de plus en plus importants, deviennent le cœur de métier du chef de projet, même dans un contexte hautement technologique. Les capacités d'organisation deviennent prépondérantes aux dépens des connaissances techniques.

En termes d'évolution de carrière, s'il veut prendre la responsabilité de projets d'envergure, le chef de projet devra « délaisser » sa spécialité de base au profit des techniques de management. L'une d'entre elles consiste d'ailleurs à savoir déléguer et à savoir s'entourer de personnes qui sauront prendre le relais sur ces spécialités.

Le chef de projet doit-il aussi avoir des compétences techniques (on entend ici, par techniques, les compétences dans les domaines informatiques, fonctionnels et technologiques) ?

La réponse de l'expert, **Christophe Addinquy**, directeur de projets back-office chez Vidal.

Je vote « pour », pour les raisons suivantes :

– Avoir des compétences techniques ne signifie pas être expert. Le chef de projet n'a pas besoin d'être expert, il s'agit d'un autre rôle.

– Le chef de projet sera d'autant plus efficace qu'il est « holistique », qu'il est capable d'avoir une vue globale comprenant toutes les facettes du projet. Cela lui permettra aussi de challenger des solutions proposées par rapport aux finalités du projet.

– Il sera davantage en connexion avec l'équipe s'il peut avoir des discussions techniques avec les différents membres. À l'inverse, s'il ne peut descendre à leur niveau, il prend le risque d'être vu comme un « outsider ».

Bien sûr, cela rend plus difficile le travail de délégation des choix techniques.

Le propre d'un chef d'entreprise n'est-il pas de savoir favoriser la compétence collective, c'est-à-dire mettre à contribution des collaborateurs aussi divers qu'un directeur des ventes, un directeur des achats, un directeur juridique, un directeur des ressources humaines, un directeur de la communication, un directeur qualité… ? Chacun avec des compétences très variées que, seul, le chef d'entreprise ne pourrait réunir, mais qu'il peut orchestrer en coordonnant le jeu de tous les acteurs.

En résumé, le *super* chef de projet doit concentrer de nombreuses compétences, comme l'illustre la figure I-4.

Figure I-4

Le chef de projet multicompétent

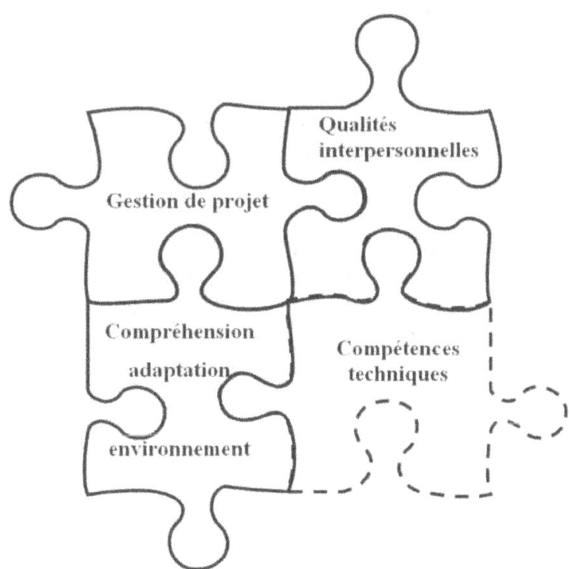

Malheureusement, doté de toutes ces qualités et de toutes ces compétences, comme bon nombre de managers, le chef de projet a souvent un sentiment de solitude.

La solitude du chef de projet

En dépit d'une équipe, plus ou moins importante, qui l'entoure, le chef de projet se sent en effet souvent seul. Seul, face aux difficultés rencontrées, face aux questions qui lui sont posées, face aux problèmes imprévus, face aux décisions à prendre, face aux engagements à honorer.

Seul, lorsqu'on lui demande d'estimer « pour hier » le coût d'un projet sur la base d'un e-mail de quelques lignes ; seul, lorsqu'il demande une ou deux ressources supplémentaires mais qu'« aucune n'est disponible » ou lorsqu'on affecte sans délai l'un de ses collaborateurs sur un autre projet « plus urgent » ; seul, lorsque certains membres de son équipe ont besoin de monter en compétence sur une nouvelle technologie mais qu'« il n'y a plus de budget formation disponible avant l'année prochaine » ; seul, lorsqu'on n'a plus le temps de tester et qu'il faut livrer dans l'urgence ; seul, face au client qui s'impatiente, auprès duquel il doit justifier le retard, tout en préservant sa solidarité avec l'équipe ; seul, face aux contrôleurs de gestion qui le pressent de « faire remonter » son reporting mensuel alors que lui-même n'arrive pas à obtenir de son équipe les indicateurs de temps passé…

Quels étranges sentiments de stress, de solitude et d'échec, parfois, alors que le chef de projet a précisément un rôle de coordinateur et d'interface entre des acteurs aussi multiples que son équipe, le client, sa hiérarchie, les fournisseurs… Ces sentiments sans doute sont-ils aiguisés par le fait qu'il hésitera à partager ses préoccupations. Avec ses collaborateurs ? Avec ses pairs ou sa hiérarchie ? Pour être soupçonné d'incompétence ? Il aura souvent tendance à centraliser la résolution des problèmes en souterrain et à n'alerter que tardivement sa direction.

Alors que le simple fait de communiquer, interroger, tirer profit des idées du groupe lui permet d'avoir un regard et une analyse complémentaires.

Deux exemples pour illustrer cette nécessaire concertation et cette approche collective des difficultés : l'estimation des charges et des coûts du projet et la gestion des risques. Comment un chef de projet, aussi compétent et expérimenté soit-il, pourrait, seul, recenser l'exhaustivité des tâches à réaliser et calculer la durée du projet ? Comment pourrait-il, seul, bénéficier d'une vision suffisamment large pour anticiper tous les risques d'un projet ? Aussi brillant soit-il, son analyse ne peut être que parcellaire.

D'une part, nous verrons, dans le chapitre 4, « Planifier son projet », qu'une démarche collaborative et la recherche du consensus fiabilisent l'estimation globale et confortent le chef de projet. D'autre part, la gestion des risques sera abordée au chapitre 5, « Suivre et piloter son projet », et présentée, là encore, avec une vision et une approche collectives, rendant l'analyse plus exhaustive.

Nouer des alliances, tisser des relations au sein et en dehors du groupe doivent faire partie de la stratégie du chef de projet lequel est tenu :

- d'identifier, dès le démarrage du projet, les *bons* acteurs ; il s'appuiera sur les personnes plutôt prédisposées au changement, dotées d'une forte capacité d'influence pour convaincre les plus réticents à coopérer ;

- d'« aller au contact » des utilisateurs pour mieux les comprendre, pour se faire comprendre, pour jouer la carte de la transparence et « humaniser » le monde informatique ;

- d'associer ses collaborateurs pour analyser les causes des problèmes rencontrés et pour trouver les solutions les plus efficaces et les plus rentables ; ce qui les impliquera davantage encore dans le succès du projet ;

- de déléguer une partie de ses travaux ; c'est une marque de reconnaissance et de confiance vis-à-vis d'un collaborateur, ce qui lui permet de se consacrer à la résolution des problèmes qui surgissent ; le chef de projet n'a pas nécessairement l'expertise pour tout traiter ;

- de partager avec d'autres chefs de projet qui rencontrent probablement les mêmes difficultés ; il s'agit de gagner du temps en capitalisant sur les bonnes pratiques ; à cet effet certaines organisations ont mis en place des structures appelées « Bureau de projet » ou *Project Management Office (PMO)* afin d'apporter assistance et support aux équipes projet avec des pratiques et des outils mis en commun grâce au partage d'informations et à la capitalisation ;

- de dialoguer, avec objectivité et intégrité, avec des experts techniques ; cela donne un éclairage plus complet sur l'éventail des solutions disponibles appropriées ;

- de pratiquer le *Management By Wandering Around*, le management par écoute et rencontre, en communiquant de façon informelle avec ses collaborateurs ; le chef de projet n'est plus dans sa tour d'ivoire à produire des plans, il a son bureau dans la même salle que l'équipe ; il développe ainsi ses qualités relationnelles pour améliorer ses relations interpersonnelles et managériales.

Grâce à de nouvelles approches, plus collaboratives, responsabilisant les équipes – présentées au chapitre 6, « Gérer les hommes » –, le chef de projet n'est plus seul pour faire face à de nombreuses incertitudes, inévitables sur tout projet.

La certitude de l'incertitude

Nombreuses, en effet, sont les incertitudes au cours d'un projet.

- Nous ne savons pas précisément ce que nous allons développer : les exigences évoluent souvent, le client ne sait pas toujours ce qu'il veut…

- Nous ne connaissons pas toujours les individus qui seront amenés à collaborer dans l'équipe ; nous ne pouvons prédire leur autonomie, leur proactivité ou leur capacité à appréhender le domaine.

- Nous ne pouvons donc pas précisément estimer la productivité de l'équipe, qui peut varier en fonction des contextes.

- Nous n'avons, souvent, qu'une idée de la solution à implémenter et qu'une ébauche de l'architecture, notamment en début de projet.

- Nous ne maîtrisons pas toujours les technologies qui seront déployées (nouvelle technologie, intégration de deux technologies, ressources faiblement expérimentées sur la technologie retenue…).

- Nous consacrons pourtant beaucoup de temps à établir des plannings qui sont systématiquement dépassés ou rapidement obsolètes, puisque, chaque fois, des événements surviennent en cours de route pour modifier la donne initiale.

Toutes ces interrogations font qu'une attitude prédictive, qui consiste à vouloir planifier et estimer de façon définitive, pour figer le déroulement du projet, est inadaptée. Comment, en effet, dans ces conditions, établir un planning fiable du projet, déterminer les ressources et les expertises nécessaires, s'engager et engager son équipe sur un résultat final, un délai, un budget ? L'approche prédictive rassure, elle est plus confortable, mais conduit trop souvent à l'échec puisqu'on tente de gommer ces incertitudes.

Quelle attitude, alors, le chef de projet doit-il adopter face à ces incertitudes ?

Accepter l'incertitude

La première est d'accepter l'incertitude, pour mieux la maîtriser, et non la combattre.

Il s'agit d'accepter une réalité et de comprendre que, dans le développement logiciel, tout n'est pas prévisible.

D'une part, parce que le secteur informatique est une industrie jeune, comparée à l'industrie automobile, par exemple, qui a plus d'un siècle d'expérience. D'autre part, parce qu'il est difficile de s'entendre avec le client, « une bonne fois pour toutes », sur ce qu'on va livrer. Et aussi, parce que les techniques d'estimation et de planification ne sont pas des sciences exactes.

Chaque projet est une nouvelle expérience ; en acceptant l'inconnu d'un projet, plus ou moins important, selon qu'on est sur un projet d'exploration ou de maintenance, le chef de projet évitera de se retrouver en situation d'échec.

Si on accepte l'incertitude, on accepte aussi l'idée du changement : changement dans le périmètre des besoins, changement dans la planification, changement dans l'organisation de l'équipe… pour s'adapter aux imprévus.

S'adapter

C'est dans cet environnement mouvant, non stabilisé, que le chef de projet et l'équipe doivent chaque fois repenser la stratégie de développement et adapter les processus.

Nous verrons comment une démarche adaptative, basée sur le feedback du client, l'expérience, le constat, l'analyse tout au long du projet, l'humilité et la simplicité pour reconnaître qu'on ne sait pas tout, porte ses fruits, dans une démarche d'amélioration continue.

Cette capacité à reconnaître qu'on ne sait pas, qu'on va apprendre « en faisant », et de ce fait s'adapter aux spécificités de chaque projet, de chaque équipe, de chaque client, est sans doute la qualité la plus honorable du chef de projet.

Anticiper

Cependant, la reconnaissance qu'il ne peut tout savoir à l'avance implique que le chef de projet anticipe pour imaginer les événements heureux ou malheureux qui pourraient survenir sur le projet, afin d'envisager différents scénarios. Bien entendu, plus l'expérience du chef de projet est longue et riche, plus les membres de l'équipe sont associés à la démarche, meilleure est la *spéculation*. En développant le réflexe de la capitalisation, mais aussi en sachant apprendre de l'échec, on améliore, de fait, cette capacité d'anticipation.

Toutefois, la zone de bonne prévisibilité s'étalant entre quelques heures et un mois maximum, prévoir au-delà devient quasi impossible. Il n'est donc possible d'anticiper et de planifier un projet qu'étapes par étapes. C'est de ce constat qu'est né le développement itératif qui sera présenté au chapitre 2, « Méthodes traditionnelles ou méthodes agiles ? ».

Anticiper, c'est mettre en place une stratégie de gestion des risques : identifier, analyser, suivre les risques, prévoir un plan d'actions pour atténuer ou éliminer l'effet des risques. Ce thème est évoqué en détail au chapitre 5, « Suivre et piloter son projet ».

Le chef de projet doit, par conséquent, faire preuve d'humilité et démontrer sa capacité d'adaptation, d'anticipation… et de persuasion. En effet, s'il accepte lui-même cette imprévisibilité, il doit également convaincre ses clients, sa hiérarchie, et les amener à l'accepter, eux aussi. Cette démarche peut être longue car bouscule des a priori ancrés dans les esprits depuis le début de l'informatique ; il devra s'armer de bon arguments pour contrer les objections et les résistances.

Dans ce contexte et compte tenu de ce niveau d'exigences vis-à-vis du chef de projet, est-il encore possible de gérer un projet ?

Gérer un projet : mission (im)possible ?

On peut en effet se poser la question d'autant que, même si la tendance s'améliore, la proportion de projets qui sont considérés comme des succès reste minoritaire.

Essayons d'identifier les sources d'échec, autour ou dans le projet lui-même.

En premier lieu, pourquoi ne sommes-nous pas attentifs aux signes avant-coureurs ? Lorsqu'un projet démarre sans qu'un consensus n'ait été trouvé entre les différentes parties prenantes sur l'objectif à atteindre, lorsqu'on constate un déséquilibre évident entre l'ambition du projet et les moyens ou le délai qui lui sont accordés, on sait que le projet démarre mal.

Et dans ce cas, il s'agit davantage d'une mauvaise orientation ou d'un mauvais dimensionnement plutôt que d'une mauvaise gestion du projet. Si l'entreprise ne se dote pas des moyens adéquats pour accompagner son ambition, alors qu'une trop grande pression est mise sur l'engagement de résultats, les maillons successifs de la chaîne ne feront que pallier et compenser tant bien que mal cette déficience. Et le chef de projet se remettra sans cesse en question, alors que des raisons indépendantes, parfois, de sa compétence, expliquent ce taux anormalement élevé d'échecs.

- Au départ, l'imprécision du cahier des charges ou, à l'inverse, la « surspécification » des utilisateurs qui veulent être exhaustifs font qu'il n'est plus possible de revenir sur les besoins exprimés initialement. Il en résulte un taux important de fonctionnalités livrées, qui ne seront pas utilisées, et une complexité du développement accrue inutilement.

- L'évolution constante des besoins pour des raisons de mauvaise compréhension, de volatilité du marché ou de l'*effet tunnel* (longueur des projets) est difficilement compatible avec une démarche classique de gestion de projet.

- L'absence de priorisation ou de valorisation des besoins exprimés par la maîtrise d'ouvrage amène les utilisateurs à vouloir « tout, tout de suite » ; alors qu'en sensibilisant ceux-ci à la nécessaire hiérarchisation des besoins en fonction de leur valeur réellement ajoutée, on évite de « gaspiller » des ressources inutilement.

- Cela s'explique en partie par la faible professionnalisation de la maîtrise d'ouvrage ; en général, celle-ci est peu sensibilisée à la complémentarité de son rôle ; elle n'a pas toujours conscience de l'importance de l'implication et de la disponibilité des utilisateurs. Même si ce métier se développe peu à peu dans les organisations, les maîtrises d'ouvrage n'ont pas encore toutes atteint le niveau de maturité indispensable pour une vraie relation de partenariat, reposant sur l'harmonie, la complémentarité et le partage des enjeux.

- Faible implication des utilisateurs mais aussi de la direction : c'est elle qui légitime un projet, qui donne l'orientation, les objectifs et… les moyens qui vont avec. C'est elle aussi qui, malheureusement, n'est alertée et donc ne s'implique que lorsque la sonnette d'alarme est tirée. Et elle apparaît alors comme un « tribunal correctionnel » une fois que tous les indicateurs sont au rouge…

- C'est la direction, en outre, qui a lancé, ces dernières années, une politique de rationalisation des achats de prestations informatiques, en imposant un cadre contractuel et juridique souvent inadapté : dans ce contexte, les uns veulent réduire leurs coûts, les autres maximiser leur profit au détriment des projets eux-mêmes.

- Malgré cette rationalisation, on déplore, encore, des projets « jouets », circonstanciels, suivant une mode, qui ne desservent aucun objectif ou ne répondent à aucun besoin stratégique. Ces projets, inévitablement, s'étiolent et n'aboutissent à aucun résultat tangible, alors qu'ils ont un coût et un effet parfois démotivant sur les équipes.

Cependant, il ne serait pas objectif de ne justifier ces échecs que par des facteurs externes. Bien des faiblesses internes au projet sont parfois à déplorer :

• Les *méthodologies classiques* de gestion de projet prévoient une approche séquentielle des activités : « Je définis le produit, je le conçois, je le développe, je le teste puis je le livre. » Une approche classique suppose, par conséquent, que l'on estime a priori l'ensemble des charges nécessaires à la réalisation du produit malgré toute l'incertitude qui, nous l'avons vu précédemment, environne le projet. Il est évident qu'une mauvaise estimation des charges conduit immanquablement à un dépassement budgétaire, récurrent sur de nombreux projets. Nous aurons l'occasion de revenir très largement sur ce sujet dans le chapitre 4, dédié à la planification d'un projet. La question est : « Pouvons-nous estimer de façon certaine ? »

• Cette approche séquentielle a pour conséquence une *détection tardive des anomalies* (bogues, non-conformités, oublis…) dans le cycle de vie. Or, on constate que plus une anomalie est détectée tard, plus le coût de correction sera élevé. Les projets qui dérivent dans le temps sont souvent des projets qui ont un taux d'anomalies important, donc de corrections, de régressions, de « colmatages de dernière minute » qui allongent la durée du projet… et son coût final.

• L'approche séquentielle suppose l'intervention successive de différents « corps de métier » : des développeurs succèdent aux concepteurs, qui succèdent eux-mêmes aux analystes…, ce qui engendre des ruptures dans la « chaîne de fabrication » et par conséquent des pertes d'informations précieuses.

• Il est fréquent d'observer, par ailleurs, un *manque de rigueur dans le pilotage* et le suivi du projet. Le système de pilotage est souvent mal adapté au projet, le reporting est fastidieux et le chef de projet se démène chaque jour avec ses indicateurs au rouge.

• La *technologie*, si elle offre de plus en plus de perspectives, n'en est pas pour autant toujours maîtrisée, parce que trop souvent encore instable ou utilisée dans des architectures complexes. L'équipe a donc de mauvaises surprises, notamment lorsqu'il s'agit de procéder à l'intégration finale ! On voit même, parfois, le périmètre fonctionnel s'ajuster pour s'adapter à la solution retenue !

• L'*inadéquation des ressources*, enfin, est fréquemment vécue par les chefs de projet comme une entrave au bon déroulement du projet : ne pas disposer des bonnes compétences au bon moment ou voir son meilleur architecte affecté à un autre projet plus prioritaire contraint l'équipe à travailler en sous-effectif ou par tâtonnements.

Ce sont toutes ces raisons qui nous mènent à une situation d'échec et qui rendent la gestion d'un projet difficile. Alors, si nous combinons, en prime, l'introduction d'une nouvelle technologie, d'une nouvelle méthodologie de gestion de projet avec un chef de projet peu expérimenté ou nouveau dans la société, entouré de développeurs juniors, sans soutien de sa direction… C'est malheureusement la concomitance de tous ces facteurs qui pénalise souvent le chef de projet et qui le conduit à douter parfois de ses capacités à gérer un projet.

Il ne s'agit pas, ici, de noircir le paysage du chef de projet, mais de dresser un tableau réaliste et optimiste.

Car la gestion d'un projet est un métier passionnant qui offre l'opportunité de nombre d'initiatives, d'expérimentations, d'innovations, de créativité et d'expression de soi.

Chef de projet, débutant ou expérimenté, vous vous êtes peut-être reconnu dans cette description et vous pouvez constater que vous n'êtes pas seul face aux difficultés. Nombreux sont ceux qui partagent les mêmes difficultés et les mêmes doutes.

Heureusement, le métier évolue, les méthodologies de conduite de projet aussi, basant leurs fondements sur les retours d'expérience et la réalité des projets. Ce sont des approches plus empiriques, plus simples, plus légères, dites *agiles*, souvent soupçonnées d'effet de mode, mais qui ouvrent bien des perspectives et extraient le chef de projet de la spirale de l'échec.

On sait combien la capacité d'adaptation et la réactivité sont devenues nécessaires dans toute organisation, pour l'informatique en particulier. En effet, le système d'information est devenu un instrument clé pour accompagner la stratégie d'une organisation. Sur le plan commercial, le cycle de vie des produits ne suit plus les modèles classiques élaborés par les stratèges et les départements marketing ; les changements, dans la demande, sont plus fréquents et plus rapides ; on doit donc développer très rapidement de nouvelles offres pour faire face aux nouveaux besoins du marché et à la concurrence.

> Observons ce qui se passe dans le secteur de la téléphonie mobile, avec, en permanence, de nouveaux modèles de téléphone et pléthore de services innovants qui apparaissent.

Le système d'information et ses applications sont donc un levier déterminant pour supporter ces nouvelles offres de produits ou de services et sont considérés comme des outils de création de valeur. Dans ce contexte, l'informatique devient stratégique, à son tour, et doit par conséquent être d'une réactivité à toute épreuve pour servir l'organisation. Développer une nouvelle application logicielle ne doit plus être une entreprise lourde dont on ne voit jamais la fin.

Nous verrons comment ces approches agiles vont permettre au chef de projet de devenir l'un des acteurs clés de cette réactivité.

« L'agilité est avant tout une réponse à l'élargissement et au durcissement des environnements concurrentiels qui permet d'insuffler à l'organisation réactivité et performance[4]. »

---

4. Jean-Pierre Vickoff, *http://www.rad.fr*

C'est l'objet de cet ouvrage : vous donner confiance, vous rendre plus clairvoyant dans la nébuleuse des nombreuses méthodologies de gestion de projet, vous amener à plus de confort dans votre quotidien de chef de projet multicompétent, vous éclairer pour vous donner les moyens objectifs de mettre au point, vous-même, avec bon sens, votre propre méthodologie de gestion de projet.

Avant d'aborder les différents aspects du métier, au travers du cycle de vie d'un projet (recueillir efficacement les besoins, planifier son projet, piloter et suivre son projet, organiser et animer son équipe) et de vous aider à mettre au point votre méthodologie, nous vous proposons un outil de diagnostic : il s'agit d'analyser votre gestion de projet actuelle. Vous serez ainsi en mesure de déterminer ce qui doit rester et ce qui doit évoluer dans votre démarche.

1

Diagnostiquer sa gestion de projet

Il est aussi difficile de s'évaluer sur l'échelle des compétences en gestion de projet que de repérer les axes d'amélioration sur ses propres projets. D'autant qu'en observant les statistiques du Standish Group, on ne peut que rarement – et de façon objective – se positionner du côté des projets qui réussissent sur toute la ligne, il faut bien le reconnaître.

Que vous soyez très expérimenté ou encore débutant, prenez quelques minutes pour faire ce test ; il s'agit simplement de repérer les aspects de votre gestion qui méritent d'être mieux explorés : sans doute, certains pourront être professionnalisés, améliorés, d'autres partagés pour être reproduits sur d'autres projets.

En tout état de cause, l'analyse de vos résultats devrait aiguiser votre curiosité à poursuivre la lecture de cet ouvrage pour repérer ces axes de progrès.

Les questions à se poser

Pour chacun des thèmes évoqués, trois affirmations vous sont proposées. Choisissez celle qui correspond le mieux à votre environnement. Retenez le symbole qui y est attaché (■, ▼, ●). À l'issue du test, comptez le nombre d'occurrences de chaque symbole et reportez-vous à l'analyse de votre résultat.

Question 1 : la vision du projet

■ L'objectif de mon projet est clairement défini ; il y a même un consensus entre toutes les parties prenantes sur les livrables attendus, leurs critères d'évaluation et les moyens mis en œuvre pour les réaliser.

▼ L'objectif de mon projet est défini, mais tous les besoins ne sont pas précisément identifiés.

● L'objectif de mon projet est mal défini, il n'y a pour ainsi dire aucune formalisation des besoins ; des informations contradictoires m'arrivent chaque jour.

<u>Votre réponse</u> : .....

Question 2 : le délai de réalisation

▼ Le délai a été estimé approximativement ; il est donné à titre indicatif.

■ Le délai a été imposé par le client ; il est indiscutable et immuable.

● Je n'ai aucune idée du délai de réalisation ; je ne saurais m'engager et engager l'équipe.

<u>Votre réponse</u> : .....

Question 3 : l'expression des besoins

● Les utilisateurs n'en finissent pas de modifier leurs besoins, nous n'arrivons pas à obtenir un premier niveau de fonctionnalités attendues.

▼ Les besoins sont formalisés dans un cahier des charges, mais sont susceptibles d'évoluer fréquemment durant le projet.

■ Les besoins sont clairement exprimés et formalisés par les utilisateurs. Le périmètre fonctionnel est stable.

<u>Votre réponse</u> : .....

Question 4 : les relations avec la maîtrise d'ouvrage

▼ Elles sont relativement bonnes avec certains utilisateurs mais nous avons du mal à les impliquer tout au long du projet.

● Nous n'avons aucun contact avec les utilisateurs ou leurs représentants qui n'ont aucune disponibilité.

■ Nous avons un interlocuteur unique qui est un expert métier ; il sait ce que veulent les utilisateurs.

<u>Votre réponse</u> : .....

Question 5 : la planification du projet

■ J'ai établi, sans difficulté, un plan de management du projet qui décrit toutes les phases, les jalons, les activités et les livrables jusqu'à la fin du projet.

● On ne peut jamais rien planifier, puisque tout change systématiquement compte tenu de l'opacité des besoins et des contraintes.

▼ Le plan du projet comporte un plan de développement logiciel sommaire et un macroplanning prévisionnel donnés à titre indicatif, car susceptibles d'être ajustés.

<u>Votre réponse</u> : …..

Question 6 : l'élaboration du planning

● Chaque fois que j'élabore un planning, il est systématiquement obsolète au moment où il est validé.

■ Pour établir mon planning, je liste toutes les tâches à réaliser, j'estime la charge et je les planifie dans le calendrier à l'aide d'un outil de planification.

▼ Le planning prévisionnel, élaboré avec mes principaux collaborateurs, prévoit plusieurs étapes de réalisation et des jalons intermédiaires.

<u>Votre réponse</u> : …..

Question 7 : le suivi du projet

■ Mon dispositif de pilotage est efficace ; j'ai fixé de nombreux indicateurs afin de suivre rigoureusement l'avancement du projet.

● J'ai beaucoup de difficultés à savoir où en est le projet ; en plus, je n'arrive pas à obtenir les heures consommées par chacun et le « reste à faire » sur les tâches réalisées.

▼ J'ai mis en place un tableau de bord de suivi de l'avancement du projet, mais je constate, régulièrement, des écarts entre le prévisionnel et le réalisé.

<u>Votre réponse</u> : …..

Question 8 : le reporting

▼ Nous avons un reporting mensuel, mais les indicateurs retenus doivent être revus, car ils ne sont pas assez pertinents.

■ Je fournis régulièrement un rapport d'avancement qui comporte les principaux indicateurs de suivi.

● Le reporting est contraignant, je passe mon temps à rédiger des rapports qui ne sont jamais lus.

<u>Votre réponse</u> : …..

Question 9 : les tests

● Les tests nous coûtent cher et nous font perdre du temps, surtout si nous sommes en retard.

▼ Nous imposons les tests unitaires à tous les développeurs et en sommes satisfaits ; nous prévoyons, en outre, des campagnes de tests intermédiaires avec le client.

■ Nous planifions les tests après la phase de développement pour détecter et corriger d'éventuelles anomalies. Nous pouvons ainsi livrer une application sans défaut.

<u>Votre réponse</u> : .....

Question 10 : le contrôle qualité

▼ Nous menons périodiquement un certain nombre de contrôles qualité et organisons quelques revues.

● Nous n'avons pas de contrôle qualité ; nous travaillons dans l'urgence.

■ Nous avons un plan qualité que nous respectons très rigoureusement en fournissant toute la documentation requise.

<u>Votre réponse</u> : .....

Question 11 : la gestion des changements

● Nous sommes désorientés lorsque nous acceptons une demande de modification ou une nouvelle fonctionnalité.

▼ Nous sommes très bien organisés : nous avons un processus de gestion des demandes de changement, avec un outil spécifique, un rôle dédié à leur suivi et un comité de contrôle des changements.

■ Aucune demande de changement n'est acceptée, une fois le cahier des charges validé.

<u>Votre réponse</u> : .....

Question 12 : le rythme des livraisons

■ Nous livrons en fin de projet, généralement à l'échéance prévue.

● Quelle que soit la durée des projets, nous livrons systématiquement en retard.

▼ Nous avons adopté un développement itératif et incrémental, avec des livraisons tous les six mois.

<u>Votre réponse</u> : .....

Question 13 : la satisfaction des clients

■ Nos clients sont généralement très satisfaits de la qualité de nos applications.

▼ Nos clients sont généralement assez satisfaits du produit fini, mais déplorent des livraisons tardives et pas toujours conformes aux besoins exprimés.

● Si nos clients ne sont pas satisfaits, c'est que le cahier des charges a été mal rédigé. C'est souvent le cas !

<u>Votre réponse</u> : .....

Question 14 : la répartition des rôles

▼ J'adapte le travail au fil de l'eau, en fonction de la performance et des compétences de chacun.

■ En début de projet, je définis les rôles de chacun et établis une matrice des responsabilités et des hiérarchies.

● Les rôles ne sont pas clairement définis, car nous travaillons dans l'urgence ; chacun est amené à travailler sur tout.

<u>Votre réponse</u> : .....

Question 15 : la productivité de l'équipe

● La productivité de l'équipe n'est pas très élevée, car les développeurs manquent d'expérience ou sont peu motivés par le projet.

▼ Les collaborateurs sont beaucoup plus performants lorsqu'ils travaillent en équipe.

■ Les développeurs sont autonomes et savent travailler seuls efficacement.

<u>Votre réponse</u> : .....

Question 16 : la gestion des sous-traitants

● Cela se passe mal : à chaque fois que nous apportons une modification, même mineure, ils nous présentent un avenant.

■ Aucun problème avec les sous-traitants : nous travaillons au forfait, à partir du cahier des charges ; ils se sont engagés sur le budget et le délai. De toute façon, ils ont des pénalités, au cas où !

▼ Nous travaillons en bonne collaboration, mais nous avons parfois du mal à avoir une visibilité sur l'avancement du projet.

<u>Votre réponse</u> : .....

Question 17 : la gestion des équipes off-shore

■ La distance n'est pas un problème dès lors que nos échanges sont basés sur un volume suffisant de documentation claire et mise à jour régulièrement.

▼ Pour contourner les barrières de la distance, nous organisons des visioconférences chaque semaine.

● Il est très difficile de se synchroniser avec les équipes offshore en raison des barrières de la culture, du décalage horaire et de la distance.

<u>Votre réponse</u> : …..

Question 18 : la méthodologie de gestion de projet

▼ J'ai adapté une méthodologie classique à laquelle j'ai intégré des pratiques modernes.

■ J'applique une méthodologie standard, éprouvée, bien documentée, étendue à toute l'organisation.

● Je n'ai pas le temps d'appliquer une méthodologie spécifique ; j'ai la mienne que j'utilise depuis des années.

<u>Votre réponse</u> : …..

Question 19 : vous, chef de projet, vous diriez

■ Je suis à l'aise au sein de l'équipe, car je sais être directif et apporter des solutions aux problèmes soulevés.

● Je passe mon temps à arbitrer les conflits au sein de l'équipe et avec la maîtrise d'ouvrage ; je n'ai pas le temps de gérer le projet.

▼ Je rencontre parfois des difficultés à asseoir ma légitimité, notamment au cours des réunions.

<u>Votre réponse</u> : …..

Question 20 : en résumé, si vous êtes objectif, vous diriez que vous êtes…

● Un chef de projet rencontrant beaucoup de difficultés.

▼ Un bon chef de projet mais ayant des progrès à faire.

■ Un bon chef de projet expérimenté.

<u>Votre réponse</u> : …..

Calculez le nombre de symboles identiques et reportez-vous à la section suivante pour l'analyse de la tendance de vos résultats.

Analysez la tendance de vos résultats

Analyse globale

Votre résultat correspond à un profil global ; mais il s'agit d'une tendance, car vous avez probablement sélectionné des réponses correspondant à tous les symboles, donc tous les profils.

Considérez cette analyse comme le point de départ d'une réflexion et de discussions avec vos collaborateurs et collègues.

Une majorité de ■ ? Ne changez rien !

C'est ironique bien sûr ! Tout marche bien, semble t-il, et c'est tant mieux : vous êtes expérimenté, vous avez un environnement favorable, une maîtrise d'ouvrage qui collabore efficacement, autant de facteurs qui favorisent le succès de vos projets. Néanmoins, êtes-vous certain que tout soit aussi positif, si facilement prévisible ? Il serait dommage que trop de certitudes desserve votre curiosité d'aller voir ce qui se pratique sur d'autres projets, avec d'autres méthodologies, dans des contextes différents du vôtre. On peut penser que c'est précisément cette curiosité qui vous a poussé à feuilleter ces pages. Elles vous apporteront sans doute un éclairage différent pour vous permettre d'améliorer encore votre performance de chef de projet.

Une majorité de ▼ ? Cela ne va pas si mal !

En effet, vous avez la volonté de bien faire, tout en composant avec les circonstances qui émaillent fréquemment les projets : des besoins qui évoluent, des utilisateurs plus ou moins impliqués, des pratiques mal établies, des retards systématiques… Vous reconnaissez vos difficultés, vous acceptez les remises en question et faites preuve d'ouverture à l'égard de nouvelles approches. Vous avez déjà probablement introduit des pratiques innovantes dont vous reconnaissez l'intérêt, mais souhaitez les améliorer encore. Vous êtes sur la bonne voie, celle de l'apprentissage continu, celle du progrès. Les pages qui suivent devraient vous aider à confronter vos difficultés avec celles de nos coachs témoins et à recueillir de nouvelles idées qui amélioreront votre performance de chef de projet.

Une majorité de ● ? Le métier est difficile, mais ne vous découragez pas !

On ne vous l'a pas caché et vous le constatez chaque jour, le métier de chef de projet est difficile, d'autant plus si vous ne bénéficiez pas de conditions favorables dans l'environnement du projet. Soyons positifs ! Vous œuvrez sur un terrain où une multitude de choses peuvent être améliorées. Introduire un peu de méthodologie dans votre gestion quotidienne, sans tomber dans des procédures lourdes, rendra plus aisés la planification et le pilotage de votre projet. Cela vous aidera à recadrer le rôle de chacun (clients, collaborateurs, sous-traitants) et à restaurer le contact avec vos interlocuteurs. Vous devez « lever le nez du guidon » pour travailler dans une meilleure posture face aux problèmes auxquels vous êtes confrontés. Prenez le temps de parcourir les pages qui suivent et de vous « constituer un stock » de bonnes pratiques à introduire petit à petit dans votre gestion. Vous développerez vos compétences et ce sont votre projet et vos collaborateurs qui en tireront les bénéfices.

Analyse détaillée par question

Question 1 : partager une vision commune

Êtes-vous certain d'avoir obtenu durablement le consensus entre toutes les parties prenantes ? Vous êtes-vous bien compris avec votre client ? Comment vous en assurer ? Êtes-vous certain que rien ne va changer ?

Malheureusement, le contexte où tout est défini à l'avance, formalisé clairement et stabilisé ressemble fort à une utopie, ou du moins est assez rare.

Le chef de projet n'est qu'un élément d'une chaîne où les maillons précédents n'ont pas toujours pris la mesure des enjeux que constitue le lancement d'un projet. Sans commanditaire, sans objectif stratégique clair, sans priorité et sans financement approprié, le chef de projet devrait être en droit de refuser de démarrer le projet, car il court de gros risques ! Heureusement, avec l'émergence de concepts tels que l'alignement du système d'information sur la stratégie, la maîtrise accrue des dépenses, la gouvernance et la prise de conscience que l'informatique peut être une source de profit, on lance de moins en moins de projets sans justification réelle dans les schémas directeurs. Et le chef de projet doit avoir accès à ces informations capitales pour bien appréhender le contexte du projet. Exigez-les !

☞ **Pour aller plus loin...**

Reportez-vous au chapitre 3, « Recueillir efficacement les besoins ».

Question 2 : fixer un délai réaliste

La question n'est pas de savoir si le délai est fixe et immuable ; la question est de savoir s'il est réaliste compte tenu des objectifs et des moyens.

Une échéance de fin de projet peut tout à fait être imposée par les contraintes du marché ou d'une réglementation, ou retenue par la direction pour une question stratégique ; c'est souvent le cas d'ailleurs ; on voit rarement un projet démarrer sans échéance.

Par conséquent, contrainte ou estimée par le chef de projet, il n'est pas choquant que cette échéance soit contractuelle ; elle doit, dès lors, être respectée et maintenue, et non vécue comme l'échéance fatidique. C'est ce qu'on appelle le *timeboxing*. Cela signifie que, dans le triptyque des 3 C (voir chapitre précédent), la dimension calendrier est fixe et que les deux autres dimensions (contenu et coût) sont éventuellement ajustables, à la baisse pour l'une, à la hausse pour l'autre.

La difficulté réside plutôt autour de deux problématiques : d'une part, celle du calcul de cette échéance, plus ou moins fiable selon la précision et la pérennité des éléments de calcul ; d'autre part, celle du respect des objectifs à atteindre et de la conformité du contenu aux engagements pris.

On peut donc s'engager sur un délai mais plus difficilement sur un contenu détaillé, étant donné les nombreuses incertitudes qui entourent le projet.

☞ **Pour aller plus loin...**

Reportez-vous au chapitre 4, « Planifier son projet ».

Question 3 : adopter une démarche rigoureuse de recueil des besoins

Il est illusoire de penser que tous les besoins peuvent être exprimés lors de l'initialisation du projet pour une série de raisons qui seront détaillées ultérieurement.

S'ils le sont, est-on sûr qu'ils correspondent exactement à ce que veut le client et à ce qu'il voudra à la fin de la réalisation ? Le gel des besoins donne-t-il une garantie de succès au projet ?

Ce qu'il est important d'obtenir, ce sont des besoins, même de haut niveau, recueillis sur un mode consensuel et priorisés. Vouloir attendre de la maîtrise d'ouvrage un cahier des charges exhaustif, détaillé et définitif nous plonge dans le piège de la sur-spécification ; à l'inverse, partir de « rien » ou de très peu ne donne pas une orientation effective au chef de projet. Le juste milieu est à trouver avec les utilisateurs ou leurs représentants pour démarrer au plus vite sans avoir à faire marche arrière, en adoptant une démarche rigoureuse.

☞ **Pour aller plus loin...**

Reportez-vous au chapitre 3, « Recueillir efficacement les besoins ».

Question 4 : collaborer avec la maîtrise d'ouvrage

S'il est indispensable d'avoir un interlocuteur unique du côté de la maîtrise d'ouvrage, celui-ci doit bénéficier d'une réelle autonomie et d'un pouvoir de décision. En effet, ce n'est pas au chef de projet d'arbitrer entre les différentes voix, dissonantes parfois, des utilisateurs ; il doit s'assurer que son interlocuteur est bien le représentant de tous les utilisateurs et lever tout risque. Une connaissance des rouages d'un projet est un plus pour cet interlocuteur qui doit s'impliquer dans la vie du projet.

Néanmoins, un contact permanent avec les utilisateurs finals est capital, lorsqu'il est possible. Leur implication dans la vie du projet est un facteur de succès : pour la compréhension de leurs exigences, pour obtenir leur feedback sur les premiers développements, pour une meilleure transparence sur les contraintes de l'équipe, bref pour une collaboration étroite, tout au long du projet.

☞ **Pour aller plus loin...**

Reportez-vous au chapitre 3, « Recueillir efficacement les besoins ».

Question 5 : accepter les inconnues

Établir un plan pour la réalisation est sans doute la plus grande difficulté pour le chef de projet. Prévoir le « comment faire » et le « quand faire » sans savoir précisément le « quoi faire » est une entreprise risquée, compte tenu de toutes les inconnues et de tous les impondérables du projet. Et quand bien même tous les éléments seraient réunis pour établir ce plan, tout événement imprévu viendrait immédiatement l'invalider.

Le plan ne doit pas avoir d'autres objectifs que de donner une visibilité aux différents interlocuteurs sur la façon dont le projet va être conduit et sur ses principales échéances. C'est sur cette base que peut être élaboré le planning.

☞ **Pour aller plus loin...**

Reportez-vous au chapitre 4, « Planifier son projet ».

Question 6 : un planning détaillé, est-ce bien utile ?

La réalisation d'un planning détaillé pour la totalité du projet, avec les activités, leurs dépendances, leur durée ou leur coût... – qui nécessite souvent des heures, voire des jours, pour produire un superbe diagramme de Gantt – peut se révéler une entreprise inutile car le planning risque d'être obsolète dès sa validation. Certes, il rassure, il donne la preuve que le chef de projet maîtrise les outils de planification... mais il fera ressortir d'inévitables écarts entre prévisionnel et réalisé. Ces écarts conduiront le chef de projet à corriger les plans de travail donnés à l'équipe. Que de travail inutile !

Un macroplanning comportant les jalons importants est mieux adapté ; il est le « plan de route » qui indique la destination finale, les principales étapes, les principaux arrêts. Il s'affine au fur et à mesure en fonction des conditions rencontrées sur le chemin et de la visibilité accrue.

☞ **Pour aller plus loin...**

Reportez-vous au chapitre 4, « Planifier son projet ».

Question 7 : avoir un pilote à bord...

La question n'est pas de fixer des dizaines d'indicateurs, l'important est d'avoir, à tout moment, une bonne visibilité sur ce qui a été fait et sur ce qui reste à faire, à quel coût, avec quel niveau de qualité...

Pourquoi constate-t-on inévitablement des écarts entre prévisionnel et réalisé ? Parce que le prévisionnel a été établi en détail trop tôt, sur la base d'informations insuffisantes ou non stabilisées, sans prise en compte de tous les impondérables.

Le dispositif de pilotage doit donc être défini pour chaque projet ; il fixe les « règles du jeu » applicables à tous et compréhensibles de tous : les métriques suivies, leur mode de calcul, les conditions de la collecte (producteur, fréquence, présentation...). Leur conso- lidation en indicateurs fournit une visibilité à plusieurs niveaux.

Sans aucun dispositif de pilotage, on pourrait assimiler le projet à un « avion sans pilote » !

☞ **Pour aller plus loin...**

Reportez-vous au chapitre 5, « Suivre et piloter son projet ».

Question 8 : ... et les bons instruments de mesure !

Est-ce que la régularité du reporting et le nombre d'indicateurs garantissent que le projet avance ? Est-on certain qu'avec un « bon » reporting, le client va être satisfait ?

Le choix des indicateurs, significatifs pour l'ensemble des parties prenantes, est fondamental. S'il doit être rigoureux et régulier, le reporting doit rester simple et considéré comme un outil indispensable de communication et d'aide à la décision.

Si le chef de projet consacre un temps excessif à l'analyse, à la synthèse et à la formalisation des informations issues de son tableau de bord, le reporting devient alors une charge lourde. Et si cette activité n'est pas menée régulièrement, avec des indicateurs pertinents, le chef de projet va au-devant d'une situation désordonnée où, effectivement, il ne sait plus où en est le projet.

☞ **Pour aller plus loin...**

Reportez-vous au chapitre 5, « Suivre et piloter son projet ».

Question 9 : détecter les défauts au plus tôt

Le « zéro défaut » n'existe pas !

Les tests ont pour objectif de détecter des anomalies : oublis, bogues, non-conformités… Quelle mauvaise surprise de constater, après plusieurs mois de développement intense, un dysfonctionnement ou une intégration impossible ! Si on l'avait détecté plus tôt !

Même si les organisations ont depuis longtemps adopté le principe de prototypage ou de « projet pilote », les tests demeurent une activité menée essentiellement après une phase de développement, donc plutôt en fin de projet. Le coût de correction des anomalies est alors plus élevé, les régressions accroissent le retard dans le planning et le coût du projet… Les clients sont insatisfaits.

Est-ce que ce sont les tests qui coûtent cher ou les corrections consécutives aux anomalies détectées tardivement ?

Il convient donc de définir une stratégie de tests avec des campagnes à chaque niveau de la « chaîne de fabrication » : ils doivent y être intégrés comme une activité essentielle le plus tôt possible dans le cycle de vie, sans considérer que les tests unitaires sont suffisants. D'autres contrôles qualité, complémentaires aux tests, doivent être introduits au plus tôt dans le cycle de vie.

☞ **Pour aller plus loin...**

Reportez-vous au chapitre 5, « Suivre et piloter son projet ».

Question 10 : adopter une démarche qualité

Est-ce le plan qualité qui est important ? Est-ce que nous pouvons mesurer la qualité du projet à la quantité de documentation que nous produisons ?

Olivier Azeau[1] fait une distinction entre « [adopter]une démarche qualité » et « faire un produit de qualité ».

La démarche qualité, c'est-à-dire les processus, les outils mis en place, l'organisation, etc., favorise la livraison d'un produit de qualité ; mais on ne fait pas de la qualité pour faire de la qualité.

On peut déterminer de nombreux indicateurs pour mesurer la qualité, le seul indicateur pertinent étant, in fine, la satisfaction du client. On ne peut évaluer la « bonne qualité » d'un projet ou d'un produit à la quantité de documentation produite, même si la documentation reste indissociable du produit qu'elle accompagne.

Une stratégie de contrôle qualité doit être définie en début de projet et appliquée rigoureusement tout au long du projet par des actions planifiées à des étapes clés ou prévues en cas de besoin.

☞ **Pour aller plus loin...**

Reportez-vous au chapitre 5, « Suivre et piloter son projet ».

Question 11 : accepter le changement

Le changement est inéluctable ; il ne sert à rien de vouloir y résister. Au contraire, nous devons en accepter le principe, nous y préparer et nous armer pour nous y confronter. On doit même le considérer comme une opportunité, une occasion d'améliorer la spécification initiale ! La satisfaction du client n'est-elle pas notre unique objectif ?

Néanmoins, améliorer, adapter ne signifient pas accepter tout n'importe quand, n'importe comment. Le changement a des impacts et un coût, il doit être étudié et évalué. Notre seul devoir est d'expliquer et de valoriser les incidences du changement – afin qu'une décision motivée soit prise –, mais non de nous y opposer a priori.

L'alternative est simple : soit nous l'intégrons naturellement dans notre processus, soit nous l'organisons. Des stratégies différentes peuvent être adoptées, mais nous ne pouvons résister au changement, surtout s'il émane du client ou si une adaptation se révèle nécessaire.

☞ **Pour aller plus loin...**

Reportez-vous au chapitre 2, « Méthodes traditionnelles ou méthodes agiles ? ».

---

1. *L'agilitateur, http://agilitateur.azeau.com/*

Question 12 : des livraisons fréquentes

Le rythme des livraisons est impulsé par le client, en fonction de ses contraintes et de ses desiderata.

Cependant, nous devons nous rassurer quant à la pertinence et l'adéquation de ce que nous produisons avec les attentes du client ; nous devons rassurer ce dernier sur notre progression quotidienne ou hebdomadaire. Nous avons par conséquent intérêt à montrer que nous avons compris, à montrer que nous sommes capables : capables de faire, mais aussi capables d'améliorer les choses, si nécessaire (le changement !) sans aucun état d'âme, dans le souci de la satisfaction du client.

À cet égard, rythmer le projet par des livraisons fréquentes évite l'écueil d'avoir trop tard de mauvaises surprises !

☞ **Pour aller plus loin...**

Reportez-vous au chapitre 2, « Méthodes traditionnelles ou méthodes agiles ? ».

Question 13 : le client est (presque) roi

Quels qu'en soient le prix, les contraintes, les adaptations nécessaires, nous sommes au service du client et de l'organisation à laquelle il appartient. Notre devoir est de lui apporter satisfaction.

Notons toutefois que celui-ci a aussi des devoirs envers l'équipe.

Afin d'éviter toute déception, nous ne devons rien supposer : ne supposons pas l'avoir compris ; ne supposons pas deviner ses besoins implicites ; aidons-le à distinguer le besoin « rêvé » du besoin réel à traiter ; ne considérons pas savoir tout bien faire du premier coup, mais soyons attentifs à ses impératifs métier. Alertons-le sur les conséquences de ses choix, en termes de coûts, de délai, de renoncements, de moyens, etc.

Et surtout, convenons avec lui des modalités d'appréciation de sa satisfaction, en fixant très tôt les critères d'évaluation.

Puis évaluons régulièrement sa satisfaction, notamment au travers d'enquêtes auprès des utilisateurs finals, souvent distants des équipes de réalisation.

☞ **Pour aller plus loin...**

Reportez-vous au chapitre 3, « Recueillir efficacement les besoins ».

Question 14 : des rôles comme repères

Chacun a ses compétences et son expérience ; chacun peut, à tout moment, en fonction de l'actualité du projet, apporter une contribution mineure ou décisive. Pourquoi figer des rôles, contenir des volontés, des initiatives et se priver d'un apport d'expertise ou d'une suggestion opportune ? La vie du projet, la personnalité du chef de projet, feront de chacun un contributeur salutaire ou un simple exécutant qui se conforme à son plan d'exécution.

Les rôles sont des repères, des périmètres de responsabilités ; ils ne doivent pas être figés : les cloisons doivent être abattues (au sens figuré comme au sens propre) entre les acteurs d'un projet.

Même si nous occupons une fonction « multicasquette », parce que le projet ne justifie pas une armée de collaborateurs ou parce que nous manquons de ressources, nous tenons néanmoins plusieurs rôles qu'il convient de distinguer.

L'essentiel, pour le chef de projet, est de *faciliter* l'expression de chacun pour donner le meilleur de soi et d'adapter l'organisation aux évolutions du projet. C'est tout l'art du manager !

☞ Pour aller plus loin...

Reportez-vous au chapitre 6, « Gérer les hommes ».

Question 15 : savoir adapter son style de management pour une meilleure productivité

Comment doser entre le « tout imposé », le « suggéré » et le « laisser-faire » ?

À cette fin, il faut jouer de ses capacités d'adaptation, en fonction de la personnalité de chacun des collaborateurs, en fonction des circonstances du projet (nous sommes en phase critique ou en rythme « de croisière »). Le chef de projet est un « facilitateur », il doit favoriser l'initiative, l'esprit d'équipe, la performance collective et individuelle et la motivation.

Un junior méritera d'être « coaché », un collaborateur expérimenté d'être écouté ; l'un aura besoin d'être « dirigé », dans le sens d'« orienté » et de monter en compétence, l'autre d'être écouté et rendu plus autonome. Le chef de projet doit composer avec son équipe diversifiée, faire confiance et inspirer celle-ci en retour.

Là réside la dimension managériale du chef de projet : être suffisamment directif (au sens d'indiquer la direction) tout en favorisant l'expression de telle ou telle compétence, sans la considérer comme une menace personnelle.

La clef de la productivité réside dans cette capacité à gérer les relations humaines au cours du projet.

☞ Pour aller plus loin...

Reportez-vous au chapitre 6, « Gérer les hommes ».

Question 16 : vision et confiance

Le contrat au forfait ne vise qu'à reporter, sur un prestataire qu'on paie, le risque d'échouer. Les pénalités prévues dans les contrats sont-elles, d'ailleurs, réellement appliquées, et augmentent-elles les chances de succès ?

Pourquoi cela se passe-t-il si souvent mal ? Parce que les uns imposent aux autres de s'engager sur un résultat, à partir de besoins (soi-disant) clairement définis, déterminé par un budget et un délai contractuels. Parce que les autres, pour des questions économiques, acceptent d'être contraints et de courir le risque. Mais le taux d'échec des projets informatiques est le même chez les prestataires que chez les directions informatiques : ils sont confrontés aux mêmes difficultés et aux mêmes incertitudes, dans un cadre rigidifié, de surcroît.

Le contrat au forfait contraint et mène au rapport de force, voire au conflit. Il est de moins en moins adapté, même si les directions juridiques pensent de plus en plus le contraire en standardisant les contrats de sous-traitance sur ce modèle.

Plutôt que de vouloir tout contractualiser, chacun va devoir apprendre à collaborer efficacement dans le seul but de mener à bien ensemble le projet. Chacun va devoir s'engager mais sur des règles communes et non concurrentes, basées sur une vision partagée et une confiance mutuelle.

☞ **Pour aller plus loin...**

Reportez-vous au chapitre 6, « Gérer les hommes » et au chapitre 7, « Adopter une approche agile ».

Question 17 : gommer les distances

L'éloignement géographique justifie sans doute une adaptation des méthodologies.

L'absence de contact visuel ou audio est souvent compensée par une documentation volumineuse, mais qui ne formalise pas toute la connaissance tacite d'une équipe, celle qui crée la vision et l'esprit d'équipe... et qui n'est pas toujours mise à jour.

Il faut alors utiliser tous les moyens électroniques dont on dispose : visioconférence, site wiki, webcams, skype... sans oublier les déplacements, pour dépasser le problème de la distance.

Les méthodologies modernes qui mettent en avant la communication comme facteur clé du succès sont particulièrement adaptées à ces contextes. Elles sont nées avec les nouvelles technologies, elles ont émergé devant le constat que, dans les approches traditionnelles, trop peu de place est consacrée aux échanges entre membres de l'équipe ou avec le client.

☞ **Pour aller plus loin...**

Reportez-vous au chapitre 6, « Gérer les hommes ».

Question 18 : définir sa propre méthodologie

La question n'est pas de savoir quelle méthodologie vous utilisez ; il en existe pléthore, des lourdes aux plus légères, plus ou moins formalisées, des plus radicales aux plus souples, avec des philosophies très différentes, rarement appliquées à la lettre mais souvent adaptées.

La question, c'est bien plutôt d'identifier, sur chaque projet, les pratiques utiles, efficaces, qui conduisent au succès, et celles qui sont inutiles voire nuisibles au projet.

Inspirées des méthodologies de référence, ces pratiques, combinées avec votre expérience, doivent vous aider à bâtir votre propre méthodologie : celle adaptée à la typologie du projet et à son contexte, avec laquelle vous êtes à l'aise.

Mais une méthodologie minimale, aussi légère soit-elle, est nécessaire ; elle réunit l'équipe et tous ses interlocuteurs dans un cadre commun : ce sont « les règles du jeu ».

Avoir le temps ou pas d'élaborer et d'appliquer une méthodologie est un mauvais argument : à défaut d'une méthodologie préexistante sur un projet, elle se façonnera au fil de l'eau, pour être régulièrement analysée et capitalisée, si elle se révèle efficace. Les pratiques utiles seront alors reproduites ou adaptées sur les autres projets, les pratiques inutiles éliminées.

Ce qui est important, c'est d'adopter une démarche proactive et d'accepter de voir des pratiques existantes évoluer et s'enrichir, le cas échéant, de nouvelles pratiques.

☞ **Pour aller plus loin...**

Reportez-vous au chapitre 7, « Adopter une approche agile ».

Question 19 : le nouveau chef de projet

Manager directif ou participatif, le chef de projet doit avant tout porter la vision du projet, c'est-à-dire la « destination finale ». « La vision doit refléter à la fois la perspective du client et le point de vue technique. Au chef de projet de faire ressortir le point de convergence entre les deux : en quoi la valeur commerciale du projet profitera de l'excellence technique du logiciel livré[2]. »

Si le spectre des nombreuses responsabilités et tâches du chef de projet est large, on constate une évolution de son métier : de donneur d'ordres, il est devenu un meneur d'hommes (voir note de bas de page). Son objectif consiste à orienter l'équipe vers cette destination finale, en l'aidant à définir la marche à suivre, en lui assurant les ressources nécessaires et en levant tous les obstacles qui entraveraient le parcours. En assumant ce rôle de facilitateur, il assoit naturellement sa légitimité.

☞ **Pour aller plus loin...**

Reportez-vous au chapitre 6, « Gérer les hommes ».

---

2. Voir *L'approche agile va-t-elle tuer le chef de projet ?*, *Valtech Mag*, décembre 2006, à partir de *Agile Project Management*, Christophe Addinquy et David Gageot, ValtechDays, 2006, *http://www.valtech-tv.com/*.

Question 20 : curiosité et apprentissage

Des difficultés, nous en aurons tous et toujours. C'est d'ailleurs ce qui fait l'attrait d'un projet ; un chef de projet ne s'ennuierait-il pas sur un projet ne présentant aucune difficulté ?

L'excellence d'un chef de projet se mesure précisément à la capacité qu'il a de conduire son équipe à la destination finale.

S'il est un chef de projet expérimenté, il puisera dans son expérience (ses succès comme ses échecs) ; mais il devra, quel que soit le degré de découverte, s'adapter, voire apprendre chaque fois et accepter les remises en question. S'il est débutant, il apprendra, lui aussi, « sur le terrain », capitalisera et saura, en outre, s'appuyer sur ses collaborateurs.

Ce qui compte, c'est la curiosité et l'apprentissage permanent pour avancer vers l'excellence.

Si vous êtes expérimenté, les pages qui suivent vous donneront matière à vous conforter dans le maintien de certaines pratiques et à en faire évoluer d'autres ; si vous êtes débutant, elles vous enseigneront quelques principes et idées clés pour bien démarrer votre projet. La suite… c'est vous qui l'écrirez.

2

Méthodes traditionnelles ou méthodes agiles ?

L'entreprise doit avoir l'agilité du banc de poisson qui agit et réagit avec vitesse, simultanéité et précision.

Jean-Pierre Chardon, P-DG Schneider Electric France, préface in Jérôme Barrand, *Le Manager agile*, Dunod, 2006.

Depuis des décennies, les projets sont gérés avec une approche classique, le plus fréquemment « en cascade » ou son adaptation « en V », basée sur des activités séquentielles : on recueille les besoins, on définit le produit, on le développe puis on le teste avant de le livrer au client.

Ces méthodologies se caractérisent par un attachement farouche à tout planifier, « tout doit être prévisible », en tout début de projet. Voilà pourquoi on les qualifie d'approches « prédictives ». Un plan de management du projet décrit comment et quand le travail sera réalisé, les modalités de planification, d'exécution, de suivi et de clôture du projet.

Cette volonté persistante de vouloir piloter le projet par les plans (*plan-driven development*) a conduit les acteurs d'un projet à redouter, voire à s'opposer systématiquement à tout changement : changement dans le contenu ou le périmètre du projet, dans le processus de développement, au sein de l'équipe, bref à toute modification des plans initiaux, auxquels on doit rester conforme.

« Quand on trouve une recette qui marche bien, on a du mal à la quitter même si l'on constate que son efficacité semble diminuer ; il existe une inertie due à la peur du changement, à la recherche de facilité ou à l'ivresse du succès (ce qui marchait hier doit marcher demain…). Eh bien non !!!![1] »

Fort du constat que les plans initiaux sont finalement toujours modifiés et que les besoins évoluent en permanence pour répondre aux changements du marché, ces approches prédictives se sont révélées trop « rigides » parfois, exposant les organisations à trop peu de réactivité dans le contexte de nouveaux projets stratégiques.

Sont alors apparues, dans les années 1990, des méthodes moins prédictives, plus souples face aux besoins d'adaptation, facilitant ainsi l'agilité des organisations face aux contraintes du marché.

Ce sont les méthodes dites « agiles».

Limites des approches classiques

Caractéristiques d'une approche « en cascade »

Figure 2-1

Les phases du cycle
« en cascade »

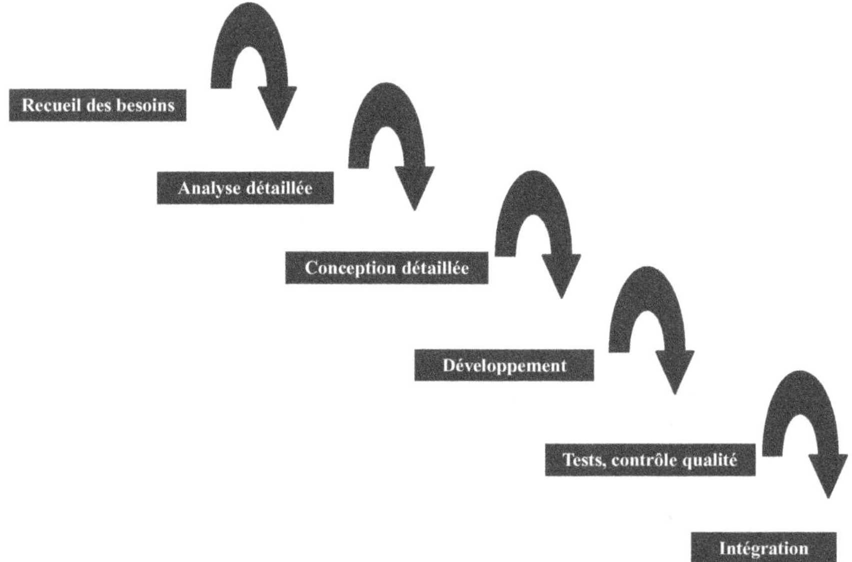

Le cycle en « cascade » se caractérise par des phases séquentielles, qui se succèdent après la validation des livrables produits lors de la phase précédente :

- Tous les besoins sont exprimés et recueillis lors de la première phase, puisque l'analyse détaillée de ces besoins, puis la conception du système qui répondra à ces besoins, en dépendront.

---

1. Jérôme Barrand, in *Le Manager agile*, *op. cit.*

- La conception du système, bien que textuelle ou représentée sous forme de diagrammes, doit être validée avant le démarrage des développements.

- Les développements doivent être achevés pour permettre à l'équipe de testeurs de lancer ses campagnes de tests fonctionnels et techniques.

- Enfin, une fois, et seulement une fois, que les anomalies ont été corrigées, on peut procéder à l'intégration globale finale et à la mise en production du système.

Dans ce contexte, et sur la base du périmètre défini, on demande au chef de projet de s'engager sur un planning détaillé de réalisation, prévoyant les jalons de début et fin de phases, et les activités à mener.

On devine très rapidement, si l'on ne les a déjà expérimentées, les failles de cette approche.

Les failles d'une approche « en cascade »

Métaphore du chalet

Prenons l'exemple du projet de construction d'un chalet à la montagne : le client souhaite un chalet différent de ceux qui peuplent déjà la station, original, construit avec des matériaux écologiques et respectant les nouvelles normes environnementales. Il a confié la réalisation des plans à un architecte qui a pris en compte ces considérations ; mais le client sait que certains choix et certaines décisions ne pourront être définitifs qu'après avoir vu réellement le chalet prendre forme. Il sait que le coût du chalet ainsi que le délai de réalisation pourront évoluer en fonction de ces choix définitifs, même s'il dispose d'une enveloppe globale qu'il ne souhaite pas dépasser et d'une date de livraison approximative.

Cet exemple paraît tout à fait courant pour celui qui a déjà été confronté à un tel projet et personne ne contesterait la légitimité des hésitations de ce client devant un engagement important.

Comment, dans ces conditions, fournir un planning détaillé de tous les travaux, de toutes les ressources matérielles et humaines, de toutes les fournitures… en sachant qu'au gré des choix du client, la nature même des travaux et des matériaux pourrait évoluer ? Comment fournir un budget détaillé définitif, alors que le client, en fonction de certains choix, devra peut-être renoncer à tel ou tel équipement initialement prévu pour rester dans l'enveloppe budgétaire qu'il s'est fixée ?

Le développement d'un nouveau produit ou d'un nouveau logiciel est confronté aux mêmes conditions : le chef de produit marketing aura sondé ses consommateurs pour définir son nouveau produit, mais lors de la réalisation, certaines attentes ne pourront être satisfaites en raison d'un surcoût imprévu ou d'une nouvelle norme incompatible apparue en cours de développement ; le responsable des ressources humaines d'une grande entreprise aura associé ses collaborateurs pour définir les fonctionnalités d'un nouveau logiciel de recrutement en ligne ; mais la complexité technique sous-estimée au départ ou la difficulté d'intégration avec le système central en place contraindront peut-être l'équipe à revoir à la baisse ses attentes ou à accepter un délai supplémentaire ; ou bien encore, le site d'un concurrent faisant apparaître une nouvelle fonctionnalité attrayante amènera le responsable à faire évoluer son cahier des charges en ajoutant cette nouvelle demande en cours de projet.

La rigidité de l'approche

On déplore que la nouveauté, la marge de manœuvre laissée, à juste titre, au client pour préciser ou faire évoluer ses attentes, la non-prévisibilité de tous les événements soient difficilement compatibles avec une approche prédictive comme celle du cycle en cascade.

> À la différence, lors des projets industriels de développement de produits sur une chaîne d'assemblage, tout est (presque) prévisible et le degré de nouveauté (presque) néant : les spécifications peuvent alors être précises dès le début et le budget ainsi que le délai sûrement établi.

En fait, une fois le plan de management du projet validé, il constitue la référence de base. La préoccupation majeure du chef de projet devient alors de coller au plus près au plan, quels que soient les événements ; tout écart constaté, concernant la durée des activités, la productivité ou la disponibilité des ressources ou encore les risques imprévus, est perçu comme un échec, vécu par certains comme une incompétence ou une incapacité à anticiper.

L'approche « en cascade » est par conséquent trop rigide pour permettre des retours en arrière ; elle suppose que l'on fasse bien du premier coup. Une décision ou une anomalie détectée dans une phase aval de la cascade peuvent remettre en cause partiellement ou totalement des travaux validés précédemment et considérés comme définitifs.

> Comment revenir sur une conception validée il y a deux mois lorsque l'on constate, à la fin des développements, que l'architecture développée ne permet pas de respecter les exigences de performance ? D'autant que l'approche en cascade n'encourage pas, explicitement, le prototypage qui aurait pu éviter cette mauvaise surprise.

L'effet tunnel

Figure 2-2

La « boîte noire »

Des besoins ⟶ **?** ⟶ **Un produit**

La boîte noire

L'effet tunnel est une autre des caractéristiques de l'approche « en cascade » : un projet dure un an, la phase de recueil des besoins dure deux mois et le client ne voit le résultat que neuf mois plus tard !

Que s'est-il passé entre-temps ? « On ne sait pas trop ce qu'ils font ces informaticiens ! », « Que va-t-il sortir de la « boîte » ? », « Mais, ce n'est pas ce que l'on attendait ! » ou bien « C'est ce que nous voulions mais notre besoin a un peu évolué depuis ! »

D'une part, la non-transparence des équipes de développement suscite des sarcasmes sur leur capacité à coopérer, d'autre part, la longueur des phases techniques auxquelles le client n'est pas associé rend celui-ci dubitatif sur le résultat à venir. Ce qui ne favorise pas la collaboration efficace entre informaticiens et utilisateurs !

D'autant plus si le résultat livré n'est pas conforme à ce qui est attendu.

Une mauvaise communication

L'absence de jalons intermédiaires prohibe la validation de ce que sera la version finale du produit. Il faut attendre que la phase de développement soit bien avancée pour découvrir les premiers écrans. Les mauvaises surprises en fin de cycle de vie et le refus du changement par les équipes de développement pénalisent la qualité des relations avec les utilisateurs. Elles en deviennent même parfois conflictuelles ; les uns s'attachent fermement à leurs plans initiaux pour livrer ce qui était convenu à l'échéance prévue, même si le résultat ne correspond plus ou pas totalement à ce qui est réellement attendu ; les autres ressentent cette rigidité comme un désintérêt pour la valeur ajoutée du produit final.

La succession d'intervenants, au travers des différents corps de métier, nuit également à la fluidité de l'information, crée même une déperdition d'information et d'énergie ainsi que de nombreuses ruptures de charge.

La levée tardive des facteurs à risques

Dans un cycle de vie « en cascade », les facteurs à risques sont levés tardivement, puisque les tests de performance ou d'intégration, par exemple, sont reportés après les développements, tout comme l'appréciation des IHM (Interface homme-machines), qui – on le sait – sont souvent sujettes à d'interminables débats très subjectifs.

L'impact des risques augmente avec l'avancement du projet, puisque plus une anomalie est détectée tardivement, plus le retour arrière est complexe, plus sa correction coûtera cher et plus les effets de bords seront menaçants.

Une documentation pléthorique

Afin de se prémunir contre ces risques, l'approche « en cascade » s'attache fortement à la production d'une documentation importante.

La documentation permet de repousser le moment où il va falloir aborder la phase de codage, phase irréversible.

Elle rassure et, s'il en était nécessaire, elle apporte la preuve que la réalisation progresse ; elle matérialise l'avancement et engage les parties prenantes. En effet, il est plus aisé de s'opposer au changement en brandissant un document contractuel validé précédemment !

Malheureusement, cette documentation, souvent trop pléthorique, ne reflète pas la réalité des développements : on a beau valider un document d'architecture, celle-ci reste théorique et conceptuelle tant qu'elle n'est pas implémentée et testée dans des conditions réelles ; on a beau présenter des maquettes papier au client, celui-ci est plus sensible à ce qu'il voit concrètement sur un écran (*IKIWISI, I'll Know It When I See It* !).

Au final, on s'interroge sur l'utilité de cette documentation, qui n'est, en outre, pas toujours mise à jour tout au long du projet et devient donc vite inexploitable.

Dans ce contexte de méthodes trop rigides, comment augmenter le niveau de satisfaction des clients tout en facilitant la gestion des projets et en améliorant la qualité des développements ?

C'est précisément avec les méthodes dites « agiles » que l'on va pouvoir adopter une approche plus souple, plus « adaptative » aux aléas du projet.

Une alternative : les méthodes agiles

Qu'est-ce qu'une méthode agile ?

> **Qu'est-ce qu'une méthode agile ?**
> Une méthode agile est une approche itérative et incrémentale, qui est menée dans un esprit collaboratif, avec juste ce qu'il faut de formalisme. Elle génère un produit de haute qualité tout en prenant en compte l'évolution des besoins des clients.

Une approche itérative et incrémentale

Le principe du développement itératif consiste à découper le projet en plusieurs étapes d'une durée de quelques semaines ; ce sont les *itérations*. Au cours d'une itération, une version minimale du produit attendu est développée puis soumise, dans sa version intermédiaire, au client pour validation. Les fonctionnalités sont ainsi intégrées au fur et à mesure du cycle de vie sur un *mode incrémental*, le système s'enrichissant progressivement pour atteindre les niveaux de satisfaction et de qualité requis.

Chaque itération est un mini-projet en soi qui comporte toutes les activités de développement, menées en parallèle : analyse, conception, codage et test, sans oublier les activités de gestion de projet. L'objectif est d'obtenir, au terme de chaque itération, un sous-ensemble opérationnel du système cible et, au terme de la dernière itération, la version finale du produit.

> **Attention**
> Le résultat d'une itération n'est pas un prototype ou une « proof of concept », mais bien une version intermédiaire du produit final.

Les itérations se succèdent et ne peuvent être parallélisées ; elles correspondent à des « tranches de temps » ou des « boîtes de temps » dont la date de fin est fixe. Elles sont d'ailleurs nommées, dans la littérature dédiée, *sashimi*. Ce terme japonais décrit l'assiette où sont magnifiquement rassemblées toutes les lamelles du poisson.

- L'idée maîtresse est de reconnaître que l'on ne peut pas tout connaître ni tout anticiper, aussi longue soit notre expérience ; il est, par conséquent, plus sage d'avancer prudemment, pas à pas et de s'adapter au fur et à mesure, en tenant compte des spécificités du projet, plutôt que de tout prévoir et tout planifier à l'excès, en sachant qu'inévitablement des changements plus ou moins prévisibles surviendront en cours de projet.

- On ne dispose plus d'un plan de management du projet unique, établi au début du projet, qui planifie une liste d'activités plus ou moins détaillée ; mais on dresse une liste de besoins macroscopiques et on élabore un macroplanning initial qui fixe les grandes échéances et les jalons principaux du projet. À chaque itération, on sélectionne, avec le client, les fonctionnalités qui seront détaillées puis développées, en fonction de leur priorité et on établit le microplanning correspondant aux activités nécessaires pour le développement de ces fonctionnalités.

- Le principe du *timeboxing* – une date d'échéance fixe immuable pour l'itération – permet de mobiliser les efforts sur des objectifs clairs à court terme. Si les objectifs ne sont pas atteints, les enseignements seront tirés lors du bilan de l'itération afin de corriger les conditions de l'itération suivante, si nécessaire.

- Les avantages de l'approche itérative et incrémentale sont présentés dans le tableau 2-1.

Tableau 2-1 Avantages du développement itératif et incrémental

Avantage	Les +
La communication est de meilleure qualité.	Les malentendus, incompréhensions, incohérences sont mis en évidence tôt dans le projet ; il est donc encore possible de les corriger. L'utilisateur a la possibilité de clarifier ses exigences au fur et à mesure. Le client reçoit des « preuves » tangibles de l'avancement du projet.
La visibilité est meilleure.	Le client peut ainsi visualiser les travaux plus régulièrement, au fil de l'eau, sans attendre la fin du projet, puisqu'à la fin de chaque itération, les fonctionnalités retenues sont développées, testées, documentées et validées, prêtes pour l'exploitation.
La qualité est évaluée en continu.	Les tests sont effectués à chaque itération, les anomalies détectées sont corrigées au fur et à mesure.
Les risques sont détectés très tôt.	Grâce aux activités de développement précoces, les risques sont détectés tôt et résolus rapidement.
L'équipe prend confiance.	L'itération donne une occasion d'apprendre, donc de capitaliser ou d'adapter les pratiques pour la suite du projet. Les premières itérations fiabilisent les prévisions. Le changement n'est plus une menace, mais au contraire, l'opportunité de mieux faire et de mieux satisfaire le client.
Les coûts sont contrôlés.	Les coûts sont limités, en termes de risques, au périmètre de l'itération ; s'il faut reprendre une itération, on ne perd que les efforts de cette itération et non la valeur du produit dans sa globalité. On peut aussi arrêter le projet à l'issue de quelques itérations si l'on n'a plus de budget.

Freddy Mallet[a] nous précise, avec humour, les avantages du développement itératif

Cette notion de timebox (ou *time frame*) est omniprésente dans les méthodologies agiles, mais que signifie évoluer dans une boîte de temps ? C'est tout simplement se donner une contrainte de réalisation « au mieux » d'un ou plusieurs objectifs dans un cadre de temps immuable et de préférence le plus court possible.

Prenons une métaphore qui parle directement ou indirectement au plus grand nombre pour comprendre l'intérêt de la démarche. Vous vous dites qu'il serait souhaitable que vous perdiez 10 kilos en quelques mois pour vous sentir bien dans vos baskets. Quelle que soit la recette diététique utilisée : le régime dissocié, le sport, slim-fast, la prière, etc., pourquoi est-il préférable de découper, voire d'oublier cet objectif général de perte de 10 kilos au profit de boîtes de temps de 2 semaines par exemple avec des objectifs précis en début de chaque boîte de temps ?

– Appréhension de la réalité : si je vous dis que vous devez perdre 10 kilos en 4 mois, est-ce que ça vous parle ? Si je vous dis que vous devez perdre 600 g par semaine, est-ce que ça vous parle mieux ? À titre personnel oui, car en découpant l'objectif initial, on s'approche d'une

> **Freddy Mallet[a] nous précise, avec humour, les avantages du développement itératif _(suite)_**
>
> réalité plus palpable qui nous contraint à un regard également plus objectif. Après ce premier découpage, vous allez peut être vous dire que 400 g, c'est déjà pas mal et allez donc partir sur une base plus viable.
>
> – **Maîtrise du risque** : si jamais vos objectifs sont trop élevés, le fait de raisonner en boîte de temps permet de vous remettre en question et éventuellement de rectifier le tir dès la première ou deuxième boîte de temps. À l'inverse, si vous vous étiez fixé un objectif de perte de 10 kilos sur 6 mois sans étape intermédiaire, votre faculté de vous mentir à vous-même l'aurait peut être emporté sur votre objectivité. En gros, les boîtes de temps vous contraignent à un feed-back honnête sur vos avancées. Dans un cas, vous allez donc éventuellement revoir votre objectif initial à 8 mois et au final vivre l'expérience comme un succès, et dans l'autre cas potentiellement échouer là où vous auriez pu réussir.
>
> – Entretien d'une pression quotidienne positive ou plutôt **régulation de la pression** : que se passerait-il si, à l'école, l'évaluation des connaissances ne se faisait qu'une seule fois à la fin de l'année ? Grossièrement les étudiants travailleraient en sur-régime le dernier trimestre et « glanderaient » plus ou moins fort les deux premiers trimestres. L'être humain est ainsi fait. Donc il faut trouver un moyen d'étaler dans le temps cette pression bénéfique quand elle est bien gérée.
>
> – **Motivation** : plus un objectif est à portée de main, plus la motivation pour atteindre cet objectif sera naturelle et importante. Perdre 10 kilos en 4 mois ou 600 g par semaine revient au même. Seulement dans le deuxième cas vous avez « la rage », le _fighting spirit_, et vous allez même peut-être dépasser vos espérances.
>
> – **Satisfaction** : en reprenant l'exemple précédent, dès la première semaine si vous atteignez votre objectif de perte de 600 g, vous ressentez une unité de satisfaction (notion équivalente à un _stroke_ en analyse transactionnelle) que vous allez vouloir ressentir à nouveau dans les prochaines boîtes de temps. Ces unités de satisfaction sont l'énergie qui va permettre de soutenir la dynamique de progression.
>
> – **Augmentation des degrés de liberté** : cette dernière notion peut paraître étrange puisqu'une boîte de temps est avant tout une contrainte, donc comment l'ajout d'une contrainte peut-il augmenter mes degrés de liberté ? En raison d'un aspect psychologique assez facile à comprendre et qui s'applique à bon nombre d'entre nous : plus la montagne qu'on nous demande de gravir est haute, moins nous allons nous autoriser d'expérimentation, figés par l'enjeu du défi. À l'inverse si nous évoluons dans des boîtes de temps, que les premières se passent bien, nous nous sentons maître de la situation et gagnons donc en liberté d'esprit et d'action.
>
> Réaliser un projet de développement d'une charge de 1 000 jours/homme est aussi simple et compliqué que de perdre 10 kilos en 4 mois !
>
> ———
>
> a. Voir http://www.freddymallet.com/

Un esprit collaboratif

L'une des valeurs essentielles des méthodes agiles est de placer les individus et leurs interactions au centre du dispositif, plutôt que de mettre au point et de « sur-outiller » des processus lourds.

Elles privilégient en effet la communication entre les différents acteurs d'un projet, au sein de l'équipe mais également entre l'équipe et ses différents interlocuteurs comme le client et les utilisateurs. On entend par communication le partage d'information, l'échange de points de vue différents ou complémentaires, l'entraide et non la concurrence, les relations « partenariales » avec le client…

Cet esprit d'équipe peut s'exprimer au travers des qualités suivantes :

- le respect des opinions des autres ;

- la capacité à exprimer des opinions différentes de façon non agressive ;

- l'aptitude à rechercher et atteindre le consensus sans frustration ;

- une prédisposition à l'autodiscipline, voire à l'autogestion.

On mesurera l'importance de ces qualités dans l'organisation de l'équipe, dans la prise de décision, dans la prévention ou la résolution des conflits, dans le dialogue avec le client.

La compétence des collaborateurs, leur motivation et la possibilité, pour chacun, d'exprimer son individualité (au service du groupe) favoriseront la créativité et la performance de l'équipe et garantiront les meilleures chances de succès au projet.

Le rôle du chef de projet s'en trouve modifié : au lieu de « commander » et contrôler son équipe, il devient le manager qui sait créer les conditions optimales pour permettre à chacun de contribuer efficacement au résultat de l'équipe en vue d'une meilleure satisfaction du client. Ce rôle de manager sera largement décrit au chapitre 6, dédié au management des hommes.

Un formalisme léger

On qualifie souvent les méthodes agiles de méthodes « légères », en comparaison avec les méthodologies classiques qui exigent un formalisme et un outillage « lourds ».

Seulement quelques livrables à produire, en plus de l'essentiel (les versions intermédiaires du produit), quelques rôles définis, quelques étapes, quelques réunions… et la démarche est formalisée.

> Une différence entre les deux approches est essentielle : seuls les éléments clés sont « prescriptifs », il y en a peu mais ils doivent être suivis avec rigueur ; cela entre en opposition avec les méthodes classiques pourvues de nombreux points dont aucun n'est réellement suivi sérieusement.

Des outils, oui, mais efficaces, à bon escient et réduits au strict nécessaire pour l'automatisation des tâches récurrentes, en particulier les tests et l'intégration continue. La compétence des ressources et la communication entre elles sont, on vient de le voir, privilégiées ; par conséquent, on ne doit pas inutilement doter une équipe d'outils complexes auxquels elle devra se former et s'adapter ; il faut des outils qui s'adaptent à la façon de travailler[2], pour supporter la démarche, mais qui ne sont pas une fin en soi.

2.　Voir *L'agilitateur*, *http://agilitateur.azeau.com/*

Cette légèreté offre l'avantage de faire évoluer l'organisation, les processus et les outils, si nécessaire ; on est bien sur une approche adaptative, on parle même d'approche *empirique* : on observe, on ajuste, on expérimente, on apprend, on corrige… Le processus agile de départ est défini au démarrage du projet ; au fur et à mesure, l'équipe découvre ce qui fonctionne dans le contexte du projet, soumet à des discussions ce qui ne fonctionne pas, améliore le dispositif, en fonction des spécificités du projet… et ce précisément grâce à sa simplicité.

Un produit de haute qualité

Les méthodes agiles sont parfois qualifiées, par leurs détracteurs, de méthodes artisanales ou de « bricolage », ce qui revient à dire que la qualité n'y est pas une préoccupation essentielle.

Si l'on considère que le niveau de qualité minimal d'un produit est sa capacité à satisfaire le client, tant sur le plan fonctionnel que sur celui des exigences de performance, de facilité d'utilisation ou d'évolutivité, c'est précisément là une autre des idées fondamentales de l'approche agile : satisfaire le client et lui apporter de la valeur.

- Grâce, tout d'abord, à la sélection des fonctionnalités à implémenter en priorité, basée sur la livraison de valeur en continu ; en effet, on s'attachera à développer et livrer rapidement celles qui ont une importance capitale pour le client. On évitera ainsi de vouloir satisfaire l'exhaustivité des besoins exprimés initialement qui ne sont pas toujours utiles ni porteurs de valeur à l'arrivée.

- Grâce notamment au feedback permanent recueilli auprès du client en lui montrant une version intermédiaire aboutie du produit – celui-ci est aligné en permanence sur les attentes qui peuvent évoluer. Le résultat est visible et non décrit théoriquement dans une documentation.

- Grâce à des campagnes de tests et au contrôle qualité au cours de chaque itération, tout défaut peut être détecté et corrigé immédiatement.

- Grâce au *refactoring* – micro-évolutions ou « nettoyages » quotidiens du code, intégrés dans les activités de développement –, on évite toute dégradation progressive du code en améliorant sa lisibilité et en améliorant sa maintenabilité. En effet, le refactoring, en éliminant les duplications anarchiques dans le code, assure que le code fait une seule chose à un seul endroit. C'est là le signe d'un code bien conçu.

- Grâce à l'adoption d'une approche adaptative, la qualité du processus – qui conditionne la qualité du produit – est également régulièrement mesurée au cours de revues : tout écart constaté fait l'objet d'une discussion et d'une modification éventuelle.

- Grâce, également, au respect de normes de codage partagées par tous les membres de l'équipe, l'évolutivité de l'application est garantie.

Au final, on a du mal à penser que les méthodes agiles ne placent pas au centre de leur démarche la qualité et la satisfaction du client ! Dans la pratique, elles se révèlent plus disciplinées et offrent un meilleur pilotage.

Peut-on vraiment montrer et livrer quelque chose au client à une telle fréquence ?

1) La réponse de l'expert **Freddy Mallet**, consultant spécialisé sur les méthodologies agiles.

Il n'existe pas de fréquence idéale mais disons que dans la pratique cette fréquence est souvent égale ou inférieure à 1 mois. Avant de se poser la question de la faisabilité, posons-nous la question du pourquoi montrer et livrer quelque chose au client à une telle fréquence ?

À vrai dire, comment faire autrement pour mesurer objectivement l'avancement d'un projet de développement ?

La question peut paraître simpliste mais si, sur un projet de développement informatique, vous avez 500 fonctionnalités (*use cases*, *user stories*, etc.) à implémenter et qu'au bout de 2 mois, vous en avez toujours 500 à implémenter, comment faites-vous à la fin de ces deux mois pour ré-évaluer objectivement votre charge et votre planning ? On peut toujours se rassurer en se disant qu'on a fait un énorme travail d'architecture, de documentation et de formation mais la vérité c'est qu'au bout de ces deux mois, on n'en sait pas plus sur notre capacité à délivrer les fonctionnalités requises.

À l'inverse, si vous vous efforcez de délivrer des fonctionnalités à chaque fin d'itération, vous allez très rapidement pouvoir évaluer objectivement votre niveau de productivité et affiner itération après itération la charge et la date de fin sans grande possibilité de vous mentir à vous-même.

C'est également un bon moyen pour l'équipe de développement de rester focalisée sur son objectif principal : délivrer des fonctionnalités ayant une valeur pour le client. Là encore, la remarque peut paraître presque simpliste mais prenez un développeur au hasard dans votre entreprise et posez-lui la question : « Quel est ton objectif principal ? » Les réponses seront-elles toutes orientées client ?

Enfin, c'est offrir au client la possibilité de confronter la représentation abstraite qu'il s'était faite du produit avec la réalité. C'est mettre en œuvre un principe de rétroaction sans lequel il ne peut y avoir d'agilité business possible. Il existe une chimère assez répandue au sein des services de développement informatique qui consiste à considérer que le client doit pouvoir parfaitement exprimer et spécifier au pixel près son besoin pour les 8 à 12 mois à venir, et ce de manière totalement abstraite. L'exercice est comparable en difficulté à imaginer et spécifier dans un document Word toute la décoration d'une maison virtuelle sans assistance informatique. Cette chimère donne lieu à des batailles ou à des tensions régulières entre maîtrise d'ouvrage et maîtrise d'œuvre. Je joue moi-même le rôle du client dans le cadre du développement d'un outil de contrôle de qualité logicielle (Sonar). Autant je sais exactement où je veux aller, autant il m'est très difficile de spécifier mon besoin. Chaque période de test offerte à la fin d'une itération me permet d'ajuster ma vision du produit. C'est aussi cela l'agilité.

Une fois la question du pourquoi levée, les problématiques réelles de mise en œuvre qui peuvent se poser portent essentiellement sur le niveau d'implication du client. Cependant, si on arrive à expliciter auprès de ce même client les bénéfices qu'il peut retirer de cette démarche itérative et incrémentale, il y a de grandes chances qu'il soit prêt à jouer le jeu.

2) La réponse de l'expert **David Gageot**, directeur technique chez Tech4Quant.

J'aime renverser cette question : comment penser que l'on peut être capable de livrer en une seule fois une application ? Développer seulement quelques fonctionnalités à la fois permet un engagement concret des utilisateurs. Le fait de leur montrer régulièrement l'application en cours de croissance facilite leur feedback et leur permet de mieux creuser leurs propres besoins.　☞

Peut-on vraiment montrer et livrer quelque chose au client à une telle fréquence ? *(suite)*

Le découpage facilite également le travail des développeurs. Plutôt que de gérer à la fin tous les problèmes tels que les bogues, la montée en charge, l'ergonomie, l'installation ou l'adéquation avec le métier, ils ont l'opportunité de trouver des solutions petit à petit et de les valider au plus tôt.

Cependant, il est vrai que c'est parfois un challenge technique que de parvenir à livrer des modules indépendants fonctionnellement et techniquement. Il faut alors penser nos applications comme un ensemble de services indépendants, capables de collaborer (façon SOA), soit comme un ensemble de plug-ins (façon Eclipse). Cette dernière solution est une approche facilitée par les dernières avancées techniques.

3) La réponse de l'expert **Dominic Williams**, coach XP.

Oui, les équipes avec lesquelles j'ai pratiqué XP étaient réellement capables de livrer aux utilisateurs une nouvelle version chaque semaine, et il ne s'agit pas de cas isolés.

Pour y arriver, le premier ingrédient est d'éliminer du processus toutes les files d'attentes et passages de relais. Il faut une équipe polyvalente et autonome. Chaque membre de l'équipe doit être capable de tout faire et l'équipe ne doit pas dépendre d'une autre équipe, par exemple pour faire les tests.

Le deuxième ingrédient est l'automatisation. Tout ce qui est répétitif doit être automatisé : compilation, installation, exécution des tests, mesure du temps passé par tâche, etc.

Enfin, il faut avoir des gens à qui livrer et prêts à tenir le même rythme. Un maître d'ouvrage disponible et consciencieux peut faire l'affaire, mais la véritable agilité consiste à court-circuiter cet intermédiaire et livrer directement aux utilisateurs. Certains sont impatients d'avoir les dernières nouveautés et prêts à changer leurs habitudes de travail. Dans d'autres cas, il faut prévoir, par exemple, d'introduire les nouveautés de façon optionnelle.

L'acceptation du changement

Embrace change, dit Kent Beck, l'un des « pères » du mouvement agile… « Accueillez le changement à bras ouverts » plutôt que de le craindre et de le combattre.

On sait que nombre de paramètres sont imprévisibles lors d'un projet ; il s'agit alors de mieux contrôler cette imprévisibilité sans la nier en voulant être systématiquement conforme aux plans initiaux rapidement obsolètes.

On échappera, de fait, aux gaspillages de temps et d'énergie et aux frustrations qui en résultent, constatés sur les projets qui ne peuvent admettre le changement : temps (souvent conséquent) consacré à l'élaboration du planning, temps dédié à l'analyse des écarts, efforts fournis pour rattraper le retard, temps accordé à la négociation et au refus des changements, temps affecté à remobiliser l'équipe…

Une équipe agile se dote de pratiques et d'outils lui facilitant l'accueil du changement.

Origine et valeurs des méthodes agiles

Le mouvement des méthodes agiles est né en 2001 aux États-Unis. Devant l'observation faite du taux important d'échec des projets, notamment dans les années 1990, dix-sept experts en développement logiciel, qui avaient chacun déjà mis au point et expérimenté de nouvelles méthodes, se sont réunis afin d'échanger et de trouver un socle commun de valeurs et de bonnes pratiques.

Le résultat de cette réflexion a abouti au *Manifeste pour le développement logiciel agile*[3] et la création de *l'Agile Alliance*[4], chargée de promouvoir l'agilité dans les organisations et d'apporter du soutien aux équipes qui veulent démarrer un projet agile.

Le *Manifeste* décline quatre valeurs en treize principes applicables dans toute démarche agile. Chaque méthode adopte ensuite sa propre terminologie et préconise un certain nombre de pratiques.

> **Quelles sont les quatre valeurs du Manifeste ?**
> – Les individus et leurs interactions avant les processus et les outils.
> – Des fonctionnalités opérationnelles avant la documentation.
> – Collaboration avec le client plutôt que contractualisation des relations.
> – Acceptation du changement plutôt que conformité aux plans.

Cela ne signifie évidemment pas qu'aucun processus n'est défini, qu'on ne se dote d'aucun outil ; bien entendu, des plans et une documentation, certes plus réduits, sont produits.

> Les valeurs mises en avant à gauche n'excluent pas les valeurs à droite.

Plus récemment, en 2005, a été publiée la « *Déclaration d'interdépendance* »[5] avec, parmi ses signataires, des acteurs majeurs de l'Agile Alliance. Cette communauté a formalisé les valeurs mises en pratique qui les amenaient à rencontrer tant de succès et de bons résultats dans leurs projets.

Elles se résument en six concepts, qui doivent être considérés de façon interdépendante : valeur, incertitude, client, individus, équipe et contexte ; vous ne pouvez créer de la valeur si vous ne collaborez pas avec un client qui, précisément, définit ce qu'est sa valeur ; vous ne pouvez attendre d'une équipe qu'elle soit performante si vous ne reconnaissez pas la contribution des individus qui la composent ; vous ne pouvez maîtriser l'incertitude si vous ne prenez pas en considération la spécificité du contexte.

---

3. *http://www.agilemanifesto.org/*
4. *http://www.agilealliance.org/*
5. *http://www.pmdoi.com/*

Principes des méthodes agiles

Les treize principes décrits dans le Manifeste sont déclinés des quatre valeurs citées précédemment ; ils sont présentés dans le tableau 2-2.

Tableau 2-2 Les treize principes du Manifeste

Principe	Description
Notre priorité est de satisfaire le client en lui livrant très tôt et régulièrement des versions opérationnelles de l'application, source de valeur.	Grâce au développement itératif, chaque livraison intermédiaire donne lieu à une validation par le client ; son feedback est essentiel pour garantir la conformité de la livraison avec ses attentes, pour prendre en compte ses remarques et (re)prioriser.
Accepter le changement dans les exigences, même tard dans le cycle de vie, pour garantir la compétitivité du client.	Cet état d'esprit caractérise une équipe agile qui démontre ainsi sa capacité à comprendre et apprendre comment satisfaire encore mieux la demande.
Livrer le plus souvent possible des versions opérationnelles de l'application, à une fréquence allant de deux semaines à deux mois.	Une version intermédiaire du produit final, visible et testable, satisfait davantage le client qu'une documentation à valider. Il a, de ce fait, la preuve tangible que le projet avance et peut exprimer son point de vue sur le résultat présenté.
Client et développeurs doivent coopérer quotidiennement tout au long du projet.	Les relations conflictuelles ne font pas partie de l'esprit agile ; on préférera des relations collaboratives et de partenariat basées sur la confiance et le consensus. Le client (ou son représentant) est accessible et disponible, totalement impliqué dans toutes les phases du projet.
Construire des projets autour d'individus motivés. Leur donner l'environnement et le support dont ils ont besoin et leur faire confiance pour remplir leur mission.	Le facteur clé du succès d'un projet est l'équipe. Tout obstacle à son bon fonctionnement devra être levé ; un changement, s'il s'avère nécessaire, sera apporté aux processus, aux outils, à l'environnement, à la composition de l'équipe
La méthode la plus efficace de communiquer des informations à une équipe et au sein de celle-ci reste la conversation en face à face.	Par défaut, on privilégie l'échange oral à l'écrit, pour lever toute ambiguïté et favoriser la rapidité de la compréhension. Tout ne peut être formalisé par écrit, notamment la « connaissance tacite », c'est-à-dire l'information « informelle », la culture du projet, détenues par chacun au sein d'une équipe.
Le fonctionnement de l'application est le premier indicateur d'avancement du projet.	Il n'existe pas d'autre indicateur plus pertinent que le pourcentage ou le nombre d'exigences satisfaites ; on ne mesure pas un projet à la quantité de documents produits ou au nombre de lignes de code, non significatifs pour le client.
Les méthodes agiles recommandent que le projet avance à un rythme soutenable.	La qualité du travail fourni dépend du rythme de travail qui doit être adapté en fonction des spécificités du projet. Le rythme doit être soutenu et soutenable sur la durée du projet.
Sponsors, développeurs et utilisateurs devraient pouvoir maintenir un rythme constant indéfiniment.	Ce rythme de travail est à déterminer par l'ensemble des membres de l'équipe et par le client, en fonction de la productivité de l'équipe et des priorités du client. Mais travailler en heures supplémentaires, surtout pour corriger des bogues ou des régressions, n'apporte aucune valeur ajoutée.

Tableau 2-2 Les treize principes du Manifeste *(suite)*

Principe	Description
Porter une attention continue à l'excellence technique et à la conception améliore l'agilité.	Maintenir un code propre, évolutif et performant est un objectif permanent de l'équipe ; il ne s'agit pas de produire rapidement du code non exploitable par les autres, ni du « jetable ». De plus, cela évite surtout d'enliser les développements ultérieurs, avec des modifications cassant un développement fragile, nécessitant des interventions à des endroits variés du code.
La simplicité – art de maximiser la quantité de travail non fait – est essentielle.	La simplicité garantit l'évolutivité du système. La complexité, au contraire, coûte davantage et rend plus difficiles les évolutions inhérentes au développement incrémental. La conception ne doit comporter que des éléments utiles.
Les meilleures architectures, spécifications et conceptions sont le fruit d'équipes qui s'auto-organisent	Le chef de projet agile n'est plus celui qui attribue des tâches. L'équipe, elle-même, se responsabilise et définit ses travaux à réaliser, le partage des tâches s'effectuant sur la base du volontariat.
À intervalles réguliers, l'ensemble de l'équipe s'interroge sur la manière de devenir encore plus efficace, puis ajuste son comportement en conséquence.	L'environnement d'un projet n'est pas constant ; l'équipe agile, qui en a conscience, s'interroge en permanence sur la façon d'améliorer son fonctionnement afin de s'adapter aux nouvelles conditions. C'est aussi l'acceptation du changement !

Principales méthodes agiles

Les principales méthodes agiles se nourrissent toutes des valeurs et principes du Manifeste ; cependant, si elles ont un tronc commun de pratiques, elles se différencient par leur degré de formalisme – le poids de la méthodologie dans la documentation produite, les étapes formelles, les revues, le rythme du projet ou le nombre et la longueur des itérations.

Quelles sont leurs spécificités ?

Les principales méthodes agiles sont présentées ci-après par ordre alphabétique.

ASD (Adaptative Software Development)

En 2000, Jim Highsmith (signataire du Manifeste) publie un ouvrage sur la méthode ASD, *Adaptative Software Development, a collaborative approach to managing complex systems.*

Le cycle de vie d'un projet ASD se déroule autour d'une série de cycles en trois volets :

- **Spéculation**

  - initier le projet (mission, contraintes, collaborateurs, expression des exigences, identification des risques…) ;

  - déterminer la durée du projet, le nombre d'itérations et les dates associées (4 à 8 semaines par itération) ;

- affecter un objectif (*mission*) à chaque itération ;

- dresser une liste de tâches à réaliser.

- **Collaboration**

  - livraison des composants ;

  - communication forte et assez informelle.

- **Apprentissage**

  - contrôle qualité ;

  - suivi et bilan d'avancement ;

  - communication forte et assez informelle.

Ses caractéristiques principales sont :

- focaliser sur l'objectif (*mission focused*) ;

- se baser sur des composants (*component-based*) ;

- itérer ;

- découper le temps et fixer des deadlines (*timeboxing*) ;

- piloter le projet par les risques (*risk-driven development*) ;

- accepter le changement.

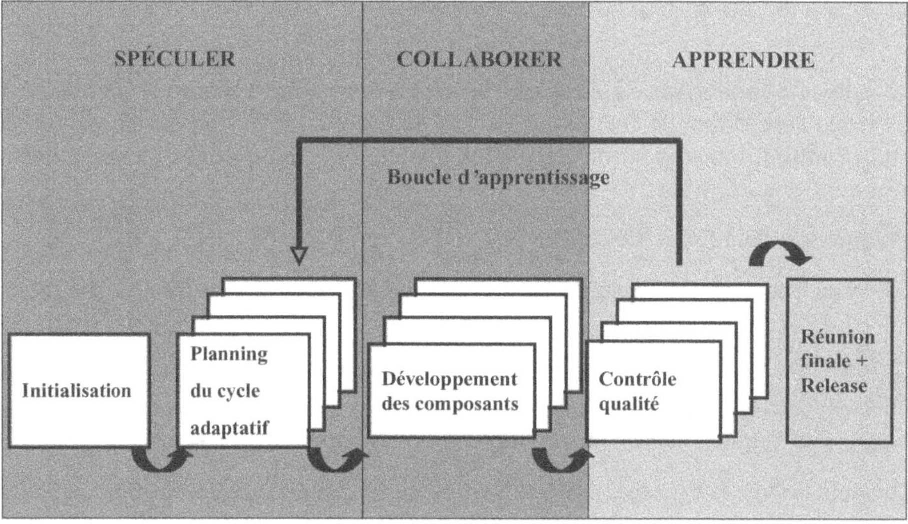

Figure 2-3

Le cycle de vie ASD

Ce cycle de vie permet un apprentissage et une adaptation permanents aux évolutions du projet.

Crystal

Crystal, ou plus exactement la famille de méthodologies Crystal (figure 2-4), a été mise au point par Alistair Cockburn (signataire du Manifeste).

Le principe est de sélectionner la méthode applicable en fonction de la criticité du projet et du nombre de personnes à coordonner. En effet, on ne gère pas de la même façon un projet de dix personnes et un projet de cent personnes, ou un projet de développement d'un intranet documentaire ou d'un système de sécurité.

Figure 2-4

La famille de méthodologies Crystal

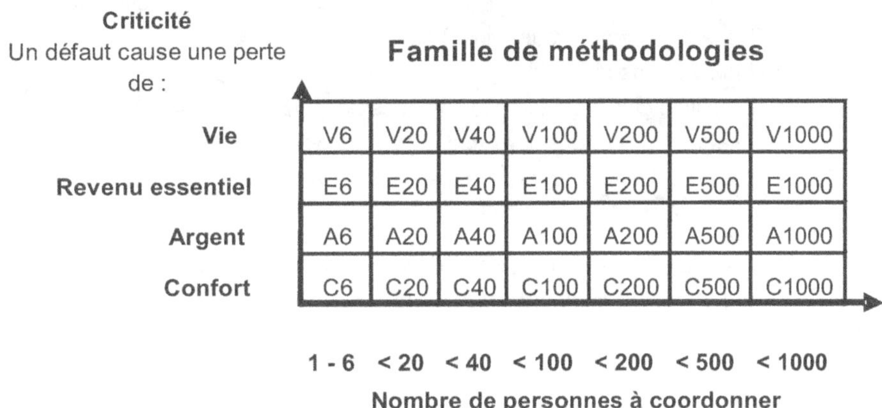

Crystal Clear désigne la famille de méthodologies dédiées aux équipes inférieures à 8 personnes.

Quelles sont les propriétés de Crystal ?

– Des livraisons fréquentes.

– Des aménagements permanents.

– Une communication osmotique.

– Confiance, liberté d'expression et sécurité personnelle.

– Focus sur l'objectif et disponibilité.

– Un contact permanent avec les utilisateurs.

– Un environnement de travail approprié pour l'automatisation des tests, la gestion de configuration et les intégrations fréquentes.

– Une collaboration étroite entre toutes les parties prenantes, y compris en dehors de l'équipe.

– Une réflexion constante sur ces propriétés.

DSDM (Dynamic Software Development Method)

DSDM est le fruit du travail d'un consortium de sociétés désirant utiliser RAD (voir ci-après), de façon structurée et indépendante, en Grande-Bretagne.

DSDM adhère aux valeurs et principes du Manifeste, puisque l'un de ses représentants, Arie Van Bennekum, est l'un de ses signataires. DSDM a cependant mis neuf autres principes complémentaires en avant.

Quels sont les neuf principes de DSDM ?

– Implication active des utilisateurs.

– Autonomie et pouvoir de décision des équipes.

– Livraisons fréquentes.

– Adéquation aux besoins des clients comme seul critère d'acceptation du produit.

– Développement itératif et incrémental.

– Modifications réversibles.

– Définition globale macroscopique des besoins.

– Intégration des tests dans tout le cycle de vie.

– Collaboration et coopération entre toutes les parties prenantes.

Le cycle de vie proposé par DSDM (figure 2-5) est un cadre général qui doit être adapté à chaque projet. Il présente cinq étapes :

Figure 2-5

Le cycle de vie DSDM

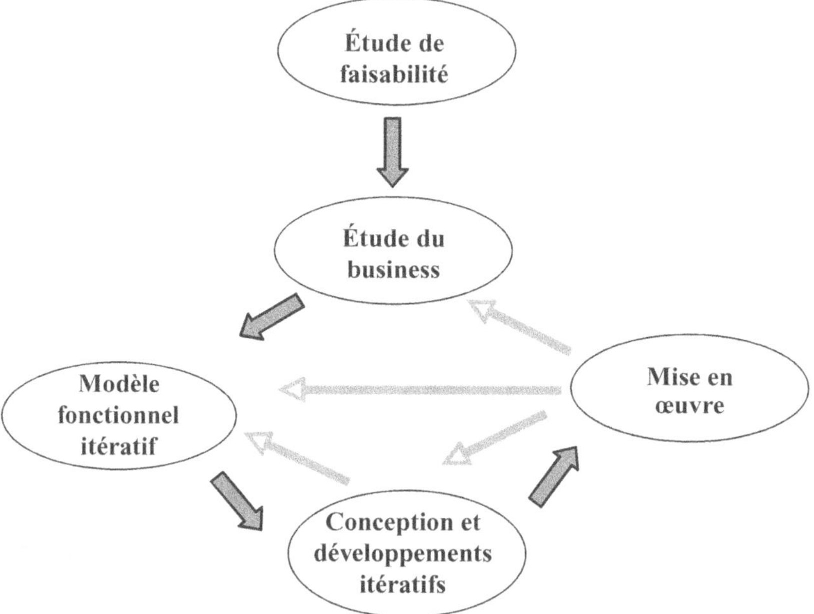

• **L'étude de faisabilité** : comme son nom l'indique, cette phase permet de bien définir le problème à résoudre et d'en étudier la faisabilité, sur les plans technique, méthodologique et budgétaire.

- **L'étude du « business »** : cette phase vise à déterminer et à analyser les processus métier qui doivent être automatisés et les besoins en informations ; grâce à des *ateliers facilités*, les utilisateurs hiérarchisent leurs besoins. Une définition de l'architecture globale ainsi qu'un plan global de prototypage sont produits pour préparer les phases suivantes.

- **Le modèle fonctionnel itératif** : ce modèle produit décrit les besoins en détail et permet de définir quand et comment ils seront satisfaits. Le résultat est une série de modules logiciels constituant un prototype fonctionnel.

- **La conception et les développements itératifs** : il s'agit, dans cette phase, de fournir un système intégrant toutes les fonctionnalités, conforme aux besoins définis.

- **La mise en œuvre** : cette dernière phase est la phase de livraison et de prise en main de l'application par les utilisateurs qui doivent la tester (après avoir été formés, le cas échéant) et contrôler la qualité de la documentation avant la mise en production. Enfin, un bilan est dressé afin de capitaliser sur les bonnes pratiques mises en œuvre.

DSDM se caractérise également par une spécialisation des acteurs du projet, dont le rôle est précisément décrit.

Quels sont les différents rôles décrits par DSDM ?

Côté utilisateur

– Le sponsor exécutif : sa position hiérarchique, son engagement et sa disponibilité dans le projet garantissent que les ressources humaines et matérielles seront mises à disposition pour le bon déroulement du projet.

– Le visionnaire : il est « l'expert métier » ; il porte la « vision » et s'assure de la cohérence des besoins exprimés ; c'est lui qui participe activement aux ateliers facilités et à la conception du système.

– L'ambassadeur : il assure l'interface entre l'organisation et l'équipe de développement ; il est le représentant des autres utilisateurs et doit fournir les informations nécessaires au développement ; il organise les tests utilisateurs et la formation de ces derniers.

– Le chef de projet : ce rôle peut être confié à un représentant des utilisateurs ou à un membre de l'équipe informatique. Il est responsable de l'organisation et de l'avancement du projet et doit assurer un reporting régulier.

Côté informatique

– Le coordinateur technique : il est le responsable technique du projet.

– Le chef d'équipe : il est en charge de la gestion opérationnelle de l'équipe informatique.

– Indépendant de l'équipe de projet, le facilitateur est chargé d'organiser les ateliers.

– Le rapporteur : il est responsable de la rédaction des comptes rendus de toutes les réunions (ateliers, sessions de prototypage...) et de l'enregistrement des décisions prises.

Il faut souligner que cette méthode est particulièrement bien documentée, depuis 1995, en plusieurs langues, avec des mises à jour régulières.

RAD (Rapid Application Development)

Si RAD n'est pas à proprement parler une méthode agile, il n'en demeure pas moins qu'elle en est à l'origine, puisque dès la fin des années 1980, James Martin présentait la première approche (semi)itérative incrémentale préconisant un usage intensif des techniques de communication facilitée. Jean-Pierre Vickoff a adapté le RAD au contexte français (voir *http://www.rad.fr*).

Cinq phases structurent le développement rapide d'applications :

- **L'initialisation** : cette phase définit le périmètre du projet, organise le travail par thème et détermine les ressources nécessaires.

- **Le cadrage** : il s'agit de la phase d'expression des besoins, au cours de *sessions*, réunions qui favorisent la productivité des groupes de travail grâce à des techniques d'animation spécifiques.

- **Le design** : c'est la phase de conception au cours de laquelle le système est modélisé. Les utilisateurs y sont associés pour valider les modèles, l'ergonomie et la cinématique générale de l'application.

- **La construction** : l'équipe ou *swat* (unité d'élite) construit l'application de façon itérative, par module ou par thème, que valident les utilisateurs toujours impliqués dans le projet.

- **La finalisation** : cette dernière phase officialise la livraison globale de l'application, déjà partiellement validée par les utilisateurs dans les phases précédentes.

Lean

Le Lean prend sa source dans le système de production de Toyota ; à l'origine, le *Toyota Production System* (TPS) a été créé par Sakichi Toyoda et Taiichi Ohno en 1950. À partir de 1990, le *Lean Thinking* s'est développé grâce à la publication de l'ouvrage de James P. Womack et Daniel T. Jones[6] et a été adopté dans différents environnements industriels. Le concept et les principes Lean ont ensuite été clarifiés par les travaux de Jeffrey K. Liker[7] et de F. et M. Ballé[8].

Appliqué à d'autres secteurs que l'automobile, le Lean commence à intéresser le monde du développement logiciel : Mary et Tom Poppendieck ont créé à cet effet le *Lean Software Development*[9].

---

6. James P. Womack, Daniel T. Jones, Daniel Roos, *The Machine That Changed the World: The Story of Lean Production*, HarperPaperbacks, 1991, 2007.
7. Jeffrey K. Liker, *The Toyota Way: 14 Management Principles from the World's Greatest Manufacturer*, McGraw-Hill Professional, 2004.
8. Freddy Ballé, Mickael Ballé, *The Gold Mine: A Novel of Lean Turnaround*, Lean Enterprises Inst Inc, 2005.
9. Mary Poppendieck, Tom Poppendieck, *Lean Software Development: An Agile Toolkit*, Addison-Wesley Educational Publishers Inc, 2003.

Comment pourriez-vous, sous une forme condensée, présenter les points majeurs du Lean ?

La réponse des experts, **Marie-Pia Ignace** et **Régis Medina**, consultants Lean.

Sous sa forme la plus condensée, le Lean peut être présenté par les deux points suivants :

L'amélioration continue, dans le respect des collaborateurs et des partenaires.

Le premier point présente le Lean comme une démarche rationnelle et systématique pour améliorer l'efficacité opérationnelle d'une équipe, d'une organisation ou d'un processus. On commence par identifier ce qui a de la valeur aux yeux du « client » du processus, on évalue la performance de ce processus par rapport aux attentes de ce client, puis on entame une activité méthodique d'élimination des freins qui limitent cette performance.

Le second point illustre l'esprit dans lequel cette démarche d'amélioration est menée. Le Lean est une recherche de prospérité à long terme et part du principe que l'on ne peut être prospère sur le long terme en jouant de mauvais tours ou en exerçant des pressions malsaines sur les collaborateurs et les partenaires. Le Lean recherche l'excellence en s'appuyant sur des collaborateurs et des partenaires motivés, compétents et actifs.

Sur quels principes repose la démarche d'amélioration continue du Lean ?

La réponse des experts, **Marie-Pia Ignace** et **Régis Medina**, consultants Lean.

Le moteur d'amélioration continue du Lean repose sur les quatre principes suivants :

– Challenger sa performance tous les jours : la démarche d'amélioration est ancrée dans l'observation quotidienne de sa performance. On apprend à voir sa performance, identifier les écarts avec le niveau attendu, et réduire ces écarts en résolvant les problèmes.

– Voir les problèmes : de nombreuses pratiques Lean sont conçues pour rendre les problèmes visibles. Plutôt que de les considérer comme des signes de faiblesse que l'on masque pour donner une illusion de contrôle, on apprend à les voir comme autant d'opportunités pour s'améliorer. On apprend également à traiter ces problèmes de manière structurée, pour s'assurer que l'on travaille sur les bons problèmes et que l'on tire les bonnes leçons de leur résolution.

– Résoudre les problèmes, avec les équipes, sur le terrain, tout de suite : on ne résout pas les problèmes dans le confort d'une salle de réunion. Lean nous invite à aller observer par nous mêmes les problèmes sur le terrain, à impliquer les équipes dans l'observation et la résolution de ces problèmes, et à chercher des solutions pratiques, peu coûteuses et immédiates plutôt que de nous lancer dans des projets pharaoniques.

– En tirer les bons enseignements : la résolution de problèmes se conclut par une étape de réflexion : qu'avons-nous appris sur nos processus et notre performance ? Peut-on diffuser les mêmes actions dans d'autres environnements de l'entreprise ? Cette étape, spécifiquement, termine le cycle d'apprentissage des équipes.

Pouvez-vous décrire les principes et les outils du Lean ?

La réponse des experts, **Marie-Pia Ignace** et **Régis Medina**, consultants Lean.

La palette de principes et d'outils du Lean s'organise autour des thèmes suivants :

– Flux tendu : l'idéal poursuivi dans le Lean est celui d'un processus de fabrication qui produit de la valeur pour les clients sans attentes, sans inventaires ou traitements superflus – en d'autres termes, un flux dans lequel les pièces ou l'information passent de manière fluide et rapide.

☞

Si le Lean n'est pas à proprement parler une méthode agile, il n'en demeure pas moins qu'aujourd'hui, nombre d'agilistes s'intéressent de très près à cette approche et y puisent des outils complémentaires.

> – Un autre exemple concret de la mise en œuvre du principe « Construire la qualité intrinsèque » (découlant du principe « Rechercher la perfection ») peut se traduire par la technique TDD (*Test Driven Development*), associée à l'automatisation des tests, qui constitue une approche efficace d'amélioration de la qualité au plus tôt dans le cycle de développement. Cela permet de savoir immédiatement si ce qui est produit possède le bon niveau de qualité et de corriger les défauts au plus tôt. Nous répondons également au concept Lean « *Stop the line* », en corrigeant les anomalies dès qu'elles sont détectées, ce qui évite de gaspiller des ressources en poursuivant le développement de l'application sur des bases non fiables à 100 %. En effet, la priorité de correction des anomalies doit être supérieure à celle d'ajouter de nouvelles fonctions au logiciel.
>
> Les pratiques agiles sont un support efficace au déploiement d'une démarche Lean.

Le Lean est souvent associé à l'approche Six Sigma (Lean Six Sigma, LSS). Conçue chez Motorola, l'approche Six Sigma vise à mesurer la qualité produite et à tendre vers le « zéro défaut », grâce à une démarche d'amélioration continue. On mesure la qualité d'un service rendu ou la fiabilité d'un système sur une échelle comportant six niveaux.

> Par exemple, un niveau 4 sur l'échelle Six Sigma, soit un taux de satisfaction de 99 % correspondrait à 20 000 lettres perdues par les services postaux chaque heure, comparé à sept, avec un niveau 6, soit un taux de satisfaction équivalent à 99,99966 %[10].

Tous les processus de l'organisation sont alors analysés pour être améliorés, au travers d'une démarche en sept étapes : observer, classifier, mesurer, organiser, prédire, détecter les variations, synthétiser.

Aujourd'hui, bon nombre de DSI mènent une réflexion sur la maximisation de la création de valeur et la réduction des coûts : méthodes agiles et Lean Six Sigma leur offrent des outils concrets pour nourrir cette réflexion, agir sur les vraies causes des problèmes et apporter de nettes améliorations.

Scrum

Les racines de *Scrum* se trouvent dans la publication de « The New Product Development Game » de Takeuchi et Nonaka ; cet article, paru en 1986 dans *Harvard Business Review*, démontre la fin des approches classiques dans le développement de nouveaux produits et met en avant les vertus des petites équipes pluridisciplinaires intégrées et soudées dans une stratégie plus flexible.

Inspirés par cette nouvelle approche, Ken Schwaber et Jeff Sutherland (signataires du Manifeste) ont développé Scrum, en 1993.

Le cycle de vie Scrum (figure 2-6) est rythmé par des itérations de quatre semaines, les *sprints* ; la liste des exigences initiales, dressée et hiérarchisée avec le client constitue le référentiel, le *product backlog*.

---

10. *Best Practices – Systèmes d'information* – Lean IT – novembre 2009.

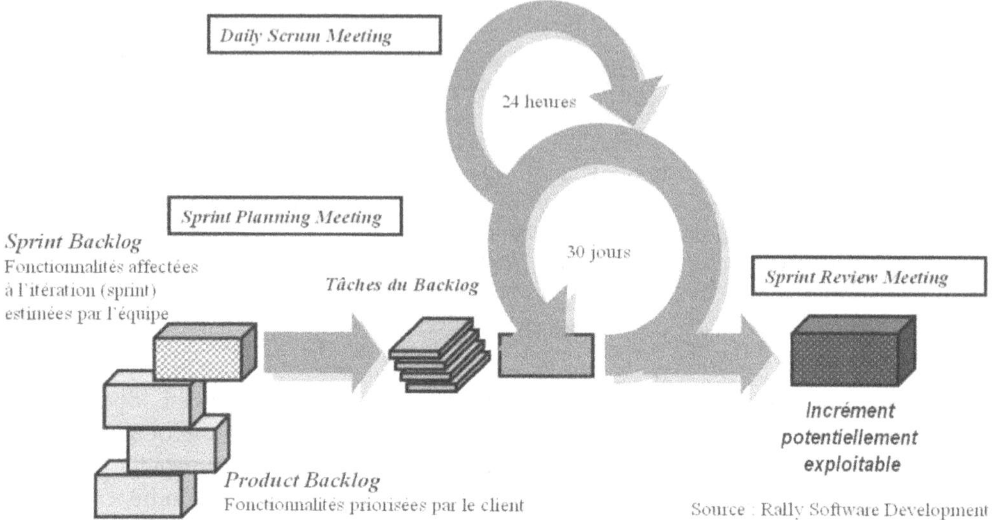

Figure 2-6
Le cycle de vie Scrum

Avant chaque sprint, au cours d'une réunion de planification, le *sprint planning meeting*, on sélectionne, dans le product backlog, les exigences les plus prioritaires pour le client qui seront développées, testées et livrées au client ; elles constituent le *sprint backlog*, un sous-ensemble du product backlog.

Au cours du sprint, chaque jour, une réunion d'avancement – le Scrum ou mêlée – est organisée avec tous les membres de l'équipe pour s'assurer que les objectifs du sprint seront tenus.

À la fin du sprint, une démonstration des derniers développements est faite au client *(Sprint Review Meeting)*, puis une revue de fin d'itération, une *retrospective*, donne lieu à un bilan qualitatif sur le fonctionnement de l'équipe.

Scrum définit également un certain nombre de rôles au sein de l'équipe, étendue au client.

Les valeurs mises en avant par Scrum sont les suivantes : visibilité, inspection et adaptation.

- **Visibilité** : pour évaluer les résultats du processus, ceux-ci doivent être réels et non soumis à interprétation. Une fonctionnalité est réellement implémentée (*done*) lorsque tous les acteurs s'entendent sur les modalités d'évaluation du résultat et sur le résultat lui-même. Le résultat est tangible, visible et non hypothétique.

- **Inspection** : l'inspection consiste à vérifier les écarts par rapport à l'objectif initial. De nombreux et fréquents points de contrôle et d'inspection sont prévus par Scrum.

- **Adaptation** : l'adaptation est nécessaire lorsque, précisément, des écarts non accepta-bles sont constatés ; des ajustements seront décidés immédiatement afin d'éviter des écarts plus importants encore. Scrum est favorable à de petits ajustements fréquents.

Quels sont les rôles définis par Scrum ?

– Le *ScrumMaster* : c'est le manager du projet, chargé d'assister l'équipe pour appliquer la philosophie et les pratiques de Scrum ; il est celui qui facilite la résolution des problèmes.

– Le *product owner* : il est le « propriétaire » du product backlog, en tant que représentant des utilisateurs et, par conséquent, du retrait ou de l'ajout des exigences, de leur « priorisation » en fonction de la valeur ajoutée qu'elles apportent aux utilisateurs et à l'organisation. Il est fortement impliqué dans les réunions de planification et d'avancement.

– L'équipe : elle est composée de tous les corps de métier nécessaires à l'implémentation d'une fonctionnalité. Elle est responsable de ses décisions et s'autogère.

Une légende qui raconte l'histoire d'un cochon et d'un poulet...

C'est l'histoire du poulet et du cochon qui se promènent, lorsque le poulet propose au cochon d'ouvrir ensemble un restaurant. Ce dernier est hésitant et s'interroge sur le nom du restaurant.

Le poulet propose alors de l'appeler *Ham and Eggs*, chacun pouvant ainsi apporter son savoir-faire : le poulet, ses œufs ; le cochon, sa chair.

Le cochon s'arrête alors et répond : « Finalement, je ne pense pas vouloir ouvrir un restaurant avec toi ; je serais trop personnellement engagé, alors que toi, tu ne serais qu'impliqué ».

Morale de cette histoire : cette distinction entre engagé, *committed*, et impliqué, *involved*, est importante pour illustrer, autour d'un projet, ceux qui prennent une responsabilité, un engagement (leur personne), et ceux qui apportent simplement une ressource renouvelable ou une contribution ponctuelle (un œuf). En effet, certains sont responsables du retour sur investissement, d'autres ont un intérêt sur le retour sur investissement mais n'ont pas à répondre de leurs actes !

Dans une réunion comme le Scrum ou une réunion de planification, on peut entendre les « poulets », mais, au final, ce sont les « cochons » qui décident et s'engagent.

D'où vient le terme *Scrum* ?

Le Scrum ou « mêlée » est un terme emprunté au rugby.

En rugby, la mêlée a pour objectif « de reprendre le jeu rapidement, en toute sécurité et équitablement, après une faute mineure ou un arrêt de jeu » (http://www.francerugby.fr/regles/melee1.html).

Dans la méthode Scrum, le Scrum désigne la réunion quotidienne (*daily scrum meeting*) qui réunit l'ensemble des acteurs du projet pour dresser, en un temps limité à quinze minutes, le bilan de la journée passée, planifier celle qui commence et repérer les éventuels obstacles rencontrés par chacun. Le Scrum symbolise la solidarité et la force qui lient les membres de l'équipe pour le succès de l'itération.

Mais la métaphore du rugby a des limites. Sur son blog, *Chief Metaphor Officer* (http://chiefmetaphorofficer.blogspot.com/2007/02/scrum-or-huddle.html), Gaël Renault préfère l'analogie avec le football américain et le *huddle*, moment tactique où l'équipe qui attaque se regroupe autour du *quarterback*.

On peut en effet se demander si le rugby est proche de la culture américaine !

UP (Unified Process)

Tout comme le RAD, le Processus unifié (UP) est sujet à controverse lorsqu'on l'assimile aux méthodes agiles ; certains déplorent sa lourdeur et sa grande similarité avec un cycle en cascade ; d'autres, au contraire, le considèrent comme une méthode agile très documentée et qui, par là même, permet une grande adaptation au contexte du projet. Si l'on veut être impartial, on pourrait dire qu'il se situe à l'intermédiaire des deux approches et qu'il est, grâce à sa flexibilité, agile selon qu'on le rend agile ou pas.

Qu'est-ce que le RUP?

Le RUP est le *Rational Unified Process*, la version « progicialisée » du Processus unifié, éditée et commercialisée par Rational en 1998 pour compléter sa suite logicielle. On connaît, par la suite, l'avenir de Rational, société rachetée par IBM, qui maintient régulièrement une version du RUP.

Il faut signaler que le Processus unifié peut être appliqué sur un projet sans qu'il soit indispensable d'être équipé du RUP.

D'autres adaptations du Processus unifié sont disponibles :

– *AgileUP, Agile Unified Process.*

– EssUP, Essential UP.

– OpenUP.

UP est le fruit d'une collaboration entre Ivar Jacobson, Grady Booch et James Rumbaugh, tous trois à l'origine de travaux sur le développement orienté objet et les techniques de modélisation. Tout comme UML (*Unified Modeling Language*), le Processus unifié (*Unified Process*) ambitionnait de standardiser des bonnes pratiques expérimentées ici ou là dans l'ingénierie logicielle. Il faut également reconnaître à Philippe Kruchten d'avoir considérablement enrichi le Processus unifié.

UP met en avant six bonnes pratiques pour favoriser le succès des projets ; elles sont présentées dans le tableau 2-3, ci-après :

Tableau 2-3 Les six bonnes pratiques du Processus unifié

Bonne pratique	Description
Un pilotage itératif et incrémental, piloté par les risques et les cas d'utilisation	Comme toutes les méthodes agiles, UP adopte le principe de découpage du projet en itérations et du développement incrémental pour les avantages cités ci-dessus. UP est attaché à la technique des cas d'utilisation (voir chapitre 3), pour représenter textuellement et graphiquement les scénarios d'usage du système à développer. À chaque cas d'utilisation sont associés des risques d'implémentation. Grâce au pilotage par les risques, on choisira d'implémenter en priorité les cas d'utilisation qui permettent de réduire ou supprimer le maximum de risques.
Une gestion rigoureuse des exigences	UP préconise de constituer un référentiel d'exigences, facilitant ainsi l'organisation, l'analyse et l'évolution des exigences fonctionnelles ou non fonctionnelles ; ce référentiel, en outre, garantit la traçabilité des exigences, dans leur évolution et dans les différentes étapes du cycle de transformations qu'elles vont subir.

Tableau 2-3 Les six bonnes pratiques du Processus unifié *(suite)*

Bonne pratique	Description
Un développement centré sur l'architecture	L'architecture et les problématiques techniques sont souvent les plus critiques sur un projet (nouvelle technologie, intégration, complexité). Il est impératif, par conséquent, de valider les principes et les choix architecturaux au travers d'un prototype architectural (« un squelette épaissi de quelques muscles »[a]) afin de lever les principaux risques. Elle ne doit pas être validée « sur le papier », mais au travers de composants réels.
La modélisation graphique des exigences	« Un schéma vaut parfois mieux que de longs discours. » La représentation graphique, schématique et visuelle sert à mieux décrire les systèmes, d'autant mieux s'ils sont complexes. C'est ainsi que recourir à un langage standard comme UML pour modéliser le système sous forme de diagrammes ne peut que faciliter la communication au sein du projet (avec le client, selon les diagrammes, ou entre les différents corps de métier au sein de l'équipe).
Le contrôle permanent de la qualité	Parce qu'il est plus coûteux de détecter et de corriger un défaut logiciel tardivement, la qualité d'un produit doit être évaluée en continu le plus tôt possible dans le cycle de vie. Chaque jalon majeur ou intermédiaire du projet donne l'opportunité de contrôler la qualité, et de revoir et d'adapter la méthodologie de travail à l'origine des défauts, en complément des activités de tests permanentes.
Le contrôle des changements	Si l'on accepte le changement, ce n'est pas n'importe comment, n'importe quand, ni n'importe quoi ! Un processus rigoureux outillé doit supporter le changement, inhérent au développement itératif. Chaque changement fait l'objet d'une demande de changement (*change request*) qui sera analysée en termes d'impacts et dont le statut sera décidé par un comité des changements (*change control board*). On ne peut accepter qu'un changement soit introduit de façon informelle par un utilisateur qui contacterait directement un développeur, sans mesure d'impact ni traçabilité de la demande.

a. In Ivar Jacobson, Grady Booch, James Rumbaugh, *Le Processus unifié de développement logiciel*, Eyrolles, 2003.

Le Processus unifié (figure 2-7) se décompose en quatre phases et neuf disciplines décrites par des activités, des rôles et des artefacts.

- **Inception** : la phase d'inception a pour objectif d'obtenir un consensus de l'ensemble des parties prenantes sur la vision ou la portée du projet, le périmètre et l'estimation globale.

- **Élaboration** : la phase d'élaboration a pour objectifs d'établir et de valider l'architecture de référence, de lever les principaux risques ainsi que de spécifier en détail les exigences ; c'est une phase exploratoire.

- **Construction** : la phase de construction a pour objectif de livrer une première version opérationnelle du système, accompagnée de sa documentation.

- **Transition** : la phase de transition a pour objectif de déployer et mettre en production la version finale de l'application, testée par les utilisateurs.

Toutes les disciplines se déroulent durant une itération.

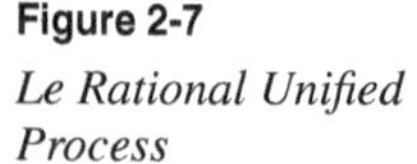

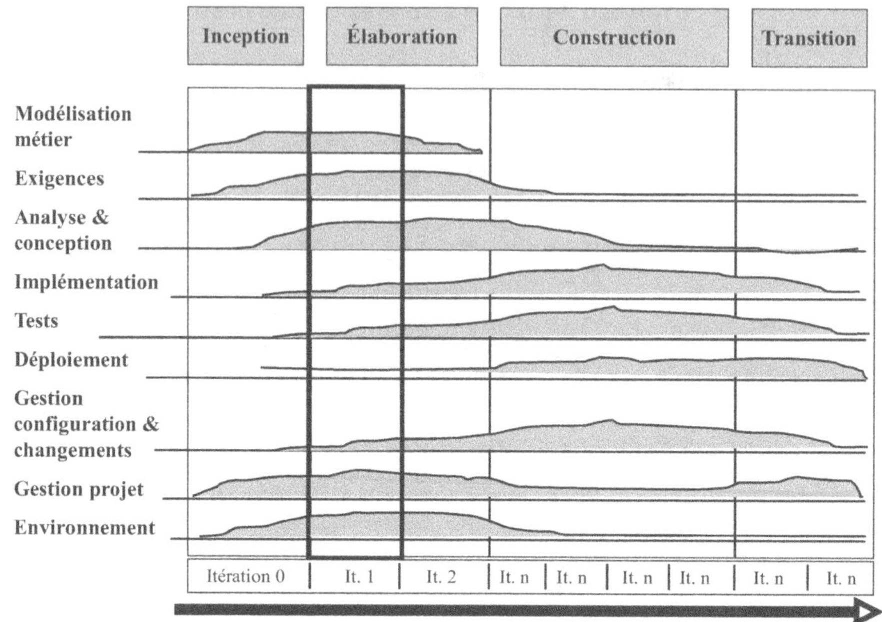

XP (eXtreme Programming)

L'eXtreme Programming est une initiative de Kent Beck et Ron Jeffries, issue d'une étroite collaboration avec Ward Cunningham, expérimentée en 1996 sur un projet pilote chez Chrysler.

Son nom vient du fait que les activités de programmation sont centrales et que les pratiques qui font le succès des projets sont poussées à l'extrême : les tests permettent de détecter rapidement les défauts ? Écrivons donc les tests en premier et automatisons-les ; la revue de code est une bonne pratique ? Menons-la en permanence ; il faut privilégier les livraisons fréquentes ? Adoptons un développement avec des itérations les plus courtes possibles ; le client doit être associé ? Intégrons-le à l'équipe de réalisation…

XP repose sur quatre valeurs :

- **Communication** : l'effort de communication entre les différents intervenants est indispensable pour atteindre l'objectif commun. On privilégie la communication directe, dans le recueil et la clarification des besoins, dans la planification des itérations, dans la répartition et l'exécution des travaux. On évite ainsi bien des problèmes ou des situations de blocage.

- **Simplicité** : la solution la plus simple est la meilleure pour atteindre les objectifs ; grâce à cette simplicité, l'application pourra évoluer facilement, si nécessaire. La simplicité est applicable au client dans la définition de ces besoins, dans le choix des outils et du processus.

- **Feedback** : le retour d'information est essentiel pour valider le fait que le projet est sur la bonne voie : tests unitaires pour valider le fonctionnement du code, intégration continue pour détecter des anomalies, tests fonctionnels pour valider la conformité aux besoins, livraisons fréquentes…, autant de pratiques qui rendent plus aisées les adaptations éventuelles, sans attendre le terme du projet.

- **Courage** : du courage est absolument nécessaire pour adopter une démarche XP, démarrer un projet sans avoir toutes les spécifications, pour modifier du code existant sans en être l'auteur, et vice versa, pour appliquer les principes de communication, de *pair-programming…*

- Du courage… et du **respect** !

Les pratiques caractéristiques d'XP sont décrites ci-contre (figure 2-8).

On peut décrire ces pratiques en les classant en trois grands groupes[11] : activités de programmation, fonctionnement interne de l'équipe et gestion du projet.

Les pratiques relatives à la programmation

- **Conception simple** (*simple design*) : la solution la plus simple (concision, modularité, lisibilité) doit être implémentée. Plus l'application est simple, plus il sera facile de la faire évoluer dans les itérations suivantes. Il en va de même de la documentation.

- **Développement piloté par les tests unitaires** (*unit tests, test-first programming*) : avant d'implémenter une fonctionnalité, chaque développeur écrit un scénario de test unitaire pour le code qu'il produit ; il se constitue, ainsi, une batterie de tests qui sera réutilisée avant l'introduction d'un changement dans l'application.

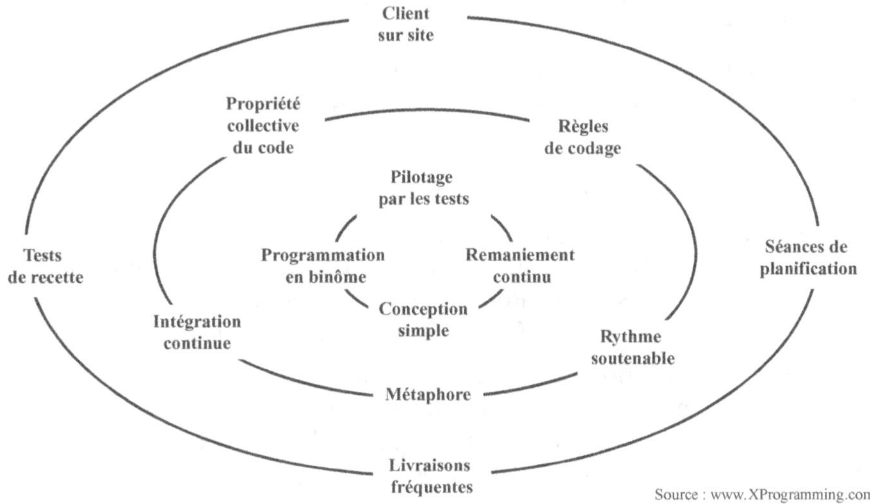

Figure 2-8

Les treize pratiques d'XP

---

11. In Jean-Louis Bénard, Laurent Bossavit, Régis Medina, Dominic Williams, *Gestion de projet, eXtreme Programming*, Eyrolles, 2001.

- **Tests de recette** (*acceptance tests, customer tests*) : en participant à la rédaction des procédures de tests de recette, le client précise ses besoins ; à la fin d'une itération, tous les tests sont lancés ; on mesure ainsi l'avancement du projet et on détecte les régressions éventuelles.

- **Remaniement continu** ou **refactorisation de code** (*refactoring*) : pratiquée sans relâche, cette pratique consiste à rendre le code plus « propre » et à améliorer la conception sans en modifier le comportement.

Les pratiques collaboratives

- **Programmation en binôme** (*pair programming*) : le principe est de faire travailler deux développeurs sur une même machine afin de produire un code de grande qualité, grâce à la relecture « à la source » ; les binômes ne sont pas fixes tout au long du projet, ainsi chacun peut être amené à travailler sur une autre partie de l'application.

- **Règles de codage** (*coding standard*) : la pratique du pair-programming n'est possible que grâce au respect par tous des règles de codage définies par l'équipe ; cela facilite les interventions croisées.

- **Propriété collective du code** (*collective code ownership*) : le code n'appartient à personne en particulier ; tous les développeurs sont susceptibles de travailler sur du code dont ils ne sont pas les auteurs originaux.

- **Métaphore** (*metaphor*) : le principe en est de décrire le système et les fonctionnalités par une métaphore, dans le but d'améliorer la communication entre techniciens et fonctionnels.

- **Intégration continue** (*continuous integration*) : le système est intégralement assemblé et testé une à plusieurs fois par jour, sur une machine indépendante dédiée. Les anomalies sont détectées au plus tôt.

Les pratiques relatives à la gestion du projet

- **Client sur site** (*on-site customer, whole team*) : le client est intégré à l'équipe pour définir précisément les besoins, arbitrer sur les priorités et visualiser « en direct » le résultat des développements. Pour une meilleure communication, le client et les développeurs travaillent dans le même espace autant que possible.

- **Séance de planification** (*planning game*) : lors de séances dédiées à la planification de chaque itération, le client définit les fonctionnalités prioritaires. Les développeurs discutent le contenu de ces fonctionnalités, identifient les tâches techniques sous-jacentes, estiment ces tâches et s'engagent sur leur réalisation.

- **Livraisons fréquentes** (*frequent releases*) : la livraison fréquente de versions intermédiaires assure que le produit en cours de développement correspond bien aux attentes. L'intégration continue et les tests réduisent considérablement le coût de livraison.

- **Rythme soutenable** (*sustainable pace*) : l'équipe doit adopter un rythme de travail qui lui permette d'être efficace tout au long du projet ; un développeur fatigué travaille moins bien.

On parle d'intégration continue : cela semble lourd à mettre en œuvre. Quels en sont les avantages ?

1) La réponse de l'expert **Laurent Bossavit**, président de l'association Agile France.

Lorsqu'on a obtenu une excellente « couverture de tests » comme le permet par exemple le développement par les tests (TDD), l'intégration continue est un moyen de détecter très rapidement des nouveaux défauts ou des régressions. Plus le délai entre une erreur commise par un programmeur et sa détection est long, plus le « bogue » résultant est coûteux à détecter et à réparer. L'investissement nécessaire pour placer un projet sous intégration continue est donc très vite rentabilisé, d'autant que si l'on s'y prend en tout début de projet, cet investissement n'est pas si lourd...

Une fois mise en place, l'intégration continue permet une souplesse appréciable. Ainsi, une des équipes que j'ai accompagnées dans leur mise en place d'eXtreme Programming avait initialement prévu de mettre en production son système de gestion de crédits hypothécaires, utilisé par des dizaines d'agences, au rythme d'une fois tous les trois mois environ. À l'issue de la première livraison en production, qui avait occasionné quelques correctifs, l'équipe s'aperçut que les « bogues » échappant au système d'intégration continue étaient rarissimes. Ils décidèrent d'effectuer la mise en production au même rythme que les itérations : toutes les deux semaines ! Du point de vue des utilisateurs finaux, la réactivité de l'équipe face à leurs demandes d'évolution ou de nouvelles fonctionnalités fut très remarquée, et l'équipe en retira un crédit renforcé auprès des utilisateurs.

On pense souvent qu'en sacrifiant un peu la qualité, on va aller plus vite. Le vécu des équipes utilisant le test automatisé, l'intégration continue et d'autres pratiques qui peuvent sembler « lourdes », indique le contraire : en privilégiant la qualité, on finit par gagner énormément en réactivité.

2) La réponse de l'expert **Régis Medina**, consultant indépendant spécialisé dans l'accélération des projets de développement.

Il y a deux dimensions complémentaires dans l'intégration continue.

D'une part, le fait que les développeurs intègrent très fréquemment leurs modifications dans la version commune du logiciel et, d'autre part, la mise en place d'une mécanique de surveillance continue de l'état de cette version commune.

En intégrant quotidiennement leurs travaux, les développeurs réduisent le risque d'avoir à réconcilier des modifications sur des portions de code touchées par d'autres binômes. Cela ne demande pas d'investissement particulier, sauf si l'environnement de développement est inadapté. Plutôt que de lourdeur, il me semble qu'il s'agit d'une économie.

D'un point de vue projet, l'intérêt de cette façon de procéder est de pouvoir disposer à tout moment d'une version du logiciel qui intègre tous les travaux en cours – ou au moins ceux de la veille. Il s'agit donc d'une façon d'obtenir un feedback rapide sur l'évolution des développements.

En ce qui concerne le second aspect de l'intégration continue, la mécanique de surveillance, la situation est légèrement différente. L'objectif d'un tel système est de faciliter l'intégration en déchargeant les développeurs de certaines activités coûteuses en temps (par exemple le lancement de certains tests), mais aussi de prendre le pouls du projet à travers une série de métriques (nombre de tests, volume de code, couverture de test, etc.).

Cette pratique peut demander un investissement plus important, pour des bénéfices moins évidents. J'essaie pour ma part d'avoir une approche très pragmatique vis-à-vis de ces outils, en ne mettant en place que ceux qui apportent de réels bénéfices dans le contexte spécifique du projet.

On pourrait également évoquer *Xbreed, FDD (Feature Driven Development), EVO (Evolutionary Project Management)*, d'autres méthodes agiles.

Une analyse comparative, permettant de positionner les différentes méthodes les unes par rapport aux autres, est proposée au chapitre 7 afin de sélectionner la méthode la mieux adaptée.

Avantages des méthodes agiles

Apport de valeur ajoutée

Les exigences sont la propriété du client ou de son représentant, qui les valorise et les hiérarchise, en fonction de la valeur ajoutée que leur implémentation apporte à l'organisation.

La planification et le pilotage du projet sont basés sur cette hiérarchisation, susceptible d'être modifiée au cours du projet ; ce qui, finalement, amène l'équipe à livrer, en continu, de la valeur ajoutée à son client.

C'est l'objectif prioritaire d'une équipe agile.

Figure 2-9

Apport de valeur ajoutée

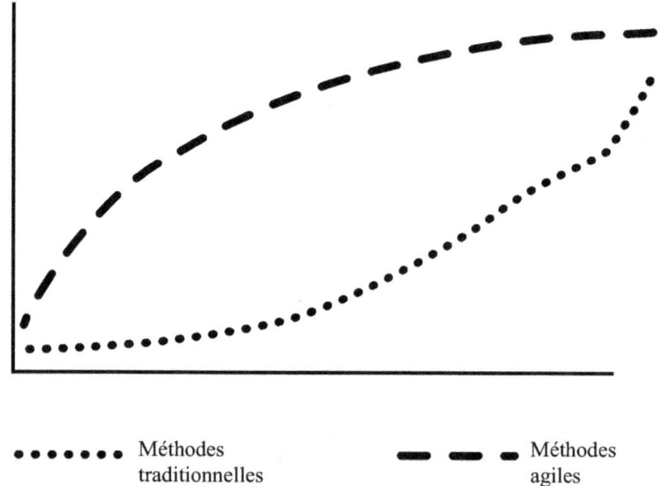

Adaptabilité

Grâce au développement itératif et au recueil permanent du feedback du client, l'équipe agile est en mesure d'aligner continuellement le produit développé sur les besoins exprimés et précisés par le client au fil du projet. Cette capacité à s'adapter à l'évolution des exigences est la démonstration de son agilité.

Le contenu qui est considéré, dans un cycle en cascade, comme une contrainte pour l'estimation du délai et du budget (voir figure I-1) devient, dans une approche agile, la variable d'ajustement, si le projet est limité en coût et en durée (figure 2-11).

Figure 2-10

Adaptabilité

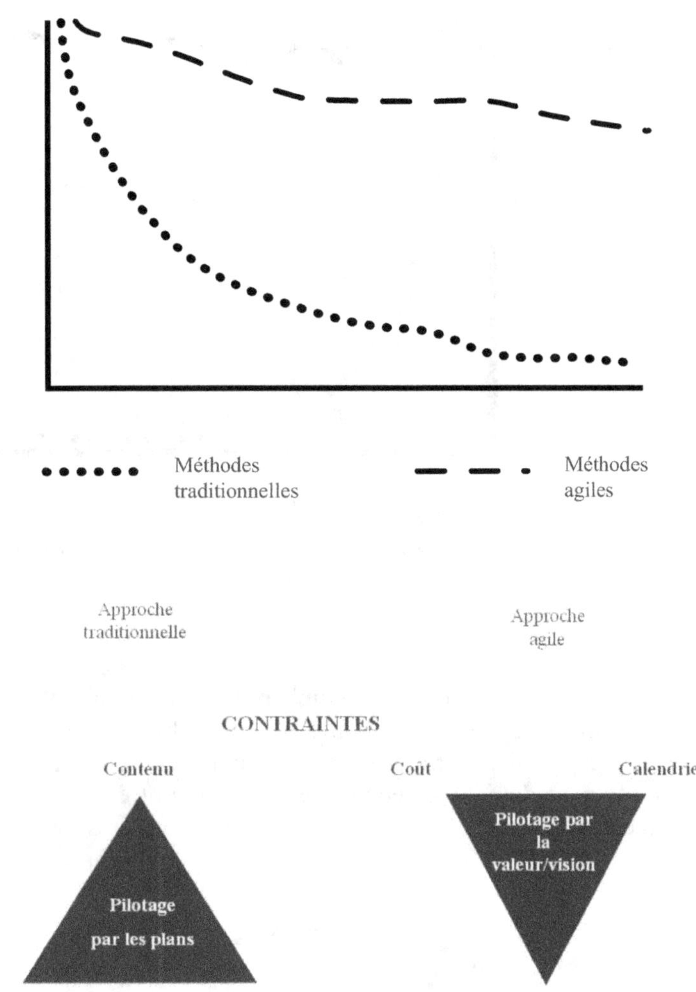

Figure 2-11

*Les 3 C selon
l'approche*

Visibilité

En mesurant et en évaluant l'avancement du projet sur le nombre de fonctionnalités réellement implémentées et validées par le client, et en analysant en permanence l'adéquation du processus, la visibilité est accrue, tant sur le travail effectué que sur le travail restant à faire. La planification et les arbitrages nécessaires sont donc facilités, dans un contexte consensuel, de surcroît.

Figure 2-12
Visibilité

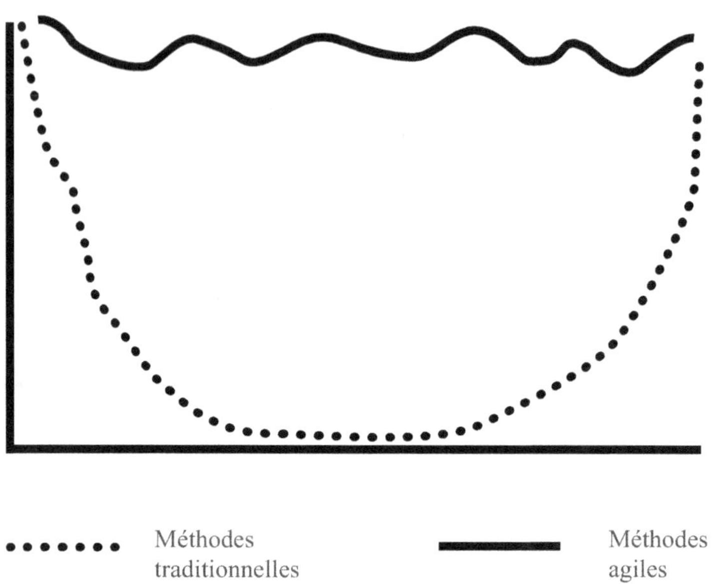

Réduction des risques

Motivée par la livraison de valeur ajoutée pour le client, soucieuse de démontrer son adaptabilité et guidée par une meilleure visibilité, une équipe agile réduit les risques d'échec du projet. Grâce au feedback permanent, les dérives ou les dysfonctionnements sont détectés précocement et peuvent être amoindris, par l'acceptation du changement.

Figure 2-13
Courbe des risques

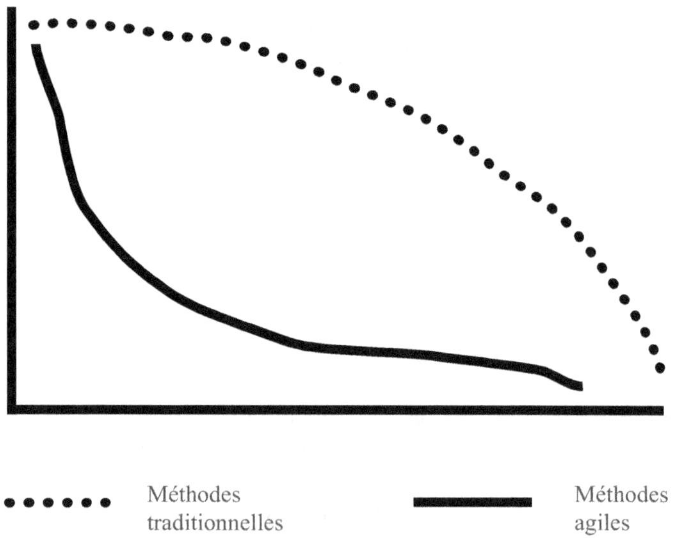

Qualité logicielle

En quoi peut-on dire qu'une démarche agile favorise la qualité logicielle ? Toute entreprise a aujourd'hui une démarche qualité, un manuel qualité…

1) La réponse de l'expert **Freddy Mallet**, consultant spécialisé sur les méthodologies agiles.

Si toutes les entreprises étaient aujourd'hui parfaitement à l'aise avec le niveau de qualité de service fourni par leur service de développement informatique, comment expliquer le succès actuel du modèle CMMI?

Existe-il beaucoup de projets de développement au forfait sur lesquels des critères de qualité logicielle sont contractualisés ? (C'est néanmoins un mouvement dans l'air du temps.) On fait preuve de beaucoup d'imagination sur le niveau de service des applications en production au travers des SLA *(Services Level Agreements)* mais la qualité logicielle se joue durant la phase de développement.

Si vous adoptez une démarche agile, il y a de fortes chances que :

– Votre chaîne de compilation, tests, release, soit entièrement automatisée et se déclenche à la moindre modification du référentiel de source (intégration continue).

– Le code source soit couvert par des tests unitaires qui limitent considérablement les risques de régression et les bogues détectés en production (*test driven development*).

– Les standards de développement soient réellement suivis (*collective code ownership*) et vérifiés (intégration continue).

– Votre architecture applicative soit en phase avec le besoin métier auquel elle répond (refactoring).

– Le niveau d'exigence de vos développeurs sur la qualité de leur propre code soit élevé (rétrospectives).

– La qualité soit l'affaire de tous et non d'un service dédié.

Cela étant, la qualité n'est pas une finalité au sein des méthodologies agiles, c'est simplement un moyen pour atteindre un niveau de satisfaction client.

2) La réponse de l'expert **Antoine Contal**, ScrumMaster et coach XP.

Avant d'entrer dans un débat sur la qualité, j'ai pour habitude d'expliciter les différentes réalités que ce terme peut couvrir. Mon expérience m'a amené à distinguer trois acceptations majeures du terme : la valeur pour le client (qualité-valeur), la conformité aux exigences (qualité-conformité) ou le respect des normes et standards de l'entreprise (qualité-obéissance).

J'ai vécu une expérience frappante dans le cadre d'une entreprise avec un de ces fameux gros manuels qualité, dont la culture était clairement celle de la qualité-obéissance. Un de mes projets avait été jugé « de qualité » car j'avais coché les bonnes croix dans les check-lists et que j'avais obtenu les bonnes signatures pour mes formulaires de validation. Pourtant, ce projet a abouti à un naufrage désastreux. À peine mise en production, l'application a modifié des données sensibles de manière aberrante et irréversible. Pire, le service dont elle devait diminuer la charge de travail a constaté que c'était l'inverse qui se produisait, car il devait désormais effectuer des ajustements manuels tous les mois.

Dans la même organisation, j'ai participé à un projet dont les enjeux étaient suffisants pour que je puisse déroger à de nombreuses règles en toute impunité. Ce projet a été un succès éclatant. La date de livraison promise a été tenue. La mise en production a été un non-événement.

En quoi peut-on dire qu'une démarche agile favorise la qualité logicielle ? Toute entreprise a aujourd'hui une démarche qualité, un manuel qualité... *(suite)*

Les indicateurs fonctionnels étaient dans le vert. Il a fallu 3 mois avant qu'un défaut, mineur, soit remarqué. J'ai attiré l'attention de responsables sur cette corrélation inverse entre le succès du projet et le respect des normes édictées, mais mon message dérangeait, et ils ont persisté à imposer ces normes.

Par contraste, l'agilité m'incite à privilégier la qualité-valeur. En laissant le client contrôler les priorités et les changer à chaque itération, je peux optimiser la valeur produite à chaque itération. Et en refusant tout endettement technique ou humain, je garantis que notre capacité à produire de la valeur plus tard ne diminuera pas. L'agilité favorise aussi la qualité-conformité, au travers du feedback régulier du client sur site et des tests de recette définis pour chaque scénario client, mais uniquement sur le périmètre des exigences priorisées jusque-là. L'agilité ne s'intéresse pas à la qualité-obéissance, mais je peux proposer au client de financer des scénarios « non fonctionnels » pour faire migrer le logiciel vers une forme respectant les standards de son choix. Simplement, je lui conseillerai d'attendre que l'application ait démontré à la fois son retour sur investissement et sa pérennité.

Synthèse des différences fondamentales entre approche traditionnelle et approche agile

La synthèse ci-après présente, dans le tableau 2-4, les différences majeures par thème entre une approche traditionnelle et une approche agile.

Tableau 2-4 Différences entre approche traditionnelle et approche agile

Thème	Approche traditionnelle	Approche agile
Cycle de vie	En cascade ou en V, sans rétroaction possible, phases séquentielles.	Itératif et incrémental.
Planification	Prédictive, caractérisée par des plans plus ou moins détaillés sur la base d'un périmètre et d'exigences définies et stables au début du projet.	Adaptative avec plusieurs niveaux de planification (macro- et microplanification) avec ajustements si nécessaires au fil de l'eau en fonction des changements survenus.
Documentation	Produite en quantité importante comme support de communication, de validation et de contractualisation.	Réduite au strict nécessaire au profit d'incréments fonctionnels opérationnels pour obtenir le feedback du client.
Équipe	Une équipe avec des ressources spécialisées, dirigées par un chef de projet.	Une équipe responsabilisée où l'initiative et la communication sont privilégiées, soutenue par le chef de projet.
Qualité	Contrôle qualité à la fin du cycle de développement. Le client découvre le produit fini.	Un contrôle qualité précoce et permanent, au niveau du produit et du processus. Le client visualise les résultats tôt et fréquemment.
Changement	Résistance voire opposition au changement. Processus lourds de gestion des changements acceptés.	Accueil favorable au changement inéluctable, intégré dans le processus.

Tableau 2-4 Différences entre approche traditionnelle et approche agile *(suite)*

Thème	Approche traditionnelle	Approche agile
Suivi de l'avancement	Mesure de la conformité aux plans initiaux. Analyse des écarts.	Un seul indicateur d'avancement : le nombre de fonctionnalités implémentées et le travail restant à faire.
Gestion des risques	Processus distinct, rigoureux, de gestion des risques.	Gestion des risques intégrée dans le processus global, avec responsabilisation de chacun dans l'identification et la résolution des risques. Pilotage par les risques.
Mesure du succès	Respect des engagements initiaux en termes de coûts, de budget et de niveau de qualité.	Satisfaction client par la livraison de valeur ajoutée.

Les méthodes agiles ne sont-elles pas un peu trop légères, voire trop artisanales ? N'est-ce pas qu'un phénomène de mode ?

1) La réponse de l'expert **Antoine Contal**, ScrumMaster et coach XP.

J'ai entendu l'accusation de « légèreté » de la part d'organisations gangrenées par une bureaucratie étouffante. Inversement, j'ai aussi été apostrophé par des programmeurs « cowboys » trouvant la discipline de l'agilité lourde, contraignante et liberticide.

L'opposition entre les métaphores artisanale et industrielle me fascine, car elle révèle à quel point les responsables de DSI qui en parlent appréhendent mal le monde de l'industrie. Le discours *From X Programming To The X Organisation* de Zaninotto a été une révélation pour moi : loin de l'artisanat, ce sont en fait deux visions de l'industrialisation qui s'affrontent ! Le cycle en V s'appuie sur une vision tayloriste, tandis que l'agilité descend des méthodes lean pour lesquelles Toyota est célèbre.

Pour savoir si les méthodes agiles sont un phénomène de mode, c'est-à-dire un mouvement éphémère, je préconise de distinguer d'une part l'étiquette « agile », et d'autre part les idées regroupées sous cette bannière. J'admets d'un côté que l'agilité connaît un engouement dont la durée est incertaine. Mais de l'autre, je ne vois aucune raison de craindre un phénomène de mode. Pour s'en convaincre, il suffit de remarquer que la plupart des idées véhiculées par l'agilité ne sont pas récentes.

Prenons par exemple *Code Complete* de McConnell. Cet ouvrage, publié en 1993, recommande, entre autres, du code clair plutôt que des commentaires, le binômage, l'automatisation des tests et les livraisons incrémentales. Il ne s'agit pas d'un exemple isolé. En 1991, Weinberg s'intéresse déjà aux boucles de feedback du génie logiciel dans *Systems Thinking*. Même l'idée de placer l'humain au cœur des préoccupations du développement logiciel est déjà présente en 1987 dans *Peopleware*. Si l'agilité peut apparaître fraîche et nouvelle pour certains, c'est avant tout parce que les informaticiens s'intéressent globalement peu à l'histoire de leurs pratiques.

2) La réponse de l'expert **Pascal Pratmarty**, consultant indépendant et ingénieur expérimenté en développement logiciel.

Le mouvement agile a réellement pris son essor à la fin des années 1990 (10 ans déjà !), à partir d'un constat d'échec des approches dites plus « traditionnelles ». Depuis, son approche pragmatique séduit tous les ans de nouvelles organisations, qui y puisent des réponses concrètes à leurs problématiques de flexibilité et de maîtrise des développements logiciels.

> **Les méthodes agiles ne sont-elles pas un peu trop légères, voire trop artisanales ? N'est-ce pas qu'un phénomène de mode ? *(suite)***
>
> Cette bonne santé dans la durée devrait prouver à elle seule que nous ne sommes pas en face d'un phénomène de mode.
>
> Les méthodes agiles font émerger des environnements favorables à la création de valeur dans un délai optimal. Ce devrait être un principe fondateur de toute entreprise en bonne santé, quel que soit son domaine ! Pourtant le monde du logiciel souffre encore aujourd'hui d'un certain retard dans cette prise de conscience en s'appuyant sur des organisations rigides et inadaptées, où de simples mesures de bon sens n'ont pas toujours leur place.
>
> J'ai remarqué que la discipline est une caractéristique très méconnue des méthodes agiles. Elle devient de ce fait le cheval de bataille de ses détracteurs, qui y voient un chaos organisationnel où plus personne ne maîtrise rien. C'est absolument l'inverse !
>
> Les clients et sponsors bénéficient d'abord d'une exceptionnelle transparence : la succession régulière d'itérations courtes apportant leurs lots fonctionnels constitue une véritable pulsation cardiaque du projet, et permet des prévisions plus réalistes car réactualisées en permanence.
>
> À chaque début d'itération, tout le monde participe à un engagement sur des objectifs concrets, puis à la mise en œuvre des actions nécessaires à leur accomplissement. Cette responsabilisation de chacun sur toute la dimension du projet génère une dynamique de motivation et d'engagement qui fait encore cruellement défaut dans beaucoup d'entreprises.
>
> Au final, l'approche Agile est à mon avis parfaitement cohérente et permet aux projets d'exprimer leurs vrais potentiels. Ironiquement, je crois que sa seule fragilité est aussi ce qui constitue sa force : l'importance essentielle de la communication entre individus exige de choisir avec discernement les membres d'une équipe et de se mettre tous d'accord sur les valeurs et principes de la démarche.

L'organisation agile

Si dans le milieu informatique l'agilité s'est fortement développée depuis les années 1990, force est de constater qu'elle s'est également développée, en parallèle, dans sa dimension stratégique, organisationnelle et humaine. Pour autant, son éclosion véritable dans ces disciplines fut plus lente et ce n'est que depuis deux ou trois ans que toutes les sphères de l'entreprise commencent à « entrer » en agilité.

En effet, un mouvement grandissant est en train d'agir comme une vague déferlante qui enveloppe les autres directions en lien avec les DSI, les directions générales, et, plus généralement, les organisations dans leur globalité. Dans cette convergence, on constate que ces dernières s'intéressent de plus en plus à l'agilité de leurs décisions, l'agilité de leurs processus, l'agilité de leur management et de leurs managers. Elles commencent à comprendre que pour survivre dans notre économie désormais turbulente, elles se doivent d'être « anticipactrices, proopérantes et justinnovantes », comme le défend Jérôme Barrand[12], pour maintenir une certaine capacité de mouvement. Elles sont en

---

12. Jérôme Barrand est l'auteur de *Le manager agile* (Dunod 2006, prix Mutations et Travail 2007) et de *L'entreprise agile – Agir pour une performance durable* (collectif sous sa direction, Dunod 2010).

train de comprendre qu'elles doivent communiquer du sens plus que des ordres, dans leurs décisions. C'est l'« effissens » dont parle Karim Benameur, qui permet l'évolution des comportements vers une approche humaniste.

L'agilité devient une philosophie, une orientation, un cadre général, une attitude, non pas réservée aux seuls acteurs des projets informatiques. Elle devient un modèle stratégique et comportemental[13].

Comment se caractérise une entreprise agile ?

La réponse de **Jérôme Barrand**, Professeur à Grenoble École de Management et Président d'agil'OA.

Une entreprise agile se caractérise par la remise en cause du modèle taylorien pyramidal, cloisonné et hiérarchique. Une entreprise agile reconnaît que la valeur ajoutée est créée par les hommes et non par la technologie. Une entreprise agile a une raison d'être qui la place en réciprocité de progrès avec son environnement : on ne peut profiter de son environnement sans lui rendre sous une forme ou une autre. Une entreprise agile n'est plus dans une compétition mortelle à l'image de la guerre militaire, elle vit au contraire dans un jeu où chacun dépend des autres et réciproquement. Enfin, une entreprise agile est tournée vers ses clients de manière à les satisfaire sans les rendre prisonniers ni les leurrer.

Y trouve t-on des modes de fonctionnement particuliers ?

Évidemment, ces principes généraux poussent l'entreprise agile à redessiner l'intégralité de ses modes de fonctionnement. J'en retiens huit principaux :

1) Appréhender les difficultés dans une approche humaniste plus que dans une approche matérialiste. La rentabilité n'est plus un but mais un moyen et le but est plutôt de l'ordre de la survie en minimisant les risques et les nuisances.

2) Viser l'honnêteté plus que l'influence. Il nous faut regarder en face les problèmes qui nous sont posés et ne plus adopter des solutions partisanes mais plutôt des solutions systémiquement justes pour garantir la pérennité de nos systèmes économiques.

3) Viser une simplicité opérationnelle plus qu'une complexité intellectuelle. Le monde est devenu bien assez complexe. Pensons donc par les usages et simplifions les solutions plutôt que de penser par la science et la technologie qui produisent trop souvent des solutions « inappropriables ».

4) Passer à une culture du changement plus que manager le changement. Qu'on le veuille ou non, nous sommes durablement dans une période de turbulence. Le mouvement est notre seule issue. Nous sommes entrés de plein pied dans une société nomade, non pas physiquement comme l'étaient les premiers hommes, mais intellectuellement. Aussi le changement doit-il s'imposer comme une culture, ce qui nous économisera d'avoir à le manager.

5) Tendre vers des liens de réciprocité plus que vers des liens de dépendance. Il nous faut sortir de ces logiques donnant-donnant, voire gagnant-gagnant, qui finalement se soldent le plus souvent par des conflits. L'essentiel réside dans la survie de nos organisations et de notre société. À l'image d'une situation de panique, c'est dans le calme et le respect de l'autre qu'on peut sauver le plus grand nombre de personnes.

---

13. www.charteagilite.fr

6) Échanger des offres globales (produit, services, informations, relations ...) plus que des produits et actes matériels, en interne comme en externe. La *mass-customisation* est à ce prix car la production de la diversité est trop chère sauf si on comprend qu'on est entré dans l'ère du relationnel. La richesse des hommes réside en effet dans la multiplicité des relations entre eux.

7) Viser la satisfaction multicritère de son interlocuteur plus que la réalisation d'une tâche. La qualité est en effet subjective puisqu'on échange non plus des objets contre de l'argent, mais des offres globales contre des offres globales. L'important est que l'autre soit satisfait, quels que soient ces critères de satisfaction. Mais pour y arriver, il faut s'intéresser à lui.

8) Partager spontanément l'information plus que la rendre disponible. Nous sommes désormais dans la société de l'information. Elle est l'énergie, l'essence du système économique. Elle doit donc circuler entre tous les acteurs de la manière la plus fluide : on doit éviter la discontinuité autant que le trop-plein !

Cela suppose-t-il une posture différente pour le manager agile ?

Ces changements dans les modes de fonctionnement sont d'une grande exigence au niveau comportemental. Mais cela ne devrait pas être difficile puisque les bons comportements existent déjà – on les a juste un peu oubliés. Ces comportements relèvent en réalité du bon sens et je les regroupe en trois catégories :

– la **proopération** est la première, qui signifie que plutôt que de se contenter de travailler les uns avec les autres, nous allons essayer de travailler les uns pour la satisfaction des autres et pour la survie du système qui nous réunit ;

– l'**anticipaction** est la seconde, qui représente la nécessité d'anticiper les ruptures à venir afin d'éviter de diriger notre « voiture » économique à grande vitesse les yeux fermés, mais aussi d'anticiper les conséquences de nos décisions. Nous sommes tous interdépendants désormais et nous ne pouvons nous permettre de générer une onde négative au risque de faire chavirer le système. C'est pour moi la seule vraie leçon de crise des *subprimes*... et j'espère qu'elle va être comprise ;

– la **justinnovation**, enfin, est la troisième. Elle signifie la fin de la fuite en avant de la société matérialiste et la prise de conscience de la nécessité de n'innover que quand cela est utile et de ne le faire qu'en créant de la valeur sans en détruire. Si on avait agi ainsi depuis l'origine de la société industrielle, les produits d'aujourd'hui devraient être simplement « parfaits »...

Quels sont les leviers d'action pour entrer en agilité, au niveau d'une organisation ?

Ce sont simplement les basiques de l'humanité : partage de l'information et de la performance, confiance qui se donne et se gagne, responsabilité assumée par chacun, culture du mouvement permanent car c'est la nouveauté qui nous enrichit et nous fait avancer, hybridation des points de vue car, dans les systèmes complexes la solution n'est jamais non partisane, et enfin exemplarité pour que l'agilité devienne un virus à expansion exponentielle.

Maintenant que nous connaissons mieux tant les différences majeures entre approches traditionnelles et approches agiles que leurs caractéristiques, voyons très concrètement la mise en œuvre des pratiques de gestion de projet, au travers des thèmes suivants : recueillir efficacement les besoins, planifier son projet, suivre et piloter l'avancement de son projet et organiser et animer son équipe. Vous serez, au final, à même de mettre au point votre propre méthodologie.

3

Recueillir efficacement
les besoins

Tout projet vise à atteindre les objectifs fixés par le client et à obtenir sa satisfaction. Si l'on se reporte aux statistiques du Standish Group sur le nombre d'échecs des projets, on mesure la difficulté de l'enjeu.

Deux chiffres illustrent les enjeux et la complexité du recueil des besoins : le premier concerne le taux d'utilisation des fonctionnalités développées sur des projets (figure 3-1).

On constate que plus de la moitié des fonctionnalités livrées sont jamais ou rarement utilisées.

Le second indique l'origine des défauts logiciels (figure 3-2).

Plus de la moitié (56 %) des défauts constatés sont liés à la qualité des besoins recueillis en amont des projets (contre 27 % liés à la conception et 7 % seulement aux activités de programmation).

Comment en arrivons-nous à développer des fonctionnalités qui ne sont pas utilisées ? Pourquoi la phase amont de recueil des besoins génère-t-elle tant de défauts ?

En grande partie, parce que nous communiquons mal ! « L'objectif est-il clairement fixé et partagé par tous ? », « Les attentes du client sont-elles clairement exprimées ? »,

« Comment moi, client, puis-je être assuré que mes besoins ont été compris ? », « Comment nous, équipe de réalisation, pouvons être certains d'avoir compris le client ? », « Comment savoir si le produit développé correspond aux besoins réels ? ».

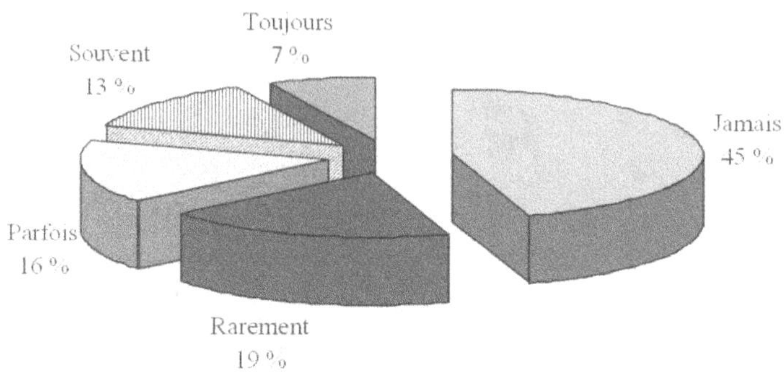

Figure 3-1

Pourcentage de fonctionnalités implémentées réellement utilisées

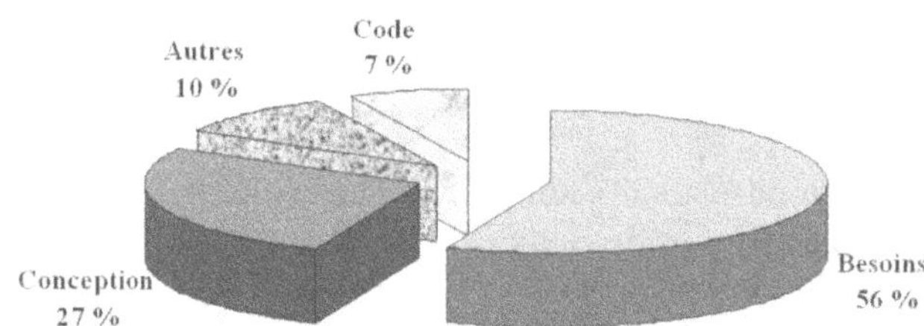

Figure 3-2

Origine des défauts logiciels

Mais aussi parce que nous restons souvent encore attachés à une phase amont durant laquelle on souhaite recueillir et figer l'exhaustivité des besoins.

Recueillir efficacement les besoins, c'est avant tout améliorer la qualité des échanges entre toutes les parties prenantes, en fixant un objectif. C'est aussi passer par la définition d'un langage commun et un partage des techniques et des outils facilitant cette coopération ; c'est ensuite adopter une démarche qui aide le client à faire émerger ses besoins progressivement et à les hiérarchiser.

Pourquoi est-ce si difficile ?

Une mauvaise communication

Dans un projet coexistent ceux qui « achètent » un produit et ceux qui le réalisent, et ce sont rarement les mêmes groupes de personnes.

Ceux qui demandent le produit ne savent pas toujours exactement ce qu'ils veulent ; ils ne sont pas toujours ceux à qui le produit est destiné et, par conséquent, ils n'appréhendent pas nécessairement ce que les utilisateurs finals veulent précisément ; ils peuvent, en outre, ne pas être du même avis (besoins différents, intérêts divergents, priorités toutes élevées…), surtout s'ils sont dispersés géographiquement. Ils ne parlent pas toujours le même langage : « Je veux une application qui apporte une vraie valeur » ; « Je veux un système au moindre coût » ; « Je veux un site à hautes performances » ; « Je veux que l'investissement reste raisonnable » ; « Je veux de la qualité » ; «Je veux que la rentabilité soit la priorité »…

Et ils dialoguent difficilement avec ceux qui réalisent le produit, lesquels adoptent trop souvent un jargon technique.

L'expression de leurs attentes est parfois un mélange de subjectivité, de fonctionnalités, de solutions techniques induites, influencées par les enjeux de la planification… et parfois par « l'air du temps » ou l'effet de mode.

La formulation elle-même donne lieu à interprétation :

Exemple (figure 3-3) : « Dessiner une pizza qui a huit parts avec trois traits ».

Figure 3-3

L'exercice de la pizza

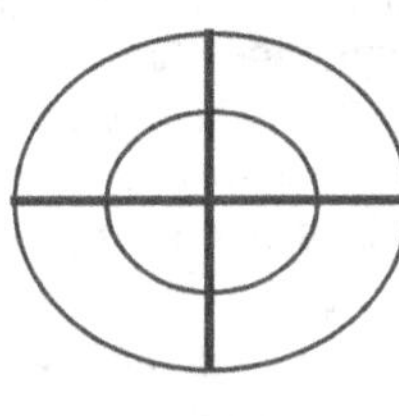

Solution 1

Solution 2

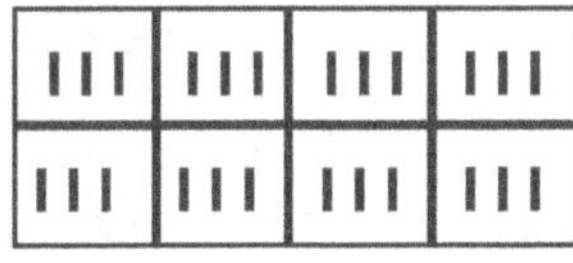

Solution 3

L'ambiguïté de la formulation de cette exigence fait apparaître le risque d'interprétation. La multiplicité des réponses possibles à cette exigence initiale illustre la nécessité de clarifier le besoin.

« Mes clients ne savent jamais ce qu'ils veulent ! » ou bien *« C'est exactement ce que j'ai demandé, mais ce n'est pas ce que je veux ! »*.

La réponse de l'expert **Marc Dumonte**, responsable Qualité chez NDS France.

Pour toute personne travaillant ou ayant travaillé chez un fournisseur de solution logicielle, ces phrases sonnent comme une tautologie.

Le premier symptôme de cette incompréhension réside dans la qualité du dialogue entre le client et son fournisseur.

Le second motif usuel d'incompréhension est la gestion des évolutions. On assiste à un fréquent dialogue de sourds entre un client qui a du mal à stabiliser son besoin et un fournisseur de solution qui voit les modifications comme un véritable poison dans son processus de développement : le premier se représente une évolution comme une opportunité alors que le second y voit un risque voire une catastrophe pour son projet de développement.

Dans un modèle de développement classique, la « bonne » réponse consistera à définir différents niveaux de spécifications et un processus de gestion des évolutions avec différentes instances de gestion des évolutions (les fameux CCB, *Change Control Board*). Cela devrait fonctionner, mais si le système est trop complexe pour leur compétence collective, les entreprises tombent la plupart du temps sur l'un des deux écueils de ce problème : la bureaucratie ou le chaos. La bureaucratie se produira si le client affiche des exigences en matière de qualité des processus, ce qui se traduira par un besoin de preuves et enregistrements divers. Le chaos sera plus fréquent, en particulier si l'entreprise affiche la volonté d'être réactive.

Les méthodes agiles proposent une alternative efficace à ce problème, que j'ai pu expérimenter sur des projets de complexité moyenne. Par la taille des équipes (20-30 personnes), par la dimension du logiciel (1 million de lignes de code, réutilisées par parties et successivement) et par la longueur du projet (6 mois à 1 an). Cette alternative repose sur 4 piliers :

– Le premier est le développement itératif : livrer souvent, et ce le plus vite possible dans le projet, au travers de petits lots de développement qui permettront de corriger le tir rapidement si l'une des deux parties s'est trompée : le client dans sa vision ou son expression du besoin, le fournisseur dans sa compréhension ou l'implémentation de celui-ci.

– Le deuxième est la focalisation sur la valeur capitalisée par le client. Il s'agit de maximiser la valeur engrangée par le client en fin d'itération, essentiellement en s'assurant que les fonctionnalités et propriétés du logiciel livré correspondent le plus possible au cœur des préoccupations du client.

– Le troisième est la visibilité donnée au client : il s'agit de mettre en œuvre une transparence maîtrisée, en s'appuyant en particulier sur les revues de fin d'itération. Elles permettent au client de réduire le risque, réel ou perçu, que représente pour lui le développement logiciel.

– Le quatrième et dernier pilier est une règle de base : une modification est la bienvenue mais dans l'itération suivante. Si la pression est trop forte, il faut raccourcir la durée d'une itération mais aussi faire comprendre au client qu'il n'est pas dans son intérêt de modifier le périmètre de l'itération courante. Cette discipline permet, sur le long terme, de garantir une véritable réactivité. Ne pas confondre vitesse (oui pour la modification mais dans l'itération suivante) et précipitation (changer en cours d'itération). C'est une question de maturité des organisations agiles.

L'enjeu est énorme car ces quatre piliers sont le socle d'une relation client rénovée. La visibilité sur les développements en cours et l'assurance d'être écouté ramènent la confiance du client, renforcée aussi par la vision d'un processus souple mais rigoureux et convergent. Ce jeu « gagnant-gagnant » est une valeur essentielle du développement agile. Il s'agit d'aller au-delà de la simple relation contractuelle pour mettre en œuvre un véritable partenariat avec le client.

La nature même des relations entre les acteurs est source de mauvaise communication : les relations contractuelles, avec les concepts de maîtrise d'ouvrage et de maîtrise d'œuvre – particularisme français qui fait d'ailleurs notre fierté !–, sont érigées comme un rempart en cas de litige. Les acteurs se protègent derrière cette répartition des rôles pour ne pas être montrés du doigt ; l'énergie est alors consommée pour savoir comment « faire pour que l'échec du projet ne me soit pas imputé », alors qu'elle serait utilement exploitée à déterminer les moyens de « faire en sorte que le projet n'échoue pas ».

Le constat est réel : les problèmes de communication et d'organisation sont à l'origine de bien des écueils.

L'illusoire exhaustivité

Cependant, la démarche de projet est, en elle-même, responsable de ces écueils. Dans une démarche traditionnelle, on vise un recensement exhaustif des besoins, avant de commencer à élaborer et construire la solution.

On demande au client un exercice « surhumain » : décrire sur papier le produit qu'il imagine ; il doit conceptualiser, mais pour rendre concret ce produit, il étaye avec beaucoup de détails, donnant ainsi corps à son produit. Cette recherche de l'exhaustivité à tout prix conduit le client à demander plus, à demander tout, par crainte de ne plus pouvoir faire évoluer son produit par la suite ; il sait qu'il n'aura jamais ce qui n'est pas décrit. Alors il préfère prendre le risque de sur-spécifier, sans une évaluation préalable de la pertinence des demandes, plutôt que de se voir reprocher d'avoir oublié un détail. De toute façon, on ne le blâmera jamais pour la longueur et la précision de ses besoins ! Et l'on arrive souvent à une situation où cette phase de recueil des besoins n'en finit pas… et entame déjà considérablement le crédit de jours disponibles pour la réalisation.

L'on sait pourtant que contraindre le client à exprimer au début du projet des besoins encore diffus dans son esprit l'amènera inévitablement à modifier ses attentes en cours de projet, en particulier lorsque le produit commencera à prendre forme.

La défaillance du client

À l'opposé, on voit certains projets où l'expression des besoins est réduite au strict minimum, où le développeur doit exprimer, lui-même, les besoins des utilisateurs non disponibles. Cette phase de recueil risque alors d'être biaisée.

Pourquoi les utilisateurs ne sont-ils pas disponibles ? Souvent, parce qu'en haut lieu, par manque de réalisme – par méconnaissance ? –, on ne leur concède pas cette disponibilité. Le lancement de nombreux projets, sans qu'ait été précisément évalué le retour sur investissement, amène le client à abdiquer ; sa non-disponibilité traduit un manque d'intérêt pour le projet lui-même qui ne lui rapporte pas assez, au regard du coût de sa participation.

Non-disponibilité, mais aussi absence de formation ad hoc pour le client qui ne maîtrise pas les techniques ni les outils pour exprimer ses besoins. Malgré sa bonne volonté, ses compétences – il est opérationnel dans son domaine –, il ne sait pas toujours rédiger un cahier des charges, il ne connaît pas toujours le déroulement d'un projet. Une plus grande professionnalisation en la matière des utilisateurs ou de ceux qui les représentent est un atout pour réduire les risques de livrer un produit non conforme.

Si le client manifeste son désintérêt, c'est une défaillance ; s'il sait ce qu'il veut sans savoir l'exprimer, c'est une insuffisance qui peut être compensée par une étroite collaboration.

Comment, dans ces conditions, se prémunir contre le risque d'oublier une partie des besoins et s'assurer de développer un produit conforme aux attentes du client ?

Partager une vision

La vision d'un produit ou d'un projet est l'orientation générale donnée à l'équipe, l'objectif global à atteindre, le « cap » à prendre. Sans objectif, sans vision partagée, l'équipe va errer sans savoir précisément où aller, dans quel but, ni comment y aller. À cet égard, on sait que bien des retards sont pris en tout début de projet, parce que l'équipe n'a pas connaissance de cette vision ; elle est alors hésitante, refusant de prendre le risque de se fourvoyer dans une mauvaise direction. Comme l'a écrit Sénèque : *« Il n'y a pas de vent favorable pour celui qui ne sait pas où il va. »*

Cette vision repose sur une étude d'opportunité et/ou une analyse de l'existant qui font émerger un besoin : nouvelle opportunité commerciale, lancement d'un nouveau produit, limites du produit existant, alignement du système d'information sur la stratégie de l'organisation. Puis une étude de faisabilité analyse techniquement et économiquement si le projet peut être démarré. Ces études préalables peuvent également donner lieu à une analyse comparative des produits ou des solutions concurrents, afin d'en mesurer les avantages et les inconvénients et de mieux positionner le produit à développer.

Ainsi, à l'issue de ces étapes préliminaires, la vision du projet peut répondre aux quatre questions suivantes :

- **Pour quoi ?** Quel est l'objectif stratégique du client ?
- **Quoi ?** Quels sont le périmètre et les contraintes, actuels et futurs, du projet ?
- **Qui ou pour qui ?** Qui sont les parties prenantes du projet ? Qui va utiliser le produit ? À qui va bénéficier le produit ? À toute personne impactée ou qui peut impacter le déploiement d'un produit, y compris l'équipe de réalisation.
- **Comment ?** Comment l'équipe va-t-elle réaliser le produit : va-t-elle le faire. Le faire faire ? Ou l'acheter ? Il s'agit ici de proposer une ébauche de solution technique, un calendrier, un budget, de recenser les ressources nécessaires, de déterminer la méthodologie qui sera mise en œuvre…

Une fois la vision communiquée par le client et partagée par tous, l'équipe de réalisation prend son cap ; et l'on sait, compte tenu de l'incertitude des projets, qu'il faudra démarrer en « spéculant », c'est-à-dire en faisant des hypothèses, et assurer, petit à petit, sa progression et son rythme d'avancement.

Attention

L'absence de vision peut être une cause d'échec d'un projet !

Sauriez-vous décrire, en deux minutes, la vision du projet sur lequel vous travaillez ?

C'est l'exercice de *l'Elevator statement* de Geoffrey Moore : vous rencontrez votre patron dans un ascenseur, il dispose de peu de temps et vous demande sur quel projet vous travaillez en ce moment ; vous avez deux minutes pour lui donner une « vision » complète du projet.

– L'utilisateur…

– …a un besoin…

– …que le produit que nous allons développer, qui est un produit de type…

– …va satisfaire ainsi…

– …contrairement à d'autres, ou par rapport à la solution existante…

– …donc se positionne de cette façon.

Exemple :

– Les jeunes diplômés niveau bac + 2…

– …qui souhaitent postuler en ligne dans notre société, consulter des offres d'emploi et déposer des candidatures spontanées…

– …disposent d'un site de recrutement, au travers d'un portail corporate…

– …qui leur offre quotidiennement des offres mises à jour ainsi que des informations sur l'actualité de la société,…

– …contrairement à la presse quotidienne, moins rapide et pas interactive, notre site offre la possibilité de transmettre en temps réel leur lettre de motivation et leur CV ainsi que la possibilité de s'abonner aux offres en fonction d'un profil,…

– …c'est une application web, accessible 24 h sur 24, actualisée quotidiennement, reflet du dynamisme de notre société et de sa proximité avec les jeunes diplômés.

Cas pratique

L'exemple qui suit est le fil conducteur, support aux différentes illustrations pratiques des concepts liés au recueil des besoins, à la planification (chapitre 4) et au suivi de projet (chapitre 5).

Établir la vision

La société X, spécialisée dans la publication d'informations de référence, doit faire face à de nouveaux challenges pour les années à venir : publication d'ouvrages plus fréquente et plus réactive, sources d'informations plus diversifiées en volumes croissants, augmentation de la richesse de l'information publiée pour faire face à la concurrence.

Le précédent système d'information ne permettait pas d'adresser ces besoins :

– Composé d'applications éparses hétérogènes, il contraignait les utilisateurs à jongler d'une application à l'autre, rendant l'accomplissement de leurs tâches d'autant plus laborieuses.

– Le suivi des mises à jour était difficile à réaliser en raison d'une faible visibilité sur les différentes mises à jour consolidées par différents outils indépendants.

– La publication des ouvrages était délicate à réaliser car nécessitait un « arrêt sur image » durant lequel les mises à jour étaient suspendues.

> **Cas pratique** *(suite)*
>
> Pour dépasser les limites de ce système, la société X a imaginé un nouveau système caractérisé par :
>
> – La mise en place d'un workflow : les utilisateurs n'ont plus à rechercher les mises à jour qu'ils doivent effectuer ; chaque information source vient alimenter les *to do lists* des acteurs concernés. L'information est désormais « poussée » vers l'utilisateur.
>
> – Un « bureau métier » : les applications autrefois hétérogènes deviennent les composants d'un même environnement et sont intégrées dans un bureau métier ; ils partagent une interface commune, des fonctionnalités utilitaires et la possibilité de communiquer entre eux.
>
> – Un *versioning* de l'information de référence : il permet de découpler complètement mise à jour et publication d'ouvrage, tout en évitant le phénomène « arrêt sur image ».

Vers une collaboration efficace avec le client

On entend ici par client le représentant des utilisateurs du produit qui va être développé. Selon la structure ou la taille de l'organisation à laquelle il appartient, on distingue plusieurs niveaux de représentation du client et différentes appellations : chef de projet utilisateurs, utilisateur, utilisateur final, commanditaire, maître d'ouvrage, responsable d'application, chef de produit, *product owner*…

Il est l'acteur clé du recueil des besoins : il est l'utilisateur final ou travaille en étroite collaboration avec les utilisateurs finals pour exprimer leurs besoins ; il sélectionne les fonctionnalités qui seront incluses ou exclues dans le périmètre du projet ; il explique et détaille ces besoins à l'équipe de réalisation et coordonne les décisions entre les parties prenantes.

Son rôle est capital, car selon sa capacité à exprimer efficacement les attentes de ses utilisateurs, il peut en résulter soit un excellent soit un mauvais produit final.

Pour qu'une collaboration soit fructueuse avec le client[1], celui-ci doit développer deux types de compétences : des compétences « techniques » d'expression et de recueil des besoins, et des compétences comportementales qui favorisent la collaboration.

Les compétences « techniques » ou savoir-faire

- **Il communique la vision** : il doit avoir une vision, mais savoir la communiquer est impératif pour que l'équipe maintienne le cap : genèse du projet, justification, objectif… L'objectif doit être clair et ambitieux : une échéance à respecter comme seul objectif n'a pas beaucoup de sens si l'équipe ne connaît pas les enjeux au-delà de cette échéance.

---

1. Voir Mike Cohn, *Want better software ? Just ask*, *http://www.stickyminds.com*, mars 2004.

- **Il décrit les fonctionnalités** : il doit fournir une description des fonctionnalités susceptibles d'apporter de la valeur ajoutée aux utilisateurs. Cette description est suffisamment détaillée pour une bonne compréhension globale mais conserve une granularité grossière pour pouvoir être estimée en charge. Cette première description sera suivie d'autant de discussions en face à face que nécessaires pour une meilleure clarification.

- **Il connaît les priorités** : tout ne peut être prioritaire. Il sait ce qui a le plus de valeur pour les utilisateurs, mais est capable de tout arbitrer, en tenant compte des contraintes techniques (risques, impacts, coût de développement…) qu'il comprend.

- **Il peut changer d'avis** : parce que hiérarchiser les fonctionnalités au début du projet est un exercice difficile, le client peut changer d'avis. Une nouvelle réglementation ou l'annonce, en cours de projet, d'un concurrent sur la sortie prochaine d'un produit similaire peut amener à revoir le périmètre fonctionnel, sur la base d'une préoccupation commerciale. En revanche, l'absence de décision ou d'arbitrage ou encore les changements anarchiques sont mal acceptés.

Les compétences comportementales ou savoir-être

- **Il collabore** : l'esprit de concurrence entre l'équipe de réalisation et le client n'existe pas puisqu'ils « embarquent » ensemble, pour reprendre la métaphore du bateau ; il participe activement et assidûment aux réunions, c'est une marque de respect pour les membres de l'équipe. Il est partie prenante de cette équipe. Son expertise métier, sa connaissance des besoins et de leur valeur pour les utilisateurs, son implication, font de lui l'autorité d'arbitrage, indispensable, qui manque trop souvent sur les projets.

- **Il est exigeant** avec l'équipe de réalisation, qui apprécie les challenges, si elle a la liberté de manœuvrer pour s'organiser et trouver les solutions. Il doit exprimer sa confiance en l'équipe, qu'il acquerra grâce à des livraisons fréquentes. Il ne doit pas se contenter de « Oui, oui, ne vous inquiétez pas, le projet avance ! », mais exiger de voir des résultats intermédiaires concrets pour pouvoir tester régulièrement et donner son feedback. Il doit lui-même exiger les démonstrations en cours de développement.

- **Il soutient l'équipe et a de la reconnaissance** : en étant le représentant, à lui seul, du « monde extérieur » vis-à-vis de l'équipe, celle-ci a besoin de son soutien et de sa reconnaissance ; en lui garantissant les moyens d'être productive, il lui donne les moyens de mieux servir le client. Il doit exprimer de la reconnaissance pour le travail accompli, non seulement à la fin du projet mais à chaque étape importante, aussi bien aux équipes qui rencontrent des difficultés qu'aux équipes performantes.

Sans compétence spécifique, en adoptant un comportement collaboratif, le client obtient ainsi de meilleurs résultats de la part de l'équipe. Le partenariat entre fonctionnel et technique donne alors au projet un équilibre profitable pour toute l'organisation.

Mais cela suppose, évidemment, une disponibilité de la part de ces « super-utilisateurs », arbitres, auxquels l'organisation aura conféré une autorité et un pouvoir de décision réels.

> **Quel est le juste degré d'implication du client dans le projet ? Car nos clients n'ont pas 100 % de disponibilité.**
>
> La réponse de l'expert **Antoine Contal**, ScrumMaster et coach XP.
>
> Le juste degré d'implication du client dépend d'un enchevêtrement de facteurs humains difficilement quantifiables. Le déterminer a priori me paraît hasardeux. Pourtant, l'agilité apporte une réponse pragmatique sur la façon de l'atteindre. Plutôt que d'essayer de prédire et de me tromper, j'utilise le *feedback* et la communication. Concrètement, je surveille ostensiblement le risque d'un manque d'implication du client, au travers d'indicateurs simples et pertinents pour le projet. Par exemple, je peux mesurer et afficher publiquement le nombre de tâches bloquées par une attente d'un retour client, ainsi que l'impact sur la vélocité. Par ce retour d'information régulier, j'amène le client à ajuster son degré d'implication, jusqu'à tendre vers un équilibre le satisfaisant.
>
> À un client qui m'interroge sur ce juste degré d'implication, je conseille de comparer le coût d'une forte implication de sa part avec le coût de livrables en retard ou ne répondant pas aux attentes : coûts directs de redéveloppement, coûts indirects dus à l'improductivité des utilisateurs et manque à gagner, pour n'en citer que quelques-uns. Ce calcul lui permet de mesurer une partie des enjeux et de faire un choix informé.
>
> Je peux aussi lui proposer de déléguer son rôle, totalement ou partiellement, à d'autres personnes. J'ai déjà vu cette solution fonctionner, mais beaucoup de facteurs peuvent la faire échouer. Si l'option de la délégation est retenue, là encore, je surveille le risque associé.

Faire émerger les besoins

Ce qui doit être exprimé

Un besoin est défini à partir des objectifs et de la vision du projet.

> **Définitions**
>
> Définition de l'Afnor : nécessité ou désir éprouvé par un utilisateur, exprimé en termes de finalité, sans référence aux solutions techniques susceptibles d'y répondre. On distinguera le besoin initial du besoin à traiter (Afnor, NF X50-151).
>
> Définition de l'Association française pour l'analyse de la valeur, AFAV : ce besoin peut être exprimé ou implicite, avoué ou inavoué, latent ou potentiel.

Un besoin n'est pas uniquement une fonction assurée par un système (enregistrer une commande, créer une fiche produit…) ; c'est aussi la capacité du système d'assurer efficacement cette fonction, les conditions opérationnelles (disponibilité, évolutivité, performances…) ; le besoin se définit également par les services associés (modalités d'exploitation, support utilisateurs), par les contraintes d'utilisation (ergonomie, organisation des utilisateurs, leur implantation géographique…).

Notons que ce qui doit être exprimé (figure 3-4) ne se limite pas à recenser ce qui est explicitement exprimé par le client, mais également à capter tout ce qui est implicite ou non dit : « une évidence ! » pour le client.

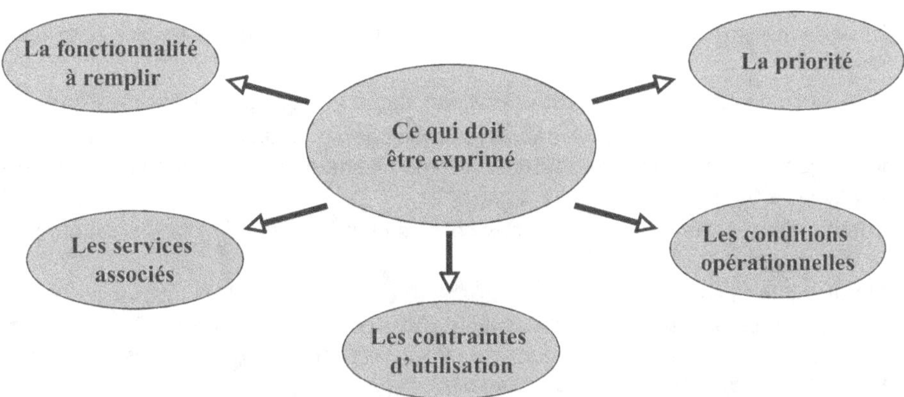

Figure 3-4

Ce qui doit être exprimé

L'émergence des besoins

Tous les besoins n'étant pas explicitement exprimés par le client, leur recueil ne peut se dérouler en une seule étape ; les besoins émergent au fur et à mesure :

- Parce qu'entre la représentation qu'a le client de son futur produit, la difficulté éventuelle qu'il rencontre à le décrire, l'interprétation possible de cette description par l'équipe de réalisation et l'outil qui lui est livré au final, nombreuses sont les occasions de perdre le besoin réel. Un besoin initial s'affine lorsque l'on visualise les premiers écrans qui s'enchaînent ; le client est ainsi mieux à même de réagir et de préciser ce qu'il souhaite vraiment et ce qu'il ne souhaite pas, en fonction de ce qu'il voit. Et l'on ne connaît jamais a priori la réaction du client !

- Parce qu'une idée initiale peut, après discussion et analyse, s'avérer inutile, trop coûteuse ou n'être qu'un souhait secondaire.

- Parce que tous les besoins n'ont pas la même priorité et qu'il faut régulièrement arbitrer sur le report éventuel de telle ou telle fonctionnalité.

- Parce que le marché est instable et que l'organisation doit être réactive face à ses fluctuations. On ne sait donc pas à quel moment du cycle de vie peut intervenir une nouvelle demande correspondant à un nouveau besoin.

- Parce que l'effet tunnel constaté lors de nombreux projets fait que le produit livré n'est plus en adéquation avec le marché au moment où il est livré ; de nouveaux besoins ont pu apparaître ou le besoin initial a pu évoluer entre temps.

- Parce que si l'on accepte d'introduire une nouvelle demande, le client devra peut-être renoncer à un autre besoin déjà exprimé pour respecter son budget ou l'échéance qu'il a fixée.

Face à ce constat, le recueil et la hiérarchisation des besoins ne peuvent que s'inscrire dans une démarche itérative.

On parle aussi d'ergonomie agile : en quoi l'ergonomie contribue-t-elle à faire émerger les besoins ?

La réponse de l'expert **Jean-Claude Grosjean**, ergonome consultant, certifié ScrumMaster.

L'ergonomie est la « science du travail ». Appliquée au contexte informatique, l'ergonomie a pour objectif l'amélioration du dialogue Homme-Ordinateur, et plus largement de l'expérience utilisateur, et va travailler sur deux dimensions :

– **Utilité** : l'application doit répondre aux besoins (exprimés ou non) de l'utilisateur pour lequel il a été conçu ;

– **Utilisabilité** : l'application doit être utilisable, c'est-à-dire facile à utiliser ou « conviviale » (sens commun) en permettant à l'utilisateur d'atteindre le but qu'il s'est fixé avec un minimum d'efforts (*efficacité*), en un minimum de temps (*efficience*) tout en lui assurant la meilleure expérience utilisateur possible (*satisfaction*).

Dans un contexte agile, l'intégration d'une conception centrée utilisateur n'est pas aisée : comment faire ? quand l'initier ? et comment l'intégrer dans un développement itératif ? Cependant, cette conception peut bénéficier de leviers forts sur lesquels elle va pouvoir asseoir son action :

– livraisons fréquentes et validation continue pour toujours plus de feedback ;

– coopération et implication forte des clients et utilisateurs tout au long du projet ;

– accent mis sur la simplicité.

Les 6 règles pour une ergonomie agile :

1. Soutenir le travail d'analyse et de priorisation du représentant des utilisateurs ou de l'équipe métier (*product owner*).

2. Faire juste ce qu'il faut de recherches utilisateur, de modélisation et de travail sur l'interface, notamment au début du projet.

3. Travailler sur plusieurs modes à la fois : conception du contenu des itérations futures, accompagnement de l'équipe sur l'itération en cours et test du contenu de l'itération précédente.

4. Proposer plus de réactivité sur le recueil et la restitution du feedback (par des tests moins formels, mais progressifs et adaptés).

5. Faire du prototypage rapide (adapté au contexte et aux destinataires, au plus juste et toujours source de valeur).

6. Mettre en avant la facilitation en multipliant les ateliers de travail collaboratif.

Même si le travail ergonomique se poursuit tout au long du projet, notamment au travers des tests utilisateurs et de l'accompagnement des équipes de développement, l'essentiel de cette ergonomie agile doit s'enclencher dès les premières itérations.

Le *sprint 0* (voir chapitre 4, Planifier son projet) est ainsi le moment idéal pour définir les cibles de l'application à concevoir dans le prolongement des user stories. La technique des *personas* est particulièrement efficace. Un persona, c'est un utilisateur-type, une représentation fictive des utilisateurs cibles, qu'on peut utiliser pour fixer des priorités et guider nos décisions de conception d'interface. Cette méthode permet d'offrir une vision commune et partagée des utilisateurs d'un produit, en insistant sur leurs buts, leurs attentes et leurs freins potentiels, et en proposant un format des plus engageants.

Une fois la cible définie, la conception ergonomique de l'application pourra se poursuivre au fil de l'eau, essentiellement autour des *cinématiques* (enchaînement des écrans de l'application) et d'une activité de *storyboarding*, prototypage rapide des écrans, dans une approche toujours plus collaborative, au plus juste et avant tout en support du product owner.

La boucle de feedback

Rappelons que, dans une approche classique, les besoins doivent être recueillis et validés dans leur totalité avant d'être formalisés puis transmis à l'équipe de réalisation pour être analysés puis développés. Aucune ambiguïté ne doit subsister, des moyens importants sont alors déployés pour cette étape, véritable projet dans le projet, avant de passer à la phase suivante. On consacre alors, fréquemment, trop de temps à recenser et clarifier des besoins qui, peut-être, ne sont pas prioritaires ou seront reportés par la suite. Pourquoi ne pas s'attacher avant tout à spécifier les besoins dont on est certain qu'ils seront satisfaits ?

Si l'on veut tenir compte de la réalité, la démarche de recueil doit, dans un premier temps, se limiter à identifier les besoins de haut niveau pour délimiter le périmètre du projet. Dans un second temps, au fur et à mesure, les besoins identifiés prioritaires sont détaillés pour être traités. C'est une *démarche en T* (figure 3-5).

Figure 3-5

La démarche en T

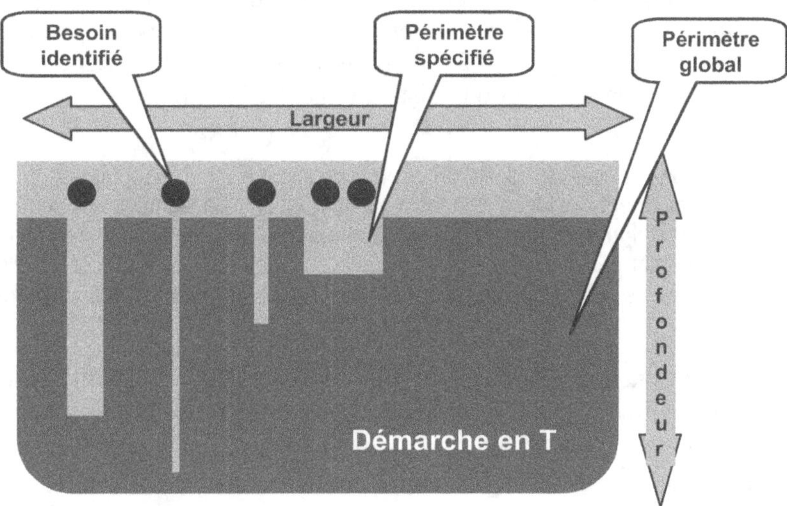

1. L'étape 1 vise en premier lieu à recenser les besoins en largeur (❶) : on tourne autour des concepts, on découvre le contexte, on liste des idées, sans être certain qu'elles seront mises en œuvre. Cette étape est utile pour démarrer le projet, ébaucher la solution technique qui répondra aux besoins et déterminer l'enveloppe des coûts et des délais.

2. L'étape 2 est une analyse en profondeur : on sélectionne un besoin, on « débroussaille », on « élague », on rassemble les idées similaires et on en élimine d'autres (❷) ; puis on l'affine, on « calibre » en tenant compte des contraintes et des conditions d'utilisation (❸). Cette analyse n'est menée que pour les besoins qui seront réellement traités, au moment où ils seront pris en charge.

Le recueil des besoins est donc un cycle en deux étapes, avec une étape ❶ générale suivie d'une série de boucles itératives au cours desquelles on procède aux étapes ❷ et ❸, avec le client : ce dernier exprime le besoin, l'explicite, le valide, le visualise, et restitue son feedback.

C'est ce feedback continu du client qui garantit une meilleure adéquation du produit final aux attentes.

Les techniques de recueil

Combinées ou utilisées individuellement, plusieurs techniques sont possibles pour recueillir les besoins ; le choix tient compte des utilisateurs (nombre, localisation, disponibilité…), de l'étape du recueil (largeur ou profondeur), des caractéristiques du produit à développer (interface homme-machine, traitements internes…).

En amont d'un projet, on recourra au *brainstorming* et à l'analyse de la concurrence :

- **Le brainstorming ou « remue-méninges »** : idéal pour « défricher » les besoins encore flous et mal organisés des utilisateurs lors du démarrage d'un projet, son principe consiste à organiser une ou plusieurs réunions courtes durant lesquelles chaque participant est autorisé à dire tout ce qui lui paraît important pour le projet. L'idée est que personne ne se censure, on élargit, là encore, le domaine des possibles. Un facilitateur amène le groupe à hiérarchiser les résultats. Le cas échéant, on réduira le périmètre par la suite, d'où la distinction entre besoin initial et besoin à traiter.

> On pourra utiliser des outils de *mind mapping*. Le mind mapping est une façon de représenter graphiquement des idées, concepts ou informations. La technique du schéma heuristique ou carte mentale (*mind map*) part d'une idée centrale ou d'une question, et permet d'organiser et de représenter l'information d'une manière visuelle et structurée de telle façon qu'elle invite à la découverte de nouvelles idées ou informations. La carte peut être réalisée avec des images et de la couleur.

- **L'analyse de la concurrence ou « benchmark »** : « L'offre suscite le besoin ! » C'est un des meilleurs moyens de découvrir ses propres besoins. De même qu'une analyse des progiciels du marché ouvre le champ des fonctionnalités possibles.

Lorsqu'on veut affiner le besoin, on réduit le périmètre d'investigation ; on privilégiera alors les interviews et les *ateliers facilités*.

- **L'interview** : c'est la technique la plus directe pour approfondir les besoins, mais peut-être pas la plus simple, puisqu'elle nécessite une certaine expérience et un réel savoir-faire. On aura, au préalable, préparé un questionnaire pour guider et optimiser l'entretien.

> Il est impératif de croiser les résultats des interviews (par exemple, celle d'un collaborateur et celle de son supérieur hiérarchique, la vision de l'un et de l'autre pouvant être très différente parfois, même s'ils sont dans le même département ou service).

- **L'atelier facilité ou workshop** : forum d'échanges, un groupe de travail se réunit pour travailler sur un thème donné ou sur un groupe de besoins. Le rôle de l'animateur, l'organisation matérielle ou l'équipement de la salle, le processus structuré (convocation, rédaction des comptes rendus et validation), sont des facteurs clés de la réussite de ces ateliers. L'objectif est de conduire à une prise de décision consensuelle, en séance si possible.

La technique des neuf cases de Solution Selling[1]

La technique des neuf cases est une démarche interactive d'interrogation du client, pour établir un dialogue utile et faciliter la compréhension de son « vrai » problème et de ses « vrais » besoins.

Tableau 3-1 La technique des neuf cases

	Quel est le problème ?	Qui est impacté ?	Visualiser la solution
Questions ouvertes : « Dites-moi… » « Racontez-moi… » « Et puis… »	1	4	7
Contrôle Combien ? Quand ? Où ?	2	5	8
Validation « Si je comprends bien… » -> Si non, revenir aux questions ouvertes. -> Si oui, passer à la question suivante.	3	6	9

L'objectif est d'arriver à la case 9 en passant par les différentes étapes.

Le client commence par raconter des « histoires » sur son métier, ses difficultés. Il s'agit de questions ouvertes (1) pour explorer et comprendre. Des questions de contrôle (2) permettent de clarifier, d'apporter des précisions. L'interviewer doit ensuite valider sa bonne compréhension et synthétiser l'essentiel par la reformulation ; cette étape (3) permet de lever toute ambiguïté.

Si la synchronisation s'opère (le client est compris par l'interviewer), ce dernier peut passer à l'étape suivante et tenter de comprendre qui est impacté par le problème et comment il est impacté (4). Le processus de contrôle et de validation est ensuite le même (5 et 6).

Si la compréhension n'est pas totale, il doit revenir aux étapes 1 et 2.

Lorsque le problème est bien identifié et les impacts mesurés, l'objectif suivant est d'amener le client à se représenter la solution idéale. Sans qu'il soit nécessaire, pour lui, d'élaborer la solution, il peut cependant visualiser un environnement où le problème n'existe plus : que voit-il ? qu'entend-il ?… Le client vit le futur au présent !

NB : Si votre client tente de vous amener directement à la case 9 parce qu'il croit connaître la solution, veillez à reprendre obligatoirement les étapes une à une depuis la case 1, ne serait-ce que pour vous approprier son problème, le clarifier et valider ainsi l'adéquation de la solution envisagée.

---

1. http://www.spisales.com

Enfin, lorsqu'on aborde l'étape de description détaillée, il est essentiel d'observer les pratiques existantes pour mieux « coller » au besoin.

- **L'analyse de l'existant** : il s'agit, ici, d'examiner les applications existantes pour en évaluer les forces et les faiblesses, et de mettre au point la stratégie d'évolution : doit-on réutiliser certaines fonctions ? Dans quelle proportion doit-on remplacer des fonctions existantes ? Comment les améliorer ? On parle souvent de *gap analysis*.

- **L'observation du comportement de l'utilisateur « en situation »** : souvent utilisée par les ergonomes, cette technique est efficace pour bien comprendre le comportement des utilisateurs sur leur poste de travail ou autour du poste de travail. En notant toutes les astuces qu'un utilisateur trouve pour compenser les manques d'une application (Post-it, carnets, notes…), on prend la mesure de ses limites et de ses failles qu'il faudra combler. On peut apprécier l'application rigoureuse de telle procédure ou, au contraire, comprendre pourquoi elle est partiellement appliquée voire totalement contournée.

Le **questionnaire** est une autre technique encore utilisée mais dont on a peut-être un peu abusé à une certaine époque, notamment lorsqu'on sondait la satisfaction des utilisateurs pour faire évoluer une application. Il permet de recueillir rapidement les avis de plusieurs personnes sur un certain nombre de points. Combinant questions fermées, ciblées, et questions ouvertes, le questionnaire doit envisager toutes les alternatives et ne pas induire les réponses. Anonyme ou non, il reste cependant restrictif, même avec des questions ouvertes.

> **Attention !**
> En outre, à la charge liée au traitement des réponses, surtout si l'on veut atteindre un échantillon représentatif des utilisateurs !

Dans une approche agile, l'équipe de réalisation privilégie le contact direct, en face à face, avec le client ou les utilisateurs, qui expriment eux-mêmes leurs besoins. Le temps non consommé à la longue description des besoins est utilement consacré au dialogue, à la levée des ambiguïtés, à la rédaction des scénarios de tests, au développement et à la validation avec le client. Les longues descriptions sont aussi volontiers troquées contre des exemples, repris pour les scénarios de tests. Une autre façon de dire : le temps économisé est consacré à l'élaboration des tests qui deviennent des livrables complémentaires des spécifications ; on parle de *tests driven requirements*. Le recueil des besoins n'est plus une étape formelle limitée dans le temps au début du projet, mais fait partie intégrante du processus de réalisation.

Est-il plus utile de consacrer du temps à détailler précisément les besoins ou à élaborer des cas de test ?

La réponse de l'expert **Christophe Addinquy**, directeur de projets back-office chez Vidal.

La poursuite effrénée du bon niveau de détail garantissant la précision ou la clarté du besoin pour le transmettre à des équipes de développement nous amène souvent à la surspécification et à la « paralysie de l'analyse ».

En réalité, on a souvent constaté que les spécifications les plus claires, que ce soit pour les utilisateurs ou pour les équipes de développement, sont celles qui intègrent des exemples. Parce que ces derniers clarifient une expression parfois abstraite et permettent de vérifier la bonne compréhension et la bonne cohérence du besoin exprimé.

Le procédé de tests driven requirement n'est finalement que l'étape supplémentaire faisant des exemples utilisés au sein de l'expression des besoins un élément essentiel de la spécification : ces exemples deviennent des cas de tests pour vérifier la conformité de la réalisation par rapport au besoin ; ils permettent également de contrôler tous les cas limite.

Cette approche induit un mode de travail et de dialogue différent par rapport à l'expression de besoins classiques : tout d'abord, entre l'équipe et l'utilisateur, on dialogue moins sur la base de la signification des phrases, mais davantage sur la base du résultat attendu et visible. Le cas de test devient la mesure de la clarté et de l'exhaustivité du besoin. Par ailleurs, par rapport aux équipes de réalisation, les développeurs ne pensent plus en termes d'interprétation mais en termes de conformité de leurs développements par rapport au résultat ; si de nouveaux cas de figure apparaissent, non prévus initialement dans la spécification, ils savent se retourner vers les utilisateurs pour obtenir de nouveaux cas de test.

Finalement, nos clients pourront ainsi modifier en permanence leurs besoins et faire évoluer le périmètre du projet !

1) La réponse de l'expert **Pascal Pratmarty**, consultant indépendant et ingénieur expérimenté en développement logiciel.

La sécurité apparente d'un contrat détaillant le périmètre fonctionnel précis avant le démarrage du projet ne tient pas compte de plusieurs facteurs liés au temps. Dans nos projets, nous avons observé deux types de causes à l'apparition de nouveaux besoins ou au changement des priorités :

– un changement dans l'environnement du client (économique, concurrentiel ou stratégique) ;

– les réflexions et commentaires d'utilisateurs, alimentés par l'utilisation (ou au moins la vue) du produit en cours de développement.

Pourquoi ne pas en tenir compte?
La qualité et la régularité des contacts avec le client sont des éléments essentiels pour réactualiser la vision du produit à réaliser et éviter tout investissement déraisonnable sur une mauvaise voie. La pratique des livraisons fréquentes offre l'opportunité de profiter des retours d'utilisateurs qui expriment leurs besoins avec plus d'acuité. Sur notre projet actuel, nous proposons une nouvelle version livrable toutes les deux semaines à des « utilisateurs de référence », qui peuvent occasionnellement refuser les lots et nous aident à répondre à des préoccupations du terrain.

Finalement, nos clients pourront ainsi modifier en permanence leurs besoins et faire évoluer le périmètre du projet ! *(suite)*

Leurs retours sont traduits sous forme de nouvelles *user stories*, dont les tailles et les priorités seront mesurées relativement aux autres. Notre client peut donc faire évoluer le périmètre de son projet, mais doit alors accepter de réorganiser ses plans en reportant d'autres fonctionnalités.

2) La réponse de l'expert **Régis Medina**, consultant indépendant spécialisé dans l'accélération des projets de développement.

L'approche est conçue pour mieux s'adapter aux changements en cours de projet, par exemple lorsque le contexte business du projet oblige le client à changer les priorités, ou bien lorsque le client revoit ses demandes après que les premières versions du produit lui ont donné de nouvelles idées sur l'approche fonctionnelle à adopter.

En revanche, il ne faut pas croire que cette flexibilité est un prétexte au laisser-aller. Deux incompréhensions fréquentes méritent en effet d'être dissipées :

– Modifier les besoins ne veut pas dire avancer systématiquement par essai/erreur. On revient sur des fonctionnalités implémentées, mais dans la grande majorité des cas il s'agit de les enrichir ou les ajuster légèrement, et non pas de faire de grands retours en arrière parce qu'on s'est lancé dans le développement sans aucune réflexion sur le fonctionnel. Les erreurs ou tâtonnements sont parfois inévitables, mais il m'est aussi arrivé assez souvent d'avoir à repousser l'implémentation de fonctionnalités parce qu'il semblait que la définition de la solution n'était pas suffisamment claire, ou bien parce que les différents représentants côté maîtrise d'ouvrage n'étaient pas encore d'accord sur la solution choisie.

– Modifier les besoins ne veut pas dire fonctionner à budget variable. Dans une logique XP, on considère que l'enveloppe finale est fixe, puis on vise à en faire le maximum dans le cadre de cette enveloppe via un effort de priorisation très fin.

Une fois recueillis, les besoins sont formalisés. Il existe, là encore, différentes techniques, des plus classiques aux plus légères, le degré de formalisme variant avec la taille du projet ou des équipes, de leur proximité géographique ou de la méthodologie retenue.

Comment organiser les rôles autour du recueil des besoins ?

À chaque besoin sont associés différents contributeurs et niveaux de responsabilité : celui qui décrit le besoin, celui qui valide le besoin décrit, celui qui éventuellement contribue à la description du besoin et enfin celui qui doit être informé d'un besoin. On peut ainsi établir une matrice de responsabilités, qu'on appelle matrice RACI. La signification de cet acronyme est la suivante :

– **R** pour Responsable de la description du besoin ;

– **A** pour Approbateur, de qui R doit obtenir une approbation pour valider la description du besoin ;

– **C** pour Contributeur à qui R peut demander une contribution pour finaliser la description d'un besoin ;

– **I** pour Informé de l'existence d'un besoin ou de la description finale d'un besoin..

On obtient ainsi un tableau de rapprochement entre les besoins et les différents acteurs (tableau 3-2).

Tableau 3-2 Exemple matrice RACI

	Mme X	M. Y	M. Z	Mlle A
Besoin 1	R	A	I	C
Besoin 2		R/A	I	
Besoin 3	A	R	I	C

Dans notre exemple, le besoin 1 sera détaillé par Mme X et Mlle A qui pourra avoir une contribution ; il sera validé par M. Y ; M. Z, quant à lui, sera informé du résultat. Le besoin 2 sera traité par M. Y, qui est probablement un directeur, puisqu'il valide son propre travail.

NB : Une personne peut détenir à la fois le rôle de responsable et d'approbateur.

Ainsi, chaque besoin a un référent, source d'information et centre de décision.

Formaliser les besoins

Pourquoi formaliser les besoins ?

Traditionnellement, les besoins exprimés par les utilisateurs ou leur représentant sont formalisés dans un support documentaire linéaire, qu'il s'agisse d'un volumineux cahier des charges ou d'un mail de quelques lignes. En tout état de cause, ils sont exprimés dans un langage métier, celui des utilisateurs, en termes d'usage ou de services attendus.

Ces besoins sont ensuite pris en charge par l'équipe de réalisation puis introduits dans un cycle de fabrication ; ce cycle de fabrication comporte une succession d'étapes au cours desquelles le besoin subit plusieurs transformations et revêt la forme d'un modèle, d'une classe, de lignes de code, d'un composant technique, d'un document ou d'un scénario de test, pour devenir une fonctionnalité opérationnelle.

Comment établir un rapprochement entre des besoins initiaux et les états intermédiaires que connaissent ces besoins ? Comment introduire une communication entre des utilisateurs qui expriment ces besoins et des techniciens qui « manipulent » des concepts techniques, sachant qu'ils utilisent des supports et des outils différents ? Comment limiter les ruptures dans la chaîne de fabrication ?

L'enjeu de la formalisation des besoins est double :

1. Aucune déperdition d'information n'est acceptable aux franchissements d'étapes de la chaîne de fabrication.

   En effet, comme dans le jeu du *téléphone arabe* (ce jeu qui consiste à se transmettre rapidement une phrase de bouche à oreille entre les joueurs un par un, le premier inventant la phrase, et le dernier récitant à voix haute la phrase qu'il a entendue et comprise), chaque « passage de relais » entre les différents intervenants risque de dénaturer le besoin exprimé. Pour des raisons d'interprétation possible, de subjectivité, d'absence de clarification ou encore de non-disponibilité du client, le résultat peut être tout à fait différent.

2. La traçabilité est nécessaire.

Comment attribuer un besoin à un propriétaire ?

Sur un grand projet, notamment, le recueil des besoins peut impliquer de nombreux interlocuteurs ; l'association besoin/propriétaire est utile pour la clarification, la confrontation entre plusieurs besoins et la validation.

Comment s'assurer que tous les besoins sont traités ?

« Noyé » dans un paragraphe, dans un volumineux document de plusieurs dizaines voire centaines de pages, le besoin peut être oublié ; un document linéaire ne facilite pas, non plus, la visibilité sur les liens ou les dépendances entre besoins exprimés à des pages différentes. Comment mesurer l'impact d'un changement sur les autres besoins exprimés ?

Comment suivre le cycle de transformation de chaque besoin ?

Il est essentiel de savoir où en est le traitement d'un besoin et de pouvoir rapprocher celui-ci des classes correspondantes, par exemple, ou encore de s'assurer que chaque besoin fait bien l'objet d'un scénario de test.

Puisque les besoins évoluent, veut-on conserver l'historique des modifications ?

Dans un contexte classique, basé sur un mode relationnel contractuel entre client et équipe de réalisation, il pourra s'avérer utile de savoir qui est à l'origine du changement, quand le changement est intervenu, et pour quelles raisons. Dans le cadre d'un projet faisant intervenir de nombreux acteurs, il peut se révéler utile d'informer toutes les parties prenantes des changements survenus. Doit-on alors rédiger une nouvelle version du cahier des charges initial ?

Dans une approche agile, la traçabilité est simplifiée ; en effet, les cycles de développement sont raccourcis, le lien entre le besoin initial et la fonctionnalité livrée est rapidement établi ; la fonctionnalité livrée au client constitue ensuite elle-même le support de discussion. La formalisation est minimale et éphémère, puisque celle-ci n'est pas nécessairement conservée une fois le besoin traité et satisfait (voir ci-après, l'approche par les *user stories*).

Disposer d'un référentiel et d'un langage communs entre les différentes parties prenantes du projet apparaît nécessaire pour formaliser les besoins. Ce référentiel prendra des formes différentes selon l'approche retenue : base d'exigences, cas d'utilisation, liste de besoins grossiers ou détaillés. On privilégiera le langage de l'utilisateur, orienté autour des besoins et des fonctionnalités – c'est-à-dire le « quoi » –, le jargon technique – qui définit, lui, le « comment » –, étant réservé à l'équipe de réalisation.

L'approche IEEE[2]

La norme IEEE830-1998, « Pratiques recommandées pour la spécification des exigences logicielles (SEL) » définit un document de spécification comme un document décrivant clairement et précisément, en amont du projet, les exigences essentielles (fonctions, performance, contraintes de conception, attributs de qualité) du système/logiciel et de ses interfaces externes.

> **Définition d'une exigence**
>
> Définition de l'IEEE, l'Institute of Electrical and Electronics Engineers
>
> (A) Une condition ou capacité requise par un utilisateur pour résoudre un problème ou atteindre un objectif.
>
> (B) Une condition à satisfaire ou capacité à fournir par un composant de système de façon à honorer un contrat, un standard, ou une spécification, ou tout autre document imposé formellement.
>
> (C) Une représentation documentée d'une condition ou capacité comme définies selon (A) ou (B)
>
> (IEEE Std 1233 [1998] et l'IEEE Std 610.12 [1990])

Chaque exigence ainsi décrite :

- doit être valide (une exigence réelle) ;
- doit avoir un bénéfice qui l'emporte sur les coûts qu'elle engendre ;
- doit être importante dans la résolution du problème ;
- doit être exprimée d'une façon claire, concise et cohérente ;
- doit être non ambiguë ;
- doit être en concordance avec les standards et pratiques ;
- doit mener à un système de qualité ;
- doit être réaliste considérant les ressources disponibles ;
- doit être vérifiable ;
- doit être uniquement identifiable ;
- doit être modifiable (car elle va évoluer).

La formulation requise est la suivante :

> **Exemple**
>
> « À la demande du candidat, le système affichera son CV. »

---

2. Institute of Electrical and Electronics Engineers (IEEE), organisation à but non lucratif qui définit un certain nombre de normes dans le domaine de l'ingénierie électrique, électronique et des télécommunications.

Chaque fonction ou niveau de performance attendu, chaque besoin, est une exigence ; la base d'exigences, ainsi élaborée, constitue le référentiel commun utilisé par l'équipe de réalisation et le client.

La structure de ce référentiel est définie à chaque début de projet en choisissant les critères les plus pertinents dans son contexte pour gérer les exigences : ce sont des attributs de gestion (identifiant, source, priorité, état courant, complexité, coût estimé…) et des attributs de traçabilité (liens entre exigences, par exemple).

Cas pratique

Reprenons notre exemple décrit précédemment au paragraphe « Partager une vision ».
La vision décrivait le produit attendu avec trois caractéristiques principales : la mise en place d'un workflow, un « bureau métier » et le « versioning » de l'information de référence.
Cette vision a été déclinée en exigences fonctionnelles et non fonctionnelles, pour constituer un référentiel d'exigences (figure 3-6) :

Identifiant	Exigences	Type	Priorité	Risque	Coût estimé	Statut
F01	Le système permet d'indexer des portions de documents source en associant le type de l'information.	F	1	1	1	Fait
F02	Le système permet d'associer aux produits des remarques destinées aux équipes éditoriales.	F	3	3	2	À faire
F03	Le système permet d'indiquer si un produit est commercialisé ou non.	F	2	3	3	À faire
F04	Le système permet d'associer aux produits un prix public TTC et un prix fabricant HT.	F	1	3	3	Fait
F05	Le système permet la saisie d'un même prix avec des dates d'effet différentes.	F	1	2	3	Fait
F06	Le système permet de référencer les produits au sein de la classification standard en vigueur.	F	2	3	2	En cours
F07	Le système permet un accès unique aux différentes applications au travers de différents onglets.	F	1	3	1	Fait
NF01	La recherche d'un produit par son identifiant doit aboutir en moins de 5 secondes.	NF	3	1	3	À faire
NF02	L'accès à chaque application n'est autorisé qu'aux utilisateurs ayant les droits.	NF	2	2	2	À faire

Figure 3-6

Exemple de base d'exigences (extrait) selon la norme IEEE 830-1998

Ce référentiel est élaboré dans un fichier Excel. Il présente deux types d'exigences (fonctionnelles et non fonctionnelles) ; l'identifiant facilite la communication autour d'une exigence précise ; trois niveaux de priorités, de risques et de coût ont été définis de 1 à 3 ; un attribut de « statut » nous donne une information sur l'état d'avancement de l'exigence pour une meilleure traçabilité.

Le système est décrit avec une liste exhaustive statique de ses propriétés, de ses caractéristiques et de ses capacités, comme si on l'observait de l'extérieur.

L'exemple pris par Mike Cohn[3] nous démontre que cette description statique présente quelques inconvénients. Imaginons la description suivante :

- Le produit devra fonctionner avec un moteur à essence.
- Le produit devra être équipé de quatre roues.
- Le produit devra être équipé de pneus gomme sur chaque roue.
- Le produit devra disposer d'un volant.
- Le produit devra avoir une structure en acier.

Tout laisse supposer que le produit décrit est une voiture. Encore que des exigences complémentaires soient nécessaires pour préciser la forme, la couleur, le modèle, la puissance… de cette voiture.

Imaginons, à présent, que l'approche adoptée soit davantage orientée vers les buts et besoins de l'utilisateur :

- En tant qu'utilisateur, je veux tondre ma pelouse plus rapidement et plus facilement.
- En tant qu'utilisateur, je veux pouvoir être confortablement assis lorsque je tonds ma pelouse.
- En tant qu'utilisateur, je veux pouvoir parcourir le terrain et manœuvrer.

En analysant ces exigences orientées vers l'usage de l'utilisateur, on comprend rapidement qu'il s'agit d'une tondeuse autoportée que souhaite le client et non une voiture !

Documenter toutes les exigences d'un système en appliquant la norme IEEE présente un double inconvénient : d'une part, cela peut être fastidieux car consommateur de temps, et d'autre part on se focalise davantage sur la description du produit ou du système plutôt que sur les buts des utilisateurs. On imagine, en outre, la difficulté pour prioriser ces exigences et estimer le coût de chacune d'entre elles, compte tenu de leur degré de finesse.

Deux solutions fondées sur le fonctionnement du système ou du produit nous sont proposées ; il s'agit de techniques de formalisation plus dynamiques, l'une plus « classique », avec les cas d'utilisation (*use cases*), la seconde plus « légère », les *user stories*.

Les cas d'utilisation d'UML

Le cas d'utilisation ou *use cases* est une technique de formalisation ou de modélisation UML, recommandée, entre autres, dans la méthode du Processus unifié (*use-case driven development*).

Un cas d'utilisation (UC) décrit, d'un point de vue strictement fonctionnel, les échanges entre le système à développer et les acteurs externes (utilisateurs ou autre système), dans un contexte particulier. Il décompose l'usage qui est fait du produit ou du système à développer dans un but précis. La séquence d'étapes pour atteindre ce but est décrite dans un scénario nominal ; mais l'on doit envisager différentes séquences, selon les conditions qui peuvent varier, pour atteindre le même but ou échouer ; ce sont les scénarios d'exception ou d'échec.

3.　*http://.mountaingoatsoftware.com*

Un UC se présente généralement sous forme textuelle, même s'il est parfois représenté sous forme de diagramme de séquences ou d'activités UML. En tant que support de communication avec le client, il est important qu'il conserve sa forme textuelle qui ne nécessite aucune formation pour le comprendre et le valider.

Dispose-t-on d'un exemple de cas d'utilisation ?

La réponse de l'expert **Pascal Roques**, Consultant Senior – A2 (Artal Innovation) et formateur chez Valtech Training, auteur de *UML 2 en action*, *UML 2 par la pratique* et *Mémento UML* aux éditions Eyrolles.

L'exemple d'un cas d'utilisation décrit sous une forme textuelle est présenté ci-après (figure 3-7).

Cas d'utilisation détaillé : sommaire d'identification

Titre : Retirer de l'argent avec une carte Visa
Résumé : ce cas d'utilisation permet à un porteur de carte Visa, non client de la banque, de retirer de l'argent, si son crédit hebdomadaire le permet.

Acteurs : Porteur de CB Visa (principal), *SA Visa(secondaire)*.
Date de création : 02/03/00
Date de mise à jour : 09/11/00
Version : 2.2
Responsable : Pascal Roques

Description des enchaînements :

Préconditions

- La caisse du GAB est alimentée,
- Aucune carte bancaire n'est dans le lecteur.

Scénario nominal :

1. Le porteur de CB Visa introduit sa carte Visa dans le lecteur de cartes du GAB.
2. Le GAB vérifie que la carte introduite est bien une carte Visa.
3. Le GAB demande au porteur de CB Visa de saisir son code d'identification.
4. Le porteur de CB Visa saisit son code d'identification.
5. Le GAB compare le code d'identification avec celui codé sur la puce de la carte.
6. Le GAB demande une autorisation au système d'autorisation VISA.
7. Le système d'autorisation VISA donne son accord et indique le solde hebdomadaire.
8. Le GAB demande au porteur de CB Visa de saisir le montant désiré du retrait.
9. Le porteur de CB Visa saisit le montant désiré du retrait.
10. Le GAB contrôle le montant demandé par rapport au solde hebdomadaire.
11. Le GAB demande au porteur de CB Visa s'il veut un ticket.
12. Le porteur de CB Visa demande un ticket.
13. Le GAB rend sa carte au porteur de CB Visa
14. Le porteur de CB Visa reprend sa carte.
15. Le GAB délivre les billets et un ticket.
16. Le porteur de CB Visa prend les billets et le ticket.

Enchaînements alternatifs :

A1 : code d'identification provisoirement erroné

L'enchaînement A1 démarre au point 5 du scénario nominal.

6. Le GAB indique au client que le code est erroné,pour la première ou deuxième fois.
7. Le GAB enregistre l'échec sur la carte.
Le scénario nominal reprend au point 3.

A2 : montant demandé supérieur au solde hebdomadaire

L'enchaînement A2 démarre au point 10 du scénario nominal.

11. Le GAB indique au client que le montant demandéest supérieur au solde hebdomadaire.
Le scénario nominal reprend au point 3.

A3 : ticket refusé

L'enchaînement A3 démarre au point 11 du scénario nominal.
12. Le porteur de CB Visa refuse le ticket.
13. Le GAB rend sa carte au porteur de CB Visa
14. Le porteur de CB Visa reprend sa carte.
15. Le GAB délivre les billets.
16. Le porteur de CB Visa prend les billets.

Enchaînements d'exception :

E1 : carte invalide

L'enchaînement E1 démarre au point 2 du scénario nominal.

3. Le GAB indique au porteur que la carte est invalide (illisible, périmée, etc.), la confisque et le cas d'utilisation est terminé.

E2 : code d'identification définitivement erroné

L'enchaînement E2 démarre au point 5 du scénario nominal.

6. Le GAB indique au client que le code est erroné,pour la troisième fois.
7. Le GAB confisque la carte.
8. Le système d'autorisation VISA est informé et le casd'utilisation est terminé.

E3 : retrait non autorisé

L'enchaînement E3 démarre au point 6 du scénario nominal.

7. Le système d'autorisation VISA interdit tout retrait.
8. Le GAB éjecte la carte et le cas d'utilisation est terminé.

E4 : carte non reprise

L'enchaînement E4 démarre au point 13 du scénario nominal.

14. Au bout de 15 secondes, le GAB confisque la carte.
15. Le système d'autorisation VISA est informé et le casd'utilisation est terminé.

E5 : billets non pris

L'enchaînement E5 démarre au point 15 du scénario nominal.

16. Au bout de 30 secondes, le GAB reprend les billets.
17. Le système d'autorisation VISA est informé et le casd'utilisation est terminé.

Postconditions :

- La caisse du GAB contient moins de billets qu'audébut du cas d'utilisation (le nombre de billets manquants est fonction dumontant du retrait).

Figure 3-7

Exemple de cas d'utilisation textuel

Si l'on adopte cette technique pour formaliser les exigences, il faut savoir qu'un UC ne décrit que les exigences fonctionnelles, qu'il faudra compléter avec d'autres exigences : interfaces externes, règles métier, formats de données, performance… Alistair Cockburn[4] considère le cas d'utilisation comme le « moyeu d'une roue » et les autres types d'exigences comme « des rayons partant dans des directions différentes » (figure 3-8).

Figure 3-8

Modèle « moyeu-rayons des exigences »

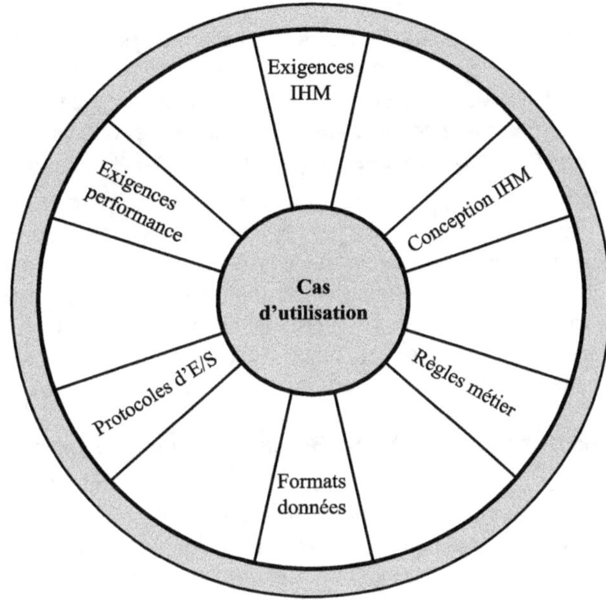

L'approche par les user stories

Une *user story* est une exigence du système à développer, formulée en une ou deux phrases dans le langage de l'utilisateur pour servir un but ; sa granularité doit permettre à l'équipe de réalisation d'estimer son coût et de la réaliser entièrement au cours d'une itération.

Non seulement leur formalisme n'est pas imposé, mais en outre, on ne rédige rien ; les user stories sont un pense-bête qui retrace, souvent sur une fiche bristol ou un Post-it, les échanges en face à face menés avec le client.

L'avantage des user stories est qu'elles facilitent la démarche en deux temps ; générales et grossières au début, elles s'enrichissent, ensuite, non pas de détails superflus, mais d'exemples, de notes et de cas de tests, au moment où elles sont traitées. Elles facilitent la communication, l'échange, l'ajout ou la suppression de détails.

---

4. Alistair Cockburn, *Rédiger des cas d'utilisation efficaces*, Eyrolles, 2001.

Existe-t-il un modèle de user story ou de scénario client ? Dispose-t-on d'un exemple ou deux ?

1) La réponse de l'expert **Pascal Pratmarty**, consultant indépendant et ingénieur expérimenté en développement logiciel.

Examinons l'exemple suivant d'une application web de recherche d'emploi : « En tant que recruteur, je dois pouvoir être notifié par e-mail aussitôt qu'un utilisateur enregistre un profil correspondant à mes critères. » Cette phrase est claire pour le client, décrit un scénario testable et orienté utilisateur. C'est un bon début !

Avec l'écriture des premières stories, il convient de déterminer un vocabulaire commun entre l'équipe et le client ou son représentant : quels sont les concepts métiers manipulé ? Les différents types d'utilisateurs du système ? Leurs perspectives et possibilités d'action autour de ces concepts ? Considérez ce vocabulaire comme une langue vivante en miniature, qui doit s'enrichir au gré des nouveaux besoins du projet. D'excellents ouvrages traitent de ce sujet en profondeur.

Afin d'en faire une unité de base pour la planification itérative, une formule courte et simple doit synthétiser l'essence de chacun de ces mini-contrats fonctionnels. Nous conservons habituellement toute information relative à un contrat au dos de la carte. Elle ne prendra toute son importance qu'à l'approche de l'itération, d'abord pour aider à l'estimation de la taille de la story, puis pour l'écriture des tests d'acceptance qui formeront l'ensemble des objectifs concrets et mesurables à atteindre.

2) La réponse de l'expert **Laurent Bossavit**, président de l'association Agile France.

Il n'existe pas de « modèle » au sens « modèle de document », car c'est précisément ce dont eXtreme Programming se déleste. Un scénario client, c'est simplement une fiche cartonnée portant quelques mots qui identifient une exigence, une conversation entre le client et les développeurs, puis enfin un test de recette permettant une confirmation que l'exigence a bien été prise en compte (ce sont les « 3 C » – carton, conversation, confirmation, de Ron Jeffries).

Pour autant, l'élaboration de la liste des scénarios client (beaucoup, peut-être la plupart, connus en début de projet, puis certains découverts au fur et à mesure) demande de l'attention, et des outils existent pour s'assurer de la pertinence des scénarios client envisagés.

L'acronyme INVESTrappelle les critères qui font d'un scénario client un... bon investissement :

– I pour Indépendant : lorsque le client peut en toute liberté décider de l'ordre dans lequel les scénarios sont implémentés, sans qu'interviennent des contraintes techniques, il est plus facile d'optimiser la valeur du projet. Bons exemples : « Je peux consulter la liste des factures émises » ; « Je peux trier les factures par date » ; « Je peux consulter la liste des clients ». Mauvais exemples : « Créer un contrôle permettant d'afficher des listes avec tri sur une colonne quelconque » ; « Créer la liste des factures » ; « Créer la liste des clients ».

– N pour Négociable : un bon scénario fait état d'un objectif à atteindre, les détails d'implémentation pouvant être négociés en cours de route entre clients et développeurs. Ce n'est pas une description explicite d'une solution particulière. Bon exemple : « Je peux connaître le montant total des factures impayées ». Mauvais exemple : « Lorsque je clique sur le bouton "Total", une ligne est rajoutée à la liste des factures avec le montant total des impayés ». Dans le premier exemple, les développeurs ont la latitude d'imaginer une solution plus efficace, par exemple un calcul en temps réel.

– V pour Vertical : un bon scénario décrit une fonctionnalité complète de l'application, dont le client peut en soi apprécier l'intérêt. Lorsqu'il concerne une seule « couche » de l'application, on parle de scénario horizontal, il faut alors chercher un meilleur découpage. Mauvais exemples : « Créer le modèle d'objets métier correspondant à la facturation » ; « Créer l'interface graphique pour les fonctions de facturation » ; « Créer le schéma de base de données pour la facturation ». Bon exemple : un découpage qui fait apparaître comme scénarios distincts les différents services rendus par le module de facturation.

– E pour Estimé : pour que les scénarios client puissent servir de base à la planification, on doit connaître leurs coûts d'implémentation, ou au moins une estimation. S'il est difficile de donner une estimation, c'est que le scénario est trop vague. Bon exemple : « Implémenter les règles métier R1, R2 et R3 ». Mauvais exemple : « Garantir le respect des règles de gestion selon la législation en vigueur. »

– S pour Suffisamment petit : toujours pour faciliter la planification, les scénarios doivent être réalisables en assez peu de temps pour que l'équipe de développement puisse en planifier plusieurs dans la même itération. Si les développeurs estiment le temps nécessaire pour la réalisation d'un scénario à une itération entière, il faut découper le scénario. Mauvais exemple : « Réaliser le module de facturation ».

– T pour Testable : un excellent moyen pour s'assurer que tout le monde, client et développeurs, comprend ce que recouvre un scénario consiste à se demander comment on va le tester. Une question qu'il est utile de poser : « Le développeur nous dit qu'il vient de réaliser le scénario en moins de cinq minutes ; on pense qu'il se fiche de nous. Comment le prendre en défaut ? »

Cet aide mémoire, de même que d'autres outils, bons réflexes ou démarches de questionnement, font partie des compétences qui peuvent rendre plus efficaces le travail sur les scénarios client.

On peut s'interroger sur leur durée de péremption et le manque de traçabilité les caractérisant, mais l'objectif est précisément de détruire ces fiches ; seuls la fonctionnalité réelle et le code commenté documentent le produit.

L'inconvénient en est que la démarche par user stories fonctionne bien si le client est à proximité et disponible.

Rassemblées dans un référentiel unique, elles constituent le *product backlog*.

Quelle technique choisir : user story ou use case ?

Le tableau 3-3[5] présente les différences majeures entre les deux techniques.

Le choix de la technique (*user story* ou *use case*) dépend fortement du contexte et de la méthodologie adoptée.

On insistera davantage sur la formalisation dans le cadre de projets où l'équipe est dispersée géographiquement ; au contraire, si le client est disponible et le nombre d'interlocuteurs réduit, la user story est parfaitement adaptée.

---

5. Voir http://www.qualitystreet.fr/

Tableau 3-3 Différences entre user stories et use cases

User story	Use case
Est une brève description d'une fonctionnalité telle que vue par l'utilisateur (définition).	Représente une séquence d'actions qu'un système ou toute autre entité peut accomplir en interagissant avec les acteurs du système (définition).
Format écrit **court**, laissant la part belle à la **discussion orale**.	Format écrit **très riche en informations** (pré-conditions, événement déclencheur, scénario principal, alternatives…). Peu de place à l'oral.
Peut être une **partie d'un use case** (le scénario principal ou une alternative).	Est la somme d'un scénario principal et de diverses alternatives (variations, cas d'erreur…).
Utilisée, certes, en tant que spécification, mais **surtout** pour **l'estimation de la planification**.	Utilisée seulement en tant que spécification.
Émergence rapide au travers d'ateliers collaboratifs.	**Long travail d'analyse et de formalisation**.
Grande lisibilité, du fait de sa simplicité.	Peut souvent manquer de lisibilité (volume).
Mode **oral** et **collaboratif**.	Mode **écrit** et souvent **distant**.
Très facile à maintenir (format fiche, court, indépendant).	Plus difficile à maintenir (dans le cas de documents volumineux).
Implémentée et testée **en une itération obligatoirement**.	Implémenté et testé en plusieurs itérations.
Écrite facilement par un utilisateur ou un client (accompagné dans sa démarche).	**Souvent rédigé par des *user proxies*** (représentants de l'utilisateur : AMOA, analyste…), rarement par le client ou l'utilisateur final.
Contient des tests d'acceptation (au dos de la carte) → implication des testeurs.	Ne contient pas les cas de test qui en découlent → pas d'implication des testeurs.
Difficile à lier les unes aux autres. Absence de vue globale.	**Liaison et vision globale facilitées** : au travers du diagramme des cas utilisation qui relie les use cases entre eux (dépendances).
Associée historiquement à l'**eXtreme Programming** et aux **méthodes agiles**.	Associé historiquement au processus unité.
Un auteur de référence : **Mike Cohn**.	Un auteur de référence : **Alistair Cockburn**.

Le product backlog

Dans une méthode agile, le référentiel qui regroupe l'ensemble des besoins/exigences ou des livrables à réaliser est un product backlog[6] (PB) : il constitue la « file d'attente » ou le portefeuille des fonctionnalités qui seront sélectionnées au fur et à mesure, au cours de chaque itération ; il regroupe tout ce qu'il y a à faire.

---

6. La locution *product backlog* est spécifique à la méthode Scrum mais le principe qu'elle recouvre est commun aux méthodes agiles dans leur ensemble. Celle d'*user story* est propre à XP mais est utilisée également par Scrum.

Les composants de cette liste sont les *product backlog items* (PBI), des descriptions de haut niveau des fonctionnalités, qui s'affineront au fur et à mesure de l'avancement du projet ; ce peut être des user stories, des cas d'utilisation…

Les PBI sont hiérarchisés dans le product backlog par le client en fonction de leur valeur ajoutée. Le PB est donc un référentiel évolutif, élaboré avec une démarche de recueil dynamique, d'une part parce qu'au fil du projet, de nouvelles user stories peuvent être ajoutées et d'autres reportées, annulées, subdivisées, d'autre part parce qu'il recense également les demandes de changements, défauts, évolutions qui viennent, en cours de route, alimenter la liste des travaux à réaliser.

Les PBI qui ne seront traités qu'ultérieurement peuvent rester à l'état macroscopique, l'équipe se focalisant sur les plus prioritaires. Cela laisse au client la possibilité de décider, le plus tard possible, de l'implémentation de telle ou telle story, en fonction de ses priorités et des informations plus récentes dont il disposera ; cela offre à l'équipe de réalisation l'avantage de livrer un produit qui « colle » au plus près aux priorités.

Le PB est sous la responsabilité du seul représentant du client, le *product owner* (Scrum), qui agit comme véritable interface de communication entre l'équipe et le client.

Cas pratique

Reprenons notre exemple décrit plus haut au paragraphe « Partager une vision » : nous avons vu comment la vision pouvait se décliner en exigences fonctionnelles et non fonctionnelles ; voyons maintenant (figure 3-9) comment elle peut se décliner en user stories.

Product Backlog (extrait)

	Niveau 1 de granularité	Niveau 2 de granularité	Priorité	Risque	Valeur	Effort
Stories affinées, mieux analysées	UC-01: Renseigner les caractéristiques produit	Indexer une portion de document source	M	1		1
		Enrichir le thésaurus avec un nouveau terme d'indexation	S	2		2
		Associer une remarque éditoriale à une fiche produit	C	3		2
		Optimisation des temps de recherche	S	1		3
	UC-02: Renseigner les données économiques	Saisir le prix public avec sa date d'effet	M	2		3
		Indiquer une date de commercialisation pour le produit	M	3		3
		Masquage / affichage des champs en fonction du type de produit	C	2		2
		Refonte de la mise en page	W	1		1
	Bureau métier	Interface de connexion des composants applicatifs	M	2		1
		Intégration "to do list"	S	3		3
		Gestion de l'authentification	C	3		2
Stories de haut niveau, moins analysées	UC-03: Produire les annexes		M	2		1
	UC-04: Gérer les publications		M	2		2
	UC-05: Produire les tableaux de bord		S	3		2

Figure 3-9

Exemple de product backlog (extrait)

Dans notre exemple, on distingue les PBI qui sont prioritaires (dans la partie supérieure du tableau) de ceux qui seront traités ultérieurement (dans la partie inférieure).

Les PBI de haut niveau sont, ici, des cas d'utilisation (colonne *Niveau 1 de granularité*), décomposés ensuite en items plus fins (colonne *Niveau 2 de granularité*). Ce niveau de raffinement concerne les 20 % d'items qui seront prochainement traités.

Dans la colonne *Priorité*, les items sont hiérarchisés sur l'échelle de Moscow ; la colonne *Risque* indique un niveau de complexité technique ; la colonne *Valeur* précise l'importance de l'item pour le client et, enfin, la colonne *Effort* estime, pour chaque item, l'effort d'implémentation. Il ne s'agit pas d'une valeur absolue, mais d'un ordre de grandeur relatif. (Ces éléments de qualification et de hiérarchisation sont détaillés ci-après dans le paragraphe « Hiérarchiser les besoins ».)

Quelle que soit la technique utilisée, une fois le product backlog ou le référentiel d'exigences renseigné, il s'agit de déterminer les priorités.

Hiérarchiser les besoins

L'un des motifs d'échec de nombreux projets réside dans le fait que les fonctionnalités ne sont pas développées par ordre de priorité ; en effet, dans une approche classique, le planning est établi en amont du projet avec la certitude que tous les besoins recensés seront satisfaits. Partant du principe que le périmètre est défini et figé, l'équipe hiérarchise et planifie ses activités, non pas en fonction de la valeur ajoutée pour le client, mais de considérations techniques. Si elle prend du retard (ce qui est, hélas, souvent le cas !), elle sera tentée de faire l'impasse sur certaines fonctionnalités, peut-être plus importantes pour le client que celles déjà développées.

Si l'on admet que l'on a rarement assez de temps pour tout faire, que des changements surviennent inévitablement au cours d'un projet, il faut, dès lors, qualifier et valoriser les besoins pour les prioriser afin de faciliter les arbitrages sur les modifications de périmètre.

Comment valoriser les besoins ?

On dispose de plusieurs modèles, disponibles quelle que soit l'approche retenue ; il y a cependant des questions incontournables à se poser :

- « Quel est le bénéfice financier à développer cette fonctionnalité ? »

- « Quel est le coût de développement ? De maintenance ? De formation des utilisateurs ? » ; « Quel est le coût d'un changement ? »

- « L'implémentation de cette fonctionnalité nous permet-elle d'apprendre ou de développer de nouvelles compétences ? »

- « Cette fonctionnalité nous expose-t-elle à davantage de risques ? Ou, au contraire, nous permet-elle de nous confronter au risque ? »

- « Cette fonctionnalité va-t-elle impacter les processus métier ? »

- « Cette fonctionnalité va-t-elle améliorer la productivité de mon personnel ? »

- « Cette fonctionnalité va-t-elle susciter de la frustration ou de la résistance ? »

- « Quel est le préjudice si cette fonctionnalité n'est pas implémentée ? »

Ces questions sont autant de facteurs à prendre en considération pour la priorisation des besoins.

Le bénéfice financier attendu

Facile à évaluer pour un produit commercial, le bénéfice financier ou le retour sur investissement sont souvent difficiles à chiffrer pour un produit à usage interne, surtout lorsqu'il n'y a pas de ventes supplémentaires ou de nouveaux clients à la clé. On peut quantifier le taux d'insatisfaction ou le préjudice subi si une fonctionnalité n'est pas implémentée, ou encore évaluer l'amélioration de la productivité (économies sur le temps passé sur certaines tâches) ou la réduction de coûts directs (papier, déplacements...).

Le coût de développement estimé

Le coût d'une fonctionnalité est évidemment un facteur déterminant, d'autant que celui-ci peut évoluer selon le moment où la fonctionnalité est développée, en fonction des impacts sur le reste du produit. « A-t-on intérêt à l'implémenter aujourd'hui ou plus tard ? » La réponse est qu'il faut implémenter les fonctionnalités coûteuses le plus tard possible, lorsqu'on a une meilleure maîtrise du produit, une meilleure visibilité, une meilleure productivité, pour éviter, ainsi, le risque d'avoir à revenir en arrière. Mais ce report signifie aussi tenir compte du ratio coût/valeur.

L'opportunité d'apprentissage pour l'équipe

Sur bon nombre de projets, un effort important est consacré à la montée en compétences et à la recherche d'une meilleure connaissance de la technologie, du domaine métier, des bonnes pratiques... et des fonctionnalités à développer. Plus l'apprentissage est rapide, plus l'équipe est productive, plus les coûts et les risques sont réduits. Les fonctionnalités qui lèvent les incertitudes liées à la découverte sont donc prioritaires.

Le risque de développement

Nombre de risques sont liés à cette méconnaissance évoquée plus haut. Faut-il implémenter les fonctionnalités les plus risquées, au détriment de la valeur ajoutée pour le client ? Faut-il, au contraire, focaliser sur la satisfaction du client en reportant la confrontation au risque ? Il est important de mettre en balance les deux aspects (figure 3-10).

Ainsi, les fonctionnalités à forte valeur ajoutée seront prioritaires ; au sein de ce groupe, celles qui sont le plus risquées seront développées avant celles qui sont le moins risquées. Celles qui ont peu de valeur et sont très risquées seront reportées voire éliminées.

Figure 3-10

La hiérarchisation des fonctionnalités en fonction des risques et de la valeur[a]

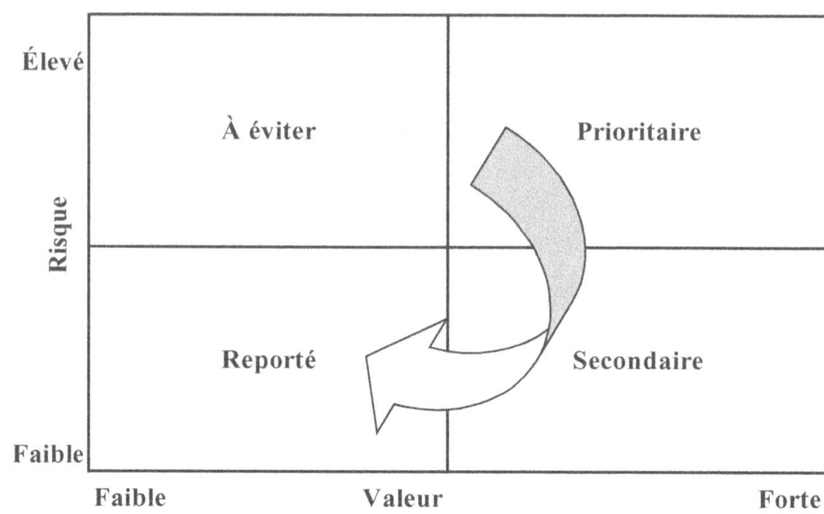

a. Mike Cohn, *Agile estimating and planning*, Prentice Hall, 2004.

Considérer chaque facteur indépendamment n'est pas suffisant, il faut les combiner entre eux et surtout trouver un consensus avec le client sur le protocole de valorisation des exigences.

Des modèles de hiérarchisation proposent de combiner ces différents facteurs, en confrontant la valeur d'une exigence pour le client ou son niveau de satisfaction avec le coût de développement et le risque associé. Ce sont les *modèles de Kano*, de *Wiegers* ou la *méthode Moscow* présentés ci-après, qui privilégient la satisfaction du client.

Le degré de satisfaction du client

Comment livrer un produit satisfaisant si l'on n'a pas, au préalable, cartographié ce qui est considéré comme satisfaisant par le client lui-même ? C'est ce que proposent les trois modèles présentés ci-après.

Le modèle de Kano

Le *modèle de Kano* propose de classifier les exigences en trois catégories : *obligatoires*, *exprimées et latentes*, et de mesurer leur corrélation avec la satisfaction du client (figure 3-11).

- Les exigences obligatoires ou « forfait de départ » : souvent implicites, ces exigences sont basiques et doivent impérativement être satisfaites. Une impasse sur ces exigences créera, assurément, une frustration et un mécontentement chez le client. En revanche, améliorer la qualité ou la performance de cette exigence aura peu d'effet positif, et la satisfaction du client ne dépassera pas le point central de la matrice (exemple : « Sur un site de recrutement, je peux consulter des offres d'emploi. »).

Figure 3-11

*Le modèle
de Kano*

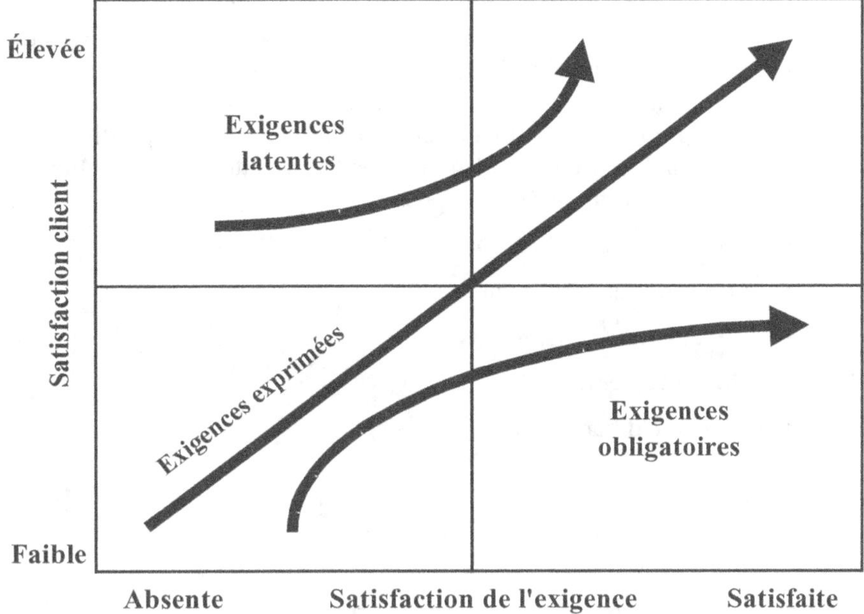

- Les exigences exprimées : le besoin est exprimé par le client ; sa satisfaction est proportionnelle au niveau de performance de la fonctionnalité ; le prix aussi, d'ailleurs. Si la fonctionnalité ne répond pas précisément à son besoin, le client sera insatisfait (exemples : « Sur ce même site de recrutement, je peux consulter des offres d'emploi récentes. » ; « Je peux rechercher des offres avec plusieurs critères. »).

- Les exigences latentes : les exigences latentes correspondent à des besoins émergents, pas vraiment exprimés voire inconscients, qui créent « l'heureuse surprise » et ont un effet très positif sur la satisfaction du client. En revanche, la satisfaction ne diminuera pas si ces besoins ne sont pas satisfaits (exemple : « Sur ce même site de recrutement, je peux directement consulter des offres ciblées en fonction de mon profil et de l'historique de mes recherches. »).

La priorité doit porter sur les exigences obligatoires (pas nécessairement dans les premières itérations mais dans la première version du produit), puis sur les exigences exprimées, qui ont des conséquences directes sur la satisfaction du client, et enfin sur quelques exigences latentes.

> **Attention**
>
> Avec le temps et l'évolution technologique, les exigences latentes ont tendance à devenir des exigences exprimées voire obligatoires ! Une caméra intégrée au téléphone portable est aujourd'hui un « must ».

Comment déterminer le type de chaque exigence ?

On ne doit pas présumer de l'importance de telle ou telle fonctionnalité pour l'utilisateur ; son appréciation est essentielle. Par conséquent, il est fortement conseillé de mener une enquête auprès d'un échantillon représentatif d'utilisateurs pour obtenir cette échelle de valeur, en leur posant deux questions sur chacune des fonctionnalités : « Que pensez-vous du produit s'il contient cette fonctionnalité ? » (question fonctionnelle) et « Que pensez-vous du produit s'il ne contient pas cette fonctionnalité ? » (question dysfonctionnelle). Cinq réponses sont possibles :

- « Cela me ferait plaisir. »

- « Ce serait un minimum. »

- « Je n'ai pas d'avis. »

- « Je l'accepterais. »

- « Cela me dérangerait. »

Fonctionnalité n

Si cette fonctionnalité était présente, que ressentiriez-vous ?		
	« Ça me ferait plaisir »	
	« Ce serait un minimum »	X
	« Je n'ai pas d'avis »	
	« Je l'accepterais »	
	« Ça me dérangerait »	

Si cette fonctionnalité n'était pas présente, que ressentiriez-vous ?		
	« Ça me ferait plaisir »	
	« Ce serait un minimum »	
	« Je n'ai pas d'avis »	
	« Je l'accepterais »	X
	« Ça me dérangerait »	

Question fonctionnelle	Question dysfonctionnelle				
		Plaisir	Minimum	Neutre	Acceptation	Dérangement
Plaisir	?	L	L	L	E
Minimum	R	I	I	I	O
Neutre	R	I	I	I	O
Acceptation	R	I	I	I	O
Dérangement	R	R	R	R	?

O Obligatoire   **R** "Reverse" (Inversée)

E Exprimée   **?** Incertaine

L Latente   **I** Indifférente

Figure 3-12

La classification des exigences

La figure 3-12 indique le statut des fonctionnalités en fonction de la combinaison des réponses apportées par un utilisateur. On retrouve les trois types vus ci-dessus et trois nouvelles catégories : *indifférente, incertaine, inversée.*

Les exigences indifférentes ne préoccupent pas l'utilisateur.

Pour les exigences incertaines, il n'est pas aisé de démontrer leur utilité pour l'utilisateur.

Quant aux exigences inversées, il s'agit d'une fonctionnalité dont le client attend l'inverse de celle proposée.

Une fois les réponses de tous les utilisateurs consolidées, la synthèse donne, pour chaque exigence, la fréquence de chaque catégorie et fournit un outil d'aide à la décision quant à l'ordre d'implémentation des fonctionnalités : toutes les exigences obligatoires doivent être implémentées, le maximum d'exigences exprimées ainsi que quelques exigences latentes, pour séduire le client, dès les premières livraisons.

La méthode des poids relatifs

Une autre approche est intéressante, celle de Karl Wiegers, nommée la *méthode des poids relatifs* (*Relative weighting*).

Tableau 3-4 L'approche des poids relatifs pour la priorisation des exigences

Exigence	Bénéfice relatif A	Préjudice relatif B	Valeur totale C	% Valeur D	Coût estimé E	% Coût F	Priorité
Exigence A	5	2	7	22,5	20	27,8	0,81
Exigence B	8	9	17	55	45	62,5	0,88
Exigence C	1	6	7	22,5	7	9,7	2,31
Total	14	17	31 C'	100	72 E'	100	

Le principe de l'approche est d'évaluer, pour chaque item (exigence, story…), d'une part le bénéfice relatif de son implémentation, sur une échelle de 1 à 9 (1 = peu de valeur, 9 = bénéfice maximal), d'autre part le préjudice relatif si la fonctionnalité n'est pas implémentée (1 = faible préjudice, 9 = préjudice maximal).

Les deux valeurs (A + B) sont additionnées pour déterminer la valeur d'une exigence. Chaque exigence a donc un poids dans la valeur globale du produit (poids = valeur exigence/valeur totale, soit D = C/C').

La colonne suivante (E) nous donne une estimation du coût de développement de chaque exigence, qui représente également un certain pourcentage par rapport au coût global de développement de toutes les fonctionnalités (poids = coût exigence/coût global, soit F = E/E').

La dernière colonne est calculée en divisant le pourcentage de la valeur par le pourcentage du coût de chaque exigence (priorité = % valeur/% coût, soit D/F). Les chiffres les plus élevés représentent les plus hautes priorités, car elles créent davantage de valeur qu'elles ne coûtent au projet.

Des variantes à la méthode proposent de prendre également en compte le risque associé à chaque exigence et de l'inclure dans la formule finale (valeur/(coût + risque)), ou encore de pondérer chaque valeur (on peut considérer que le bénéfice client est deux fois plus important que le préjudice).

La méthode MOSCOW

La méthode MOSCOW ou FISPE (Fonctions indispensables, souhaitables, possibles, éliminées) propose une échelle de hiérarchisation des besoins où les lettres ont la signification suivante :

- M pour « Must have » (Indispensable) qui sont les exigences fondamentales du produit, qui le rendent inutilisable si elles ne sont pas développées. Elles définissent le sous-ensemble minimal utilisable que l'équipe s'engage à réaliser.

- S pour « Should have » (Souhaitable) qui désigne les besoins importants, mais non fondamentaux pour que le système fonctionne ; dans un contexte de délais contraignants, ils sont secondaires par rapport aux « M ».

- C pour « Could have » (Possible) sont des besoins recensés mais considérés comme un confort supplémentaire au fonctionnement du système.

- W pour « Want to have but Won't have » (souhaité mais non réalisable pour le moment, donc Éliminé) sont les besoins non prioritaires qui sont reportés à des versions ultérieures.

- Les O ne sont que des objets de liaison pour l'acronyme.

Ce qu'il faut retenir

Le recueil des besoins est une activité complexe mettant en situation des acteurs qui ont des langages différents et qui n'ont pas les mêmes points de vue sur le produit à développer.

L'objectif est donc de faciliter la communication et la coopération entre le client et l'équipe de réalisation afin qu'ensemble ils développent le produit le plus conforme aux attentes des utilisateurs, sans oublier son ergonomie.

Tout d'abord, il est essentiel qu'une vision soit partagée par tous sur l'objectif, la portée et les enjeux du projet.

Il est également important que le client s'implique activement dans le recueil des besoins tout au long du projet ; en effet, le recueil n'est pas qu'une phase en amont du projet à l'issue de laquelle tous les besoins seraient recensés, mais une activité itérative qui fait émerger les besoins de plus en plus précis au fur et à mesure que le client visualise les fonctionnalités implémentées.

Le périmètre de ses exigences peut donc évoluer, puisque des aléas, des contraintes, de nouvelles priorités peuvent surgir et l'amener à ajuster ses besoins. Pour faciliter les arbitrages, des modèles proposent des techniques pour valoriser et prioriser ces exigences (Kano, Wiegers, Moscow...).

Il existe différentes techniques pour le recueil des besoins, de même que pour leur formalisation (la norme IEEE, les user stories ou les cas d'utilisation, par exemple) ; ce qui est fondamental, c'est de disposer d'un référentiel unique, support à la communication entre les acteurs, et orienté vers les buts des utilisateurs.

4

Planifier son projet

Les choses se passent dans la vie comme au jeu d'échecs : nous combinons un plan ;
mais celui-ci reste subordonné à ce qu'il plaira de faire, dans la partie d'échecs
à l'adversaire, dans la vie au sort. Les modifications que notre plan subit à la suite sont,
le plus souvent, si considérables que c'est à peine si dans l'exécution il est encore
reconnaissable à quelques traits fondamentaux.

Arthur Schopenhauer (Aphorismes sur la sagesse dans la vie,
Quadrige n° 45, PUF, trad. J.-A. Cantacuzène, p. 147).

Les activités de planification sont sans doute les plus difficiles et les plus critiques pour le chef de projet : en effet, à partir de son estimation initiale, il engage son équipe, son organisation, son client… et lui-même. Et, à tort, on confond trop souvent estimation et engagement !

Un plan répond à la question « Comment atteindre l'objectif de satisfaction du client ? » ; le « plan de route » ou « plan de vol », ainsi élaboré, prévoit le processus, les étapes, les ressources, le délai et le budget du projet, en se basant sur les besoins recueillis.

Au départ, une estimation donne l'effort nécessaire ou la quantité de travail à fournir et la durée du projet ; elle est ensuite affinée pour procéder à la planification des éléments dans le temps et à l'établissement du budget.

Cette estimation initiale est donc décisive ; or, les techniques d'estimation n'étant pas des sciences exactes, il n'existe aucune recette miracle, fiable à 100 %, compte tenu du degré d'incertitude qui caractérise les projets, en particulier ceux de développement logiciel.

S'il y a bien un sujet qui distingue les méthodes agiles des méthodes traditionnelles, c'est précisément leur posture face à l'incertitude des projets et du changement, et donc leur approche de la planification, radicalement différente : une approche traditionnelle se caractérise par l'élaboration d'un plan et la recherche perpétuelle de la conformité à ce plan, alors qu'une démarche agile est attachée à l'adaptation au changement.

Pourquoi planifier ?

Un plan est avant tout un outil d'aide à la décision. Le plan initial éclaire les décideurs sur l'investissement à engager : ce que le projet va coûter, la date à laquelle on disposera du produit final, la façon dont, grossièrement, va se dérouler le projet, les personnes qui vont y être associées… Du plan peuvent dépendre d'autres activités : la fixation d'objectifs commerciaux, le vote d'un budget, la communication sur le nouveau produit, le plan de formation, la future organisation des utilisateurs, l'exploitation du produit…

Un plan rassure : il donne un cadre de référence pour avancer. Imaginons un automobiliste en partance pour Marseille depuis Paris : il sait a priori s'il va passer par Lyon ou Clermont-Ferrand, il a estimé la durée et le coût indicatifs de son parcours, en fonction de son choix de prendre l'autoroute ou la route nationale. Il est en mesure de donner son heure d'arrivée approximative. Mais son plan de route n'est pas figé : si, sur son chemin, il rencontre des embouteillages, il pourra suivre un itinéraire de délestage ; s'il ressent de la fatigue, il pourra décider de faire une halte à mi-parcours et de reprendre la route le lendemain.

Le plan, avec les échéances principales, permet au client de programmer ses actions futures en fonction des dates de livraisons prévisionnelles et de planifier sa disponibilité pour les tests ou les validations.

Enfin, il rassure la hiérarchie sur les modalités de conduite de projet et prépare la gestion des ressources et les modalités de contrôle.

Dans une démarche prédictive, il « rassure », parce qu'on demande au chef de projet de s'engager sur ce plan, permettant ainsi à chacun de s'y référer si besoin.

Un plan est un outil de pilotage : grâce à ce « plan de vol », le chef de projet met en place les instruments de mesure qui l'aideront à savoir si le projet avance dans de bonnes conditions pour atteindre l'objectif. Si, d'aventure, le plan initial n'est pas bon, il fait précisément ressortir les écarts qui nécessiteront de lancer des actions correctives (prédictif) ou d'apporter des adaptations (agile). L'élaboration du plan permet de poser un certain nombre de questions, par exemple sur les technologies ou le processus utilisés, ou encore le profil des collaborateurs, et par conséquent d'identifier des risques potentiels, non détectés au départ.

Un plan est un support de communication : le plan donne les moyens de discuter, de négocier le périmètre, les coûts, les délais et les engagements des uns et des autres.

Il donne à toutes les parties prenantes une visibilité sur la prospective du projet ; s'y référer donnera une visibilité sur son (bon) déroulement.

Pourtant, Dwight David Eisenhower n'a-t-il pas dit : « Les plans ne sont rien ; c'est la planification qui compte. » ?

Sans plan, personne ne sait quand ni comment l'objectif sera atteint ; les dates ne sont ni précises ni respectées par la suite ; la gestion est approximative, les décisions souvent prises dans l'urgence ; les ressources ne sont pas efficacement allouées ; les engagements ne sont pas fixés ni honorés, les budgets sont dépassés. Au final, le client n'est pas satisfait et le projet risque d'échouer. La question n'est donc pas de savoir si l'on établit ou pas un plan, mais : « Quelle stratégie de planification doit-on adopter ? » et « Comment mettre en œuvre cette stratégie de planification ? ».

Les réponses à ces deux questions sont précisément très différentes, selon que l'on suit une approche classique ou une approche agile.

Définir sa stratégie de planification

La vision présentée précédemment résume le problème, le besoin, l'orientation générale du projet, en précisant là où nous sommes et là où nous voulons aller.

Les deux étapes suivantes consistent, d'une part, à évaluer les moyens, c'est-à-dire l'enveloppe globale du projet pour atteindre l'objectif et, d'autre part, à planifier « le chemin », les étapes, pour y parvenir.

Quelle que soit l'approche adoptée, la première étape est incontournable parce que nous devons définir un budget ; celui-ci sera négocié, adapté… mais il reste un élément fondamental pour notre hiérarchie ou nos clients qui décident et arbitrent des budgets de moins en moins disponibles. Les techniques sont diverses, plus ou moins scientifiques, mais présentent toutes un intérêt selon le contexte du projet.

La seconde étape est différente selon l'approche adoptée : l'une, très prédictive, considère le plan initial comme la référence qui est aussitôt détaillée pour constituer un engagement de l'équipe ; l'autre, plus empirique, donne au plan initial une valeur moins contractuelle ; c'est une base qui sera affinée au fur et à mesure de l'avancement du projet.

L'approche prédictive : tout planifier au début

Des efforts considérables sont souvent déployés pour établir un plan aussi détaillé que possible incluant les activités, leur séquencement, leur durée, leur coût. Dans cette démarche, on considère que plus grande est la maîtrise du travail à effectuer, du temps et des ressources, plus le succès du projet est assuré ; le succès se mesurera, en effet, à la conformité du résultat au plan initial : une fois tous les éléments intégrés au plan, ceux-ci ne doivent, si possible, plus bouger. Le chef de projet dédiera une bonne part de son temps au respect et à la mise en œuvre de ce plan, et il combattra la résistance à tout changement.

Plus modérément, comme rien ne se passe jamais exactement comme on l'a prévu, le plan peut être mis à jour, en tenant compte des analyses régulièrement faites sur l'avancement du travail réalisé et des projections sur le travail qui reste à faire, ou encore d'un changement pouvant intervenir dans l'environnement du projet : technologie, finance, concurrence, stratégie de l'entreprise…

Même dans un cycle traditionnel, on ne fait pas un planning détaillé pour tout le projet mais seulement un planning directeur des phases et un planning détaillé de la phase qui suit. En revanche, on cherche bien à figer tout le besoin au plus tôt.

> Une sous-estimation initiale entraîne un sous-effectif et des retards assurés et/ou une dégradation de la qualité globale des livrables ; à l'inverse, une surestimation, pratiquée parfois pour le confort de l'équipe, augmente le coût et la durée du projet, car les marges de sécurité sont toujours consommées. C'est la théorie « des gaz parfaits ».

Les méthodes agiles ont préconisé une approche plus adaptative, consistant à planifier au fur et à mesure de l'avancement du projet.

L'approche adaptative : planifier au fil de l'eau

On a vu que dans une approche classique le projet est un « monolithe ». Dans une approche agile, le projet est envisagé comme une évolution permanente face aux incertitudes, aux contingences du projet, au feedback souhaitable du client.

Considérant que l'horizon est plus ou moins prévisible, une zone de bonne prévisibilité s'étale de quelques heures environ à un mois au maximum ; au-delà, la prévisibilité devient incertaine, puis totalement impossible (figure 4-1).

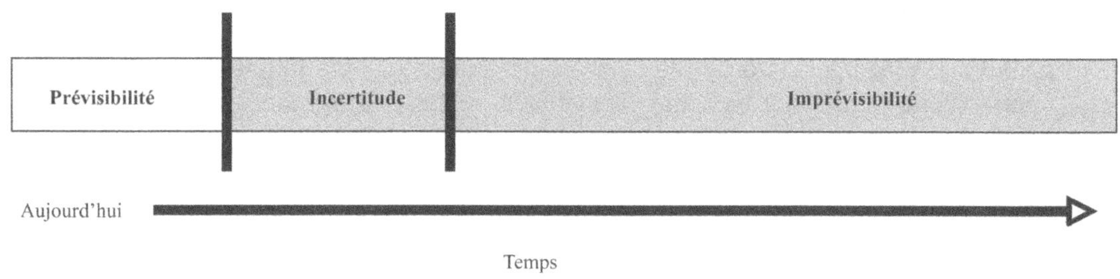

Source : http://www.agileadvice.com/archives/2005/05/change_is_const.html

Figure 4-1

La ligne de prévisibilité

Fort de ce constat, comment établir un plan détaillé fiable en n'ayant qu'une visibilité partielle voire nulle au-delà d'un certain seuil ? Beaucoup de temps risque d'être consacré à un plan hypothétique et spéculatif qu'il faudra inévitablement mettre à jour.

Le chef de projet doit donc accepter cette incertitude et le fait de ne pas pouvoir tout prévoir ; son humilité face à l'inconnu lui donne conscience que l'apprentissage et la maîtrise du projet seront croissants avec l'avancement du projet ; la fiabilité des estimations augmentera avec les enseignements tirés des premières itérations.

Dans ces conditions de visibilité réduite à court terme, le principe de développement itératif prend toute sa valeur : on avance pas à pas, on ne planifie que l'étape à venir et, en fonction des résultats de cette étape et des enseignements tirés, on planifiera l'étape suivante. L'impact de cette prévisibilité dégressive sur les travaux de planification peut se représenter ainsi (figure 4-2) :

Figure 4-2

*Planification
au fil de l'eau*

Cette approche par étapes présente l'avantage de ne consacrer l'effort de planification qu'à l'étape qui démarre, sans perte inutile de temps pour élaborer un planning détaillé à long terme totalement hypothétique.

En résumé, dans un projet agile, on considère que l'on a une enveloppe préliminaire et qu'à partir de là, plusieurs stratégies de développement sont possibles : achat de progiciel, recours partiel ou total à la sous-traitance, équipes parallèles. Lorsque le budget est consommé, on arrête les développements, mais le client a un produit fini, peut-être incomplet, mais qui comprend les fonctionnalités les plus importantes.

Quelle que soit la stratégie adoptée dans la mise en œuvre de la stratégie de planification, l'estimation globale d'une enveloppe est indispensable.

Les directions et les clients n'accepteront jamais de ne pas disposer d'un planning détaillé en début de projet. Comment procéder d'ailleurs dans le cadre d'une réponse à appel d'offres ?

La réponse de l'expert **Régis Medina**, consultant indépendant spécialisé dans l'accélération des projets de développement.

Pour pouvoir tenir un planning détaillé et figé, il faut que l'environnement fonctionnel et technique du projet soit bien maîtrisé, et que l'équipe de maîtrise d'ouvrage ait eu le temps de bien décortiquer le problème au préalable de manière à ce que l'enveloppe fonctionnelle soit bien connue.

Si c'est le cas, il est vrai que le client préférera certainement la visibilité à la souplesse. Mon approche consistera alors à conserver un « emballage » de projet classique mais en utilisant les pratiques XP en interne pour mieux contrôler les risques : itérations fréquentes en interne pour mesurer l'avancement réel des développements, ordonnancement des tâches toujours en interne pour adresser les points les plus importants et/ou risqués en premier, tests automatiques pour éviter les surprises de dérapage de fin de projet, etc.

En revanche, certains problèmes ou certains contextes projet ne sont pas aussi bien maîtrisés et peuvent tourner au cauchemar dans une approche classique. J'ai participé à quelques projets au forfait pour des grands comptes il y a quelques années, et nous avions plutôt affaire à des spécifications incomplètes et changeantes, du fait d'un environnement fonctionnel et technique à la fois nouveau et complexe. Dans la plupart des cas, client et fournisseur finissaient par passer leur temps à se battre autour du document de spécifications.

Je pense que l'approche agile peut séduire des clients qui souhaitent une relation plus souple avec leur fournisseur, pour s'attaquer ensemble à des problèmes moins bien cernés. Dans ce cas, une solution consiste pour le fournisseur à démarrer comme d'habitude – proposition technique générale avec planning gros grain pour déterminer le budget global – mais ensuite à proposer de découper le projet comme suit : un premier projet aussi court que possible pour mettre en place une version minimale de l'application, puis une suite de mini-projets qui fassent chacun l'objet d'un contrat ou d'un avenant spécifique, le tout étant par exemple soumis à un contrat cadre qui fixe certaines variables tout au long du projet.

Définir une enveloppe globale

L'estimation de l'enveloppe globale est déterminante, en premier lieu, dans les phases préalables, pour évaluer l'opportunité de démarrer ou pas le projet et en second lieu pour donner un cadre général à une planification plus détaillée.

La planification d'un projet débute par une estimation globale, et ce, quelle que soit l'approche retenue. Ce sont les techniques utilisées qui varient.

Avec une démarche prédictive

Une démarche en trois étapes

La démarche se déroule généralement en trois étapes : l'estimation de la taille du projet, la prise en compte de ses spécificités et l'estimation de la charge.

C'est la formule retenue par Steve McConnell, « Count, Compute, Judge », dans son ouvrage[1] sur les techniques d'estimation.

---

1. Voir Steve McConnell, *Software Estimation: Demystifying the Black Art, Microsoft Press, 2006.*

1. Estimer la taille

Estimer la taille du projet, c'est lui donner un dimensionnement approximatif, d'autant moins précis qu'au départ, les besoins exprimés sont eux-mêmes rarement précis ; on voit même le cas où l'on demande de fournir une estimation initiale à partir d'un simple briefing ou d'une brève conversation, qui aura, de surcroît, valeur contractuelle !

Le réflexe est de procéder par analogie, c'est-à-dire en se référant à un projet similaire, comparable en taille, ou bien de faire appel au jugement d'un ou plusieurs experts, des approches assez empiriques ; mais l'on peut également s'appuyer sur des techniques plus « scientifiques » ; celles-ci sont basées sur la capitalisation des données de projets précédents (s'ils existent) et la quantification des composantes du produit à développer : le nombre de classes, le nombre d'écrans, le nombre de pages, le nombre de tables, le nombre de fonctionnalités ou de fonctions, le nombre de cas d'utilisation… qui seront ensuite convertis en unités abstraites, des *points*.

Ce nombre de points donne une indication de la taille du projet. C'est le « Count » de McConnell.

2. Prendre en compte les spécificités du projet

Estimer la charge de deux projets identiques en taille n'aboutira évidemment pas au même résultat.

Chaque projet a un contexte différent, des ressources plus ou moins expérimentées, des exigences plus ou moins contraignantes, des facteurs techniques et d'environnement qui vont influer sur l'enveloppe finale.

Voilà pourquoi ces éléments contextuels sont des facteurs d'influence à prendre en compte dans la démarche d'estimation pour ajuster le nombre de points déterminés précédemment. Une bonne analyse des risques aura été préalablement menée pour enrichir la démarche.

3. Estimer la charge

Après avoir déterminé la taille du projet et identifié les facteurs d'influence, il s'agit d'estimer la charge, c'est-à-dire la quantité de travail à fournir pour livrer le produit final. Exprimée en jours/homme (autrement dit, l'équivalent du travail effectué par une ressource en une journée), elle est indépendante de la durée du projet.

Attention

Ne pas confondre charge et durée. Si l'effort nécessaire pour une tâche est estimé à 5 jours/homme, sa durée peut varier selon le nombre de ressources affectées à cette tâche : 5 jours si une seule personne travaille à plein temps, 1 jour si 5 personnes travaillent en parallèle le même jour sur cette tâche, deux semaines si une seule personne y travaille à mi-temps.

Le calcul de la charge à partir de la taille du projet s'appuie essentiellement sur les données capitalisées sur les précédents projets et sur des modèles disponibles, dont les algorithmes prennent en compte la taille et les facteurs d'influence. Ces modèles sont fournis par des méthodes comme : *Cocomo*, *Points de fonctions*, *Points de cas d'utilisation*… dont les principes généraux sont décrits ci-après.

C'est le « Compute » de McConnell.

> **Attention**
>
> Certaines méthodes ne couvrent que les activités de développement ; il convient alors d'ajouter les charges des activités support (gestion de projet, gestion de l'environnement, par exemple).

À noter qu'il est par conséquent impératif pour chaque chef de projet, si ce n'est fait au niveau de l'organisation ou d'un *project management office*, de se constituer une base de données de référence à réutiliser dans le futur. Cela suppose de dresser un bilan quantitatif et qualitatif à la fin de chaque projet afin de disposer d'éléments réels.

Choisir sa technique d'estimation

Plus ou moins scientifiques, les techniques de macro-estimation sont, pour certaines, anciennes, et s'appliquent précisément pour calculer cette estimation initiale.

La méthode Cocomo

Cocomo est un acronyme de *COnstructive COst MOdel*, méthode d'estimation développée par Barry Boehm.

Le principe en est de calculer l'effort nécessaire en fonction du nombre de lignes de code (taille) et de la productivité des ressources (facteurs d'influence). Avec l'avènement des nouvelles technologies et de la réutilisation des composants est apparue *Cocomo2*, méthode mieux adaptée qui propose deux modèles à utiliser, l'un avant de connaître l'architecture définitive, l'autre une fois l'architecture générale définie. Cocomo2 utilise également comme donnée d'entrée les points de fonction (voir ci-après).

Les facteurs d'influence sont classés par catégorie : facteurs d'échelle, urgence, flexibilité de développement, risque, cohésion d'équipe et maturité du processus.

Cocomo est la référence en matière d'estimation, mais reste assez complexe à mettre en œuvre. Basée sur le nombre de lignes de code, on comprend aisément que ce concept ne soit pas parlant pour les utilisateurs, et donc ne facilite pas les discussions et les négociations ; en outre, il est difficile d'utiliser cette unité dans le cas de nouvelles applications et de les comparer avec d'autres applications précédemment développées avec différents langages, le cas échéant.

Comme alternative au nombre de lignes de code, elle peut également prendre en données d'entrée le nombre de points de fonction.

La technique des points de fonction

Mise au point à la fin des années 1970 chez IBM, cette méthode est indépendante des technologies et langages utilisés ; elle a vocation à mesurer la taille des projets d'un point de vue strictement fonctionnel, celui de l'utilisateur.

1. Calcul de la taille du projet

Pour calculer la taille d'un projet et obtenir un nombre de points de fonction non ajustés ou bruts (*Gross Function Points*, GFP), il convient de recenser toutes les fonctions attendues :

* Les fonctions entrées : une fonction entrée introduit de nouvelles données dans le système (exemple : saisie d'une nouvelle commande).

* Les fonctions sorties : une fonction sortie est une fonction dont le résultat est une restitution de données calculées (exemple : consultation du chiffre d'affaires cumulé par client).

* Les fonctions interrogations : une requête, sans calcul de données (exemple : affichage d'une commande), est une fonction interrogation.

* Les fonctions interface : les fonctions interface recensent les fonctions d'échange de données en import ou en export avec d'autres systèmes externes.

Une fois cette liste de fonctions établie, les données logiques – les entités participantes – qui sont créées, utilisées ou gérées par le système, sont également recensées.

Chaque fonction ou entité est qualifiée en termes de complexité (faible, moyenne, haute) ; à chaque type de fonction est associé un nombre de points, selon son niveau de complexité (tableau 4-1).

Tableau 4-1 Nombre de points de fonction par type de fonction et niveau de complexité

Type fonction	Degré de complexité		
	Faible	Moyen	Haut
Entrée	3	4	6
Sortie	4	5	7
Interrogation	3	4	6
Interface	5	7	10
Données logiques	7	10	15

En additionnant le nombre de points de fonction pour chaque combinaison fonction/ niveau de complexité, on obtient ainsi un nombre global de points de fonction bruts (GFP).

2. Prise en compte des facteurs d'influence

Le principe de l'étape suivante est de pondérer le nombre de GFP par la prise en compte de quatorze paramètres d'environnement en fonction de leur influence ; le degré d'influence est valorisé entre 0 et 5 :

- communication entre les données ;
- traitements distribués ;
- performance requise ;
- intensité d'utilisation du matériel ;
- taux de transaction ;
- mise à jour interactive ;
- convivialité d'exécution ;
- mise à jour en temps réel ;
- complexité des traitements ;
- réutilisation du code ;
- facilité d'installation ;
- facilité d'exploitation ;
- multisites ;
- flexibilité.

Afin de déterminer le nombre de points de fonction ajustés ou nets (*Net Function Points*, NFP), on prend en compte un facteur d'influence global (*Influence Coefficient*, IC) calculé selon la formule :

$$IC = 0{,}65 + [0{,}01 * \text{Somme(14 valeurs des facteurs)}]$$

Et l'on en déduit :

$$NFP = GFP \times IC$$

3. Calcul de la charge du projet

Le calcul de l'effort de développement (ED) s'obtient grâce au nombre d'heures (NH) que prend le développement d'un point de fonction ; ce chiffre a été déterminé précédemment, à l'issue d'un projet achevé. Sa valeur, c'est-à-dire le nombre d'heures nécessaires pour la conception, l'implémentation et le test, est variable selon la taille ou l'expérience de l'équipe et son environnement de développement ; c'est à chacun, à partir des données capitalisées sur des projets achevés, de déterminer ce nombre (entre 6 et 12). En multipliant la valeur du point par le nombre de points, on obtient la charge globale.

$$ED = NFP \times NH$$

Largement documentée, la méthode des points de fonction est aujourd'hui devenue un standard supporté par l'*International Function Point Users Group* (IFPUG)[2]. Elle nécessite toutefois quelques jours de formation pour une bonne prise en mains.

L'avantage de cette méthode est qu'elle analyse les fonctionnalités à un niveau de granularité plus fin que la méthode des cas d'utilisation, décrite ci-après, et peut donc être utilisée en relais, lorsque les activités d'analyse et conception sont bien avancées, pour fiabiliser l'estimation globale. Elle nécessite toutefois un dénombrement des entités, des fonctions et des interfaces, autrement dit un travail préalable assez avancé ; par exemple, sur un projet d'une durée de deux à trois ans, la charge nécessaire pour déterminer l'enveloppe globale a représenté de quinze jours à un mois.

La technique des points de cas d'utilisation

Dérivée de la méthode des points de fonction, elle a été mise au point en 1993. Basée sur la même démarche décrite précédemment, elle permet de calculer l'effort nécessaire à l'implémentation des cas d'utilisation (UC) recensés sur un projet.

1. Calcul de la taille du projet

Pour évaluer la taille du projet, deux éléments sont à prendre en considération : la complexité des UC eux-mêmes et la complexité de l'interface dont les acteurs sont dotés pour déterminer un nombre de points de cas d'utilisation non ajustés (*Unadjusted Use Case Points*, UUCP)

Chaque UC se voit associer (tableau 4-2) un nombre de points en fonction de sa complexité, qui se définit selon le nombre de transactions contenues dans les différents scénarios (une transaction est une étape de l'UC ou un événement).

Tableau 4-2 Complexité des UC

Complexité de l'UC	Nombre de transactions	Poids (en points)
Simple	3 ou moins	5
Moyenne	Entre 4 ou 7	10
Haute	Plus de 7	15

La somme des poids affectés à chaque UC constitue le poids des UC non ajustés (*Unadjusted Use Case Weight*, UUCW).

---

2. *http://www.ifpug.org/*

Chaque acteur impliqué dans un UC – qu'il s'agisse d'une personne, d'un programme ou d'un autre système –, doit être qualifié en fonction de la complexité de son interface (tableau 4-3).

Tableau 4-3 Complexité des acteurs

Type d'acteur	Type d'interface	Poids (en points)
Simple	Autre système via API	1
Moyenne	Autre système via protocole Personne via interface texte	2
Haute	Personne via interface graphique	3

La somme des poids affectés aux différents acteurs donne le poids des acteurs non ajustés (*Unadjusted Actor Weight*, UAW).

À ce stade, nous disposons des deux paramètres pour évaluer le nombre de points de cas d'utilisation non ajustés, UUCP :

$$UUCP = UUCW + UAW$$

2. Prise en compte des facteurs d'influence

Treize facteurs techniques et huit facteurs d'environnement sont à considérer pour évaluer le contexte du projet. Le principe en est, là encore, d'évaluer chaque facteur en fonction de sa pertinence dans le projet, sur une échelle de 0 (non pertinent) à 5 (très important) :

Facteurs techniques	Facteurs d'environnement
Système distribué	Maîtrise du processus de développement
Objectifs de performance	Maîtrise du domaine fonctionnel
Efficacité élevée d'utilisation en ligne pour l'utilisateur	Expérience des technologies objet
Traitement interne complexe	Forte capacité de l'analyste
Réutilisabilité du code	Motivation de l'équipe
Facilité d'installation	Stabilité des exigences
Ergonomie générale	Membres de l'équipe à temps partiel
Portabilité	Complexité du langage de programmation
Simplicité, évolutivité	
Application multithread concurrente	
Exigences de sécurité	
Accès direct offert à d'autres systèmes	
Nécessité d'un système d'aide pour la formation des utilisateurs	

Le facteur technique global (*Technical Complexity Factor*, TCF) est calculé ainsi :

$$TCF = 0,6 + [0,01 \times (\text{somme des 13 valeurs des facteurs})]$$

Le facteur d'environnement global (*Environmental Complexity Factor*, ECF) est calculé ainsi :

$$ECF = 1,4 + [-0,03 \times (\text{somme des 8 valeurs des facteurs})]$$

Pour obtenir un nombre de points de cas d'utilisation ajustés (*Use Case Points*, UCP), il suffit d'appliquer au nombre de points de cas d'utilisation non ajustés, calculés préalablement, les facteurs d'influence déterminés précédemment :

$$UCP = UUCP \times TCF \times ECF$$

3. Calcul de la charge du projet

La méthode propose un facteur de productivité (*Productivity Factor*, PF) de 20 heures par point de cas d'utilisation, mais peut varier entre 15 et 30 selon le niveau global de complexité du projet ; là encore, il convient d'analyser les projets achevés et de déterminer, dans chaque organisation, le ratio entre le nombre de points de cas d'utilisation et les heures consommées réellement pour tous les implémenter.

Elle propose également de déterminer un coefficient (CM) correspondant au management de l'équipe selon sa taille : 1 si l'équipe est réduite à une personne, 1,1 si elle est compris entre 3 et 5 personnes, 1,2 si elle est comprise entre 6 et 10 personnes…

On peut alors en déduire l'effort de développement (ED) :

$$ED = UCP \times PF \times CM$$

Exemple :

UCP estimé : 180 points

PF : 28, compte tenu de la complexité globale du projet

CM : 1,2 car on dispose d'une équipe de 9 personnes

$ED = 180 \times 28 \times 1,2 = 6\ 048$ heures, soient 864 jours/homme, en considérant que les ressources travaillent réellement 7 heures par jour.

> Les ressources ne travaillent pas effectivement huit heures par jour : 35 heures, pauses café, discussions, détente intellectuelle… une personne ne peut être opérationnelle ni disponible toute la durée de sa présence.

Si cette méthode est recommandée par le Processus unifié, dont l'une des six bonnes pratiques est le développement piloté par les cas d'utilisation, elle suppose que le modèle des UC soit créé tôt dans le projet. Et cela peut représenter un travail préalable important, reportant d'autant le démarrage des développements, ce qui n'est pas compatible avec l'esprit agile. Cependant, une itération 0 ou une phase d'exploration (XP) peuvent être dédiées à l'estimation de cette enveloppe globale.

Elle suppose, en outre, une granularité homogène des UC, pas toujours obtenue d'un projet à l'autre, notamment si plusieurs rédacteurs procèdent à leur description.

Avec une démarche agile

Nuancée par rapport aux méthodes présentées ci-après, une démarche agile ne corrèle pas l'estimation de la taille et le calcul de la charge ; en effet, prudemment, puisqu'on ne connaît pas la vélocité de l'équipe, on calcule un nombre de points abstrait et on calibre arbitrairement une vélocité ; ce n'est qu'ensuite, après les premières itérations, que l'on calculera les charges restantes avec une vélocité mieux maîtrisée.

La technique des story points

La technique des *story points* présente une méthode relative : les story points sont une unité de mesure de la taille d'une user story ; ce qui est important c'est sa valeur relative plus que sa valeur absolue. Cela signifie que si une story A vaut 5 points et une story B vaut 10 points, B nécessite le double d'effort pour être développée.

> Le niveau des user stories est souvent trop fin pour estimer l'enveloppe globale ; donc les story points peuvent aussi estimer d'autres items : le projet, dans sa globalité, les cas d'utilisation...

La somme des points de toutes les stories nous donne une estimation de la taille globale du projet, même si elles ne sont encore que grossièrement détaillées. Et, ce qui compte, c'est la comparaison de deux stories ou le poids d'une story dans l'ensemble.

Comment évaluer le nombre de points par story ?

On sélectionne la story qui semble la plus petite et on lui affecte un poids de 1 ; il s'agit, ensuite, d'estimer le poids des autres stories en leur affectant un nombre allant de 1 à 10, par comparaison avec la première (la story B vaut le double ou le triple de la story A, etc.).

On peut aussi se référer à la suite de *Fibonacci* (1, 2, 3, 5, 8, 13, 21, 34, 55...), si l'on considère que l'effort nécessaire ou la complexité augmente plus rapidement que la taille de la story.

Chaque équipe doit définir son échelle de valeur, qui peut varier selon la granularité des stories, qui s'affinent au fur et à mesure.

Il faut ensuite convertir ce nombre de points abstrait en jour. Pour cela, il s'agit de connaître la productivité de l'équipe ; on dénomme cette productivité la *vélocité*, qui est la somme des story points qu'une équipe est capable de développer durant une itération; si l'équipe a une vélocité de 15, elle aura développé trois stories d'une valeur de 5 points ou cinq stories d'une valeur de 3 points.

À la base, la vélocité est la charge de travail que peut supporter une équipe dans une itération.

> Le calcul de la charge (étape intermédiaire entre points et itération) n'est plus indispensable ; on passe directement des story points à la vélocité des itérations.

À partir du calcul de la vélocité de l'équipe, hypothétique au début puis plus réaliste à l'issue d'une première itération, on re-calibre cette vélocité ; on peut déduire le nombre d'itérations, et donc la durée du projet, en divisant la taille globale du projet par la vélocité.

> **Exemple**
>
> Si la taille du projet est estimée à 100 story points et que la vélocité de l'équipe est estimée à 10 points pour une itération de deux semaines, on peut en déduire que le projet durera dix itérations de deux semaines, soit vingt semaines.

Cette approche simple fonctionne sur de nombreux projets agiles. La mesure de la vélocité présente l'avantage de pouvoir détecter très tôt un retard éventuel si finalement la vélocité est plus faible que prévue, sans impacter l'estimation de la taille des stories. L'estimation de la taille des stories peut, quant à elle, évoluer, avec une connaissance plus approfondie du besoin du client et si elle se révèle plus complexe que prévue. On ajuste l'une indépendamment de l'autre.

Là encore, les données du passé sont essentielles, car elles sont une référence ; si une user story correspond à la création d'un formulaire et que l'on a déjà développé un formulaire d'inscription sur un projet précédent, il sera plus facile de calibrer la taille de cette story, puisqu'on l'a déjà fait ; c'est un point de repère pour réduire les hypothèses.

Il existe une alternative à la technique des story points, avec l'estimation en *ideal days*.

La technique des ideal days

Le *temps idéal* (*ideal time*) est le temps nécessaire à la réalisation d'une tâche sans interruption de travail, avec toutes les ressources requises. Le *temps écoulé* (*elapsed time*) est le temps réellement constaté sur une horloge ou un calendrier durant la réalisation de la tâche. On constate toujours, en effet, un écart entre ces deux mesures, parce qu'une ressource a, chaque jour, des tâches additionnelles (répondre à un e-mail ou un appel téléphonique, se documenter, valider une fonctionnalité avec le client…) qui allongent le temps estimé idéalement.

L'estimation de la taille du projet en temps idéal suppose que l'on évalue le nombre d'*ideal days* (temps idéal en jours) pour développer toutes les user stories, sans qu'aucune interruption ne vienne perturber le travail. Avec la vélocité de l'équipe, on est en mesure de déduire la durée du projet, comme avec la technique des story points.

Cette technique fonctionne sans problème avec une équipe qui se connaît bien et qui a l'habitude de travailler ensemble ; sa vertu est que l'on accepte les « surcharges pondérales » non prévues, ces tâches invisibles qui allongent systématiquement le délai et qui ne sont pas toujours prises en compte dans une planification classique.

Fiabiliser sa démarche d'estimation

Les estimations résultent d'une démarche plus ou moins empirique qui s'appuie sur différentes techniques, selon l'approche retenue. Elles forment la base pour des discussions, des négociations, des compromis à faire entre contenu, coût et délai. Mais notre engagement est subordonné à l'exactitude des estimations, qui dépendent de la qualité des données d'entrée (clarté du besoin, vélocité de l'équipe, facteurs de risques…), des données capitalisées et comprenant une part inéluctable de subjectivité. L'estimation exacte ne sera définitivement connue qu'à la fin du projet !

Et pourtant, ceux à qui s'adressent ces estimations acceptent difficilement leur inexactitude, sans comprendre que le développement logiciel est un cheminement heuristique.

Alors, faut-il consacrer un effort important aux estimations ? On constate, comme l'illustre la figure 4-3, qu'il n'y a pas de corrélation systématique entre le temps consommé sur les estimations et la qualité de ces estimations.

Figure 4-3

Effort fourni pour l'estimation et fiabilité des estimations

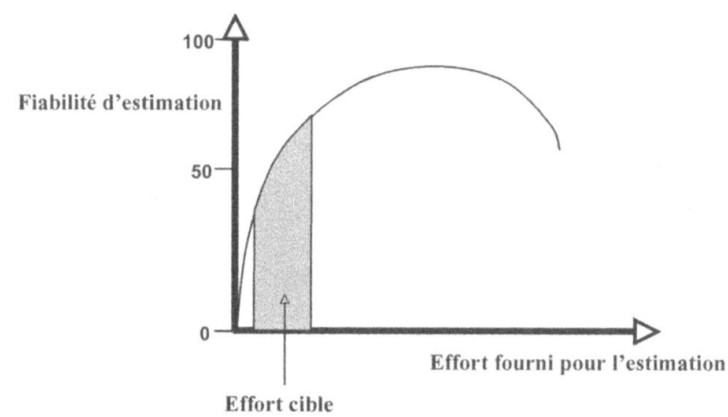

On constate sur ce schéma, d'une part, que la fiabilité totale de l'estimation n'est jamais atteinte, quel que soit l'effort fourni, d'autre part, qu'avec un effort limité, on peut atteindre un niveau de fiabilité satisfaisant (plus de 50 %). La fiabilité peut même décroître avec un effort trop important !

En acceptant l'incertitude, les équipes agiles privilégient l'effort pour produire régulièrement des versions intermédiaires de l'application, et ainsi fiabiliser leurs estimations, basées sur le retour d'expérience. Elles considèrent l'estimation initiale comme une enveloppe, à partir de laquelle on peut se mettre d'accord sur un coût et un délai ; sur la base de cette enveloppe, on adapte le contenu au fil des itérations en fonction de ce qu'il est pertinent de développer.

Pour compenser cette incertitude, on peut tenter de fiabiliser l'estimation, en adoptant une démarche collaborative ; les estimations ne doivent pas reposer sur les épaules d'un seul expert. Et elles doivent, de préférence, être effectuées par l'équipe qui réalisera les développements La pratique collaborative, présentée ici, facilite les travaux d'estimation : c'est celle de la Wide Band Delphi, renvoyant par ailleurs au « Judge » de McConnell.

Indépendamment de la technique d'estimation utilisée, il est fortement recommandé de recourir à la démarche WBD.

Trois experts sont réunis et se voient confier l'estimation d'un projet, d'une itération ou d'un lot fonctionnel ; le client, présent si possible, décrit son besoin et répond aux questions des experts. Puis chacun procède individuellement à son estimation, en utilisant la technique qu'il souhaite. À l'issue du temps alloué, les parties se retrouvent pour mettre leurs résultats en commun : un facilitateur recueille anonymement chaque estimation et publie une moyenne des valeurs collectées. Chaque expert positionne et compare son estimation avec la moyenne. Une discussion s'engage alors entre les experts sur les hypothèses de chacun, les expériences sur les technologies ou projets similaires, les options retenues… dans le but de faire émerger l'estimation la plus fiable, qui prendrait en compte le maximum d'éléments objectifs. À la fin de la discussion, chaque expert, influencé ou pas, convaincu ou pas par les arguments de ses pairs, procède à une nouvelle estimation ; la moyenne de cette nouvelle estimation est, à nouveau, mise en commun par le facilitateur au cours d'un deuxième round. Au final, au terme de deux ou trois sessions, si nécessaire, le modérateur applique aux dernières valeurs recueillies, la formule suivante :

$$[P + (4 \times I) + O] / 6$$

où P = estimation pessimiste, I = estimation intermédiaire, celle considérée comme la plus probable, et O = estimation optimiste, pour obtenir l'estimation la plus représentative et la plus consensuelle.

Estimons le trajet domicile/travail pour un collaborateur : cela lui prend en général entre 30 et 45 minutes, mais il arrive que, certains jours, 20 minutes suffisent. L'estimation la plus fiable de la durée de son trajet est :

$$[45 + (4 \times 30) + 20] / 6 = 31 \text{ minutes}$$

Cette démarche présente l'avantage d'apporter un éclairage différent selon l'expérience de chacun, proposant donc une approche différente du projet à estimer ; elle est consensuelle et favorise la convergence vers l'estimation la plus fiable. Elle intègre au final le feeling et l'expérience des personnes. Elle démontre que l'intelligence du groupe est supérieure à la somme des intelligences individuelles et que le partage d'informations fiabilise l'estimation. (C'est le principe de « la sagesse des foules », *the Wisdom of Crowds*[3].)

Une fois le projet ou l'itération estimé(e) en charge, il s'agit de planifier. Ce qui caractérise une démarche de planification classique, c'est que le planning est basé sur les travaux à réaliser, à la différence des méthodes agiles, qui organisent, pour leur part, la planification autour des fonctionnalités.

---

3. James Surowiecki, *The Wisdom of Crowds: Why the Many Are Smarter Than the Few and How Collective Wisdom Shapes Business, Economies, Societies and Nations*, Doubleday, 2004.

Planifier avec une démarche prédictive

Une démarche classique, prédictive, s'organise autour de sept étapes.

Étape 1 : estimer le délai

Là encore, l'expérience et les informations capitalisées donnent une référence pour déduire la durée d'un projet à partir de sa charge. À défaut d'informations disponibles, Steve McConnell propose une formule pour déterminer la durée du projet en mois :

$$\text{Délai en mois} = 2,5 \times (\text{charge})^{1/3}$$

La charge doit être exprimée en mois/homme.

Exemple

Si la charge calculée en mois/homme est de 41, la durée nominale est de $2,5 \times 41^{1/3} = 8,6$ mois ; si l'on réduit au maximum de 25 %, on obtient une durée minimale de 6,5 mois calendaires.

Certains proposent de faire varier le coefficient entre 2 et 3 ; par son usage et son ajustement à chaque contexte, la formule pourra être appliquée par chaque organisation.

Le délai ainsi obtenu peut bien entendu varier en fonction du nombre de ressources que l'on affecte au projet ; mais ce n'est pas parce que l'on affecte le double de personnes que le projet dure deux fois moins longtemps ! Des tâches incompressibles et une surcharge liée à l'animation de ces ressources supplémentaires doivent être prises en considération. Steve McConnell préconise de ne jamais réduire la durée de plus de 25 % par rapport au premier résultat calculé.

Dans le cas où le délai est imposé et non négociable (cas de l'application d'une réglementation à échéance fixe, par exemple), si la durée calculée est supérieure au délai disponible, le contenu du projet devra être revu à la baisse, ou c'est la stratégie de développement qui devra être modifiée afin d'acheter sur étagère un composant.

Ce délai est estimatif ; le calcul de la durée des activités peut moduler ce calcul.

Étape 2 : estimer le coût

Dans le calcul du coût d'un projet rentrent de nombreux facteurs : les charges de réalisation, c'est le coût de la main-d'œuvre auquel il faut ajouter les acquisitions ou locations de matériels et logiciels, les déplacements, les télécommunications, les formations, les frais généraux…

Si l'on ne considère que le coût de la main-d'œuvre, le coût global du projet sera obtenu en multipliant le nombre de jours/homme calculés (voir plus haut paragraphe « Définir une enveloppe globale ») par un *taux journalier moyen* (TJM), qui équivaut au coût moyen d'une ressource par jour.

$$\text{Coût du projet} = \text{nombre jours/homme} \times \text{TJM}$$

On peut affiner le coût total du projet en utilisant un taux journalier spécifique à chaque profil de ressource, une fois la répartition de la charge par profil effectuée.

Étape 3 : recenser les activités

Dans une démarche classique, c'est la liste des livrables qui permet de construire une *structure de découpage du projet (SDP)* ; cette SDP subdivise, de façon hiérarchique, le travail du projet en groupes d'*activités*, actions à mener pour aboutir à un résultat, puis en activités, dont la granularité diminue au fur et à mesure que l'on descend les niveaux de la pyramide. Le résultat des activités correspond aux livrables à produire. Une SDP peut être organisée librement : par phase du projet, par lot fonctionnel ou technique, par zone géographique si le projet concerne plusieurs pays, par unité organisationnelle (département ou service d'une organisation)…

> Selon le niveau d'avancement du projet et le niveau de connaissances, la précision des activités est variable : le travail à court terme peut être plus détaillé que les activités prévues à long terme.

Construire une SDP présente toutefois l'inconvénient de devoir très tôt structurer la stratégie de développement autour de la conception du produit, puis de décomposer les activités à un niveau de détail trop fin. En outre, cette SDP est rarement reproductible d'un projet à l'autre, la capitalisation en est donc difficile..

Cas pratique

Reprenons notre projet d'évolution de système d'information.

Après avoir défini la vision, établi le référentiel d'exigences ou le product backlog, on construit, ici, la structure de découpage du projet (figure 4-4).

Sur cet exemple de SDP, on retrouve les cas d'utilisation enregistrés dans le *product backlog* : caractéristiques produit, données économiques, etc. Puis chaque cas d'utilisation est décomposé en groupe d'activités (spécifications, modélisation, développement, tests). Le groupe d'activités Développement est lui-même subdivisé en deux niveaux d'activités qui s'affinent au fur et à mesure.

Les groupes Déploiement et Gestion de projet sont transversaux et non directement liés à la production des livrables du produit.

Cas pratique

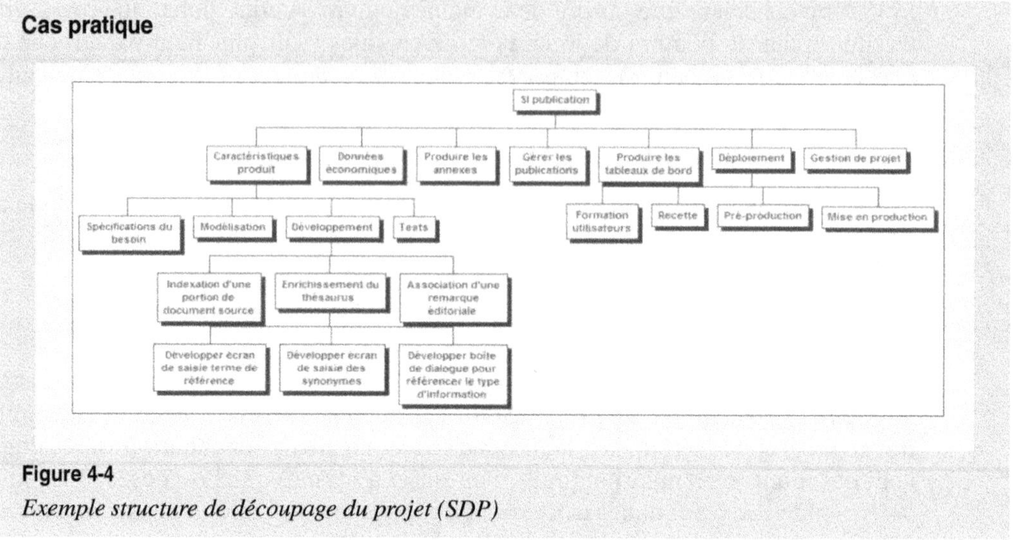

Figure 4-4

Exemple structure de découpage du projet (SDP)

Le processus unifié (voir chapitre 2, « Méthodes traditionnelles ou méthodes agiles ? ») propose une SDP générique, organisée autour des phases, puis des disciplines et enfin des activités (voir figure 4-5). Ainsi, à chaque projet, on retrouve toujours les mêmes phases (inception, élaboration…), les mêmes disciplines (exigences, analyse & conception, implémentation, tests…) : une bonne partie de la SDP est donc réutilisable sur tous les projets, pour un gain de temps et d'efficacité évident. Il peut être intéressant de mener une réflexion, au niveau d'une organisation, sur la SDP standard applicable à la majorité des projets, plus ou moins allégée en fonction de leur taille.

Figure 4-5

Exemple d'une SDP générique (extrait)

Phase	Discipline	Activité
Inception		
	Exigences	
	Analyse & Conception	
	Implémentation	
	Test	
	Déploiement	
	Gestion de configuration et des changements	
	Project Management	
		Initialiser le projet
		Organiser l'équipe
		Planifier le projet
		Identifier les risques
	Environnement	
Élaboration		
	Exigences	
	Analyse & Conception	
	Implémentation	
	Test	
	Déploiement	
	Gestion de configuration et des changements	
	Project Management	
		Suivre l'avancement du projet
		Revoir la liste des risques
		Organiser revue
		Planifier l'itération suivante
		Évaluer l'itération courante
	Environnement	
Construction		
Transition		

L'exemple est présenté ici sous forme de liste hiérarchique laquelle peut être très facilement reproduite sous forme de SDP, chaque colonne correspondant à un niveau de la hiérarchie.

> Le site www.criticaltools.com offre la possibilité de télécharger des outils pour construire des SDP.

Étape 4 : calculer la durée des activités

Il s'agit pour chaque activité d'estimer sa *durée de réalisation*.

> La durée est déterminée en calculant l'effort de travail requis pour réaliser l'activité et la quantité de ressources affectées à sa réalisation. Exemple : estimation de l'effort : 2 jours/homme, durée : 1 jour si deux ressources y sont affectées, et 2 jours si une seule ressource la prend en charge.

Il est important de considérer les activités indépendamment les unes des autres et d'adopter une démarche collaborative, en associant ceux qui vont réaliser le travail. Il peut être utile de garder la trace du raisonnement qui a mené à cette estimation.

Étape 5 : ordonnancer les activités

Une fois les activités identifiées et estimées, elles font l'objet d'un ordonnancement, c'est-à-dire que l'on détermine les relations entre les activités, les unes précédant les autres. Le *diagramme de réseau* du projet représente visuellement les enchaînements et les dépendances entre les activités ordonnancées.

Deux types de diagrammes de réseau peuvent être mis en œuvre : soit les activités sont représentées par des cases (nœuds) et reliées par des flèches, soit les activités sont représentées par des flèches reliées à des nœuds. La figure 4-6 illustre ces deux différentes représentations : *PERT* ou *CPM*.

Figure 4-6

Les diagrammes de réseau

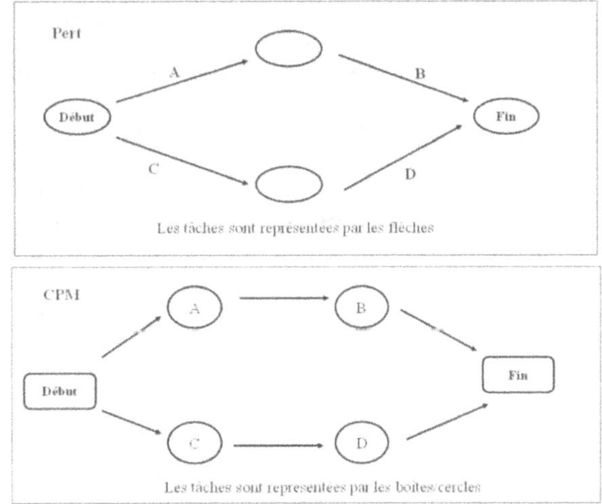

Le diagramme de réseau permet de calculer le *chemin critique*. On définit le chemin critique comme étant la succession d'activités, sur le réseau, où tout retard pris par une activité entraînera irrémédiablement un retard sur l'ensemble du projet. On définit également le chemin critique comme étant la suite d'activités à marge nulle.

C'est aussi le chemin le plus long et il détermine la durée totale du projet.

Étape 6 : établir le planning

Lorsque les activités sont identifiées, quantifiées et ordonnancées, il convient de les placer dans un calendrier en traçant un *diagramme de Gantt* (figure 4-7).

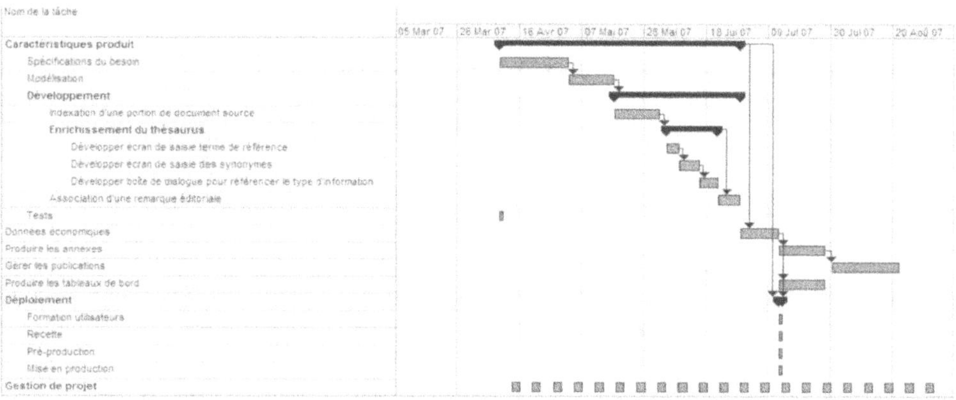

Figure 4-7

Exemple diagramme de Gantt

Le graphe fait apparaître les activités en ordonnées et la durée en abscisses ; chaque ligne représente une activité et chaque colonne une unité de temps.

En disposant d'une part de la durée des activités et d'autre part de l'enchaînement des activités dans le diagramme de réseau, il est aisé de déterminer pour chaque activité ses dates planifiées de début et de fin, à partir de la date de lancement du projet.

Certaines contraintes peuvent impacter le planning, interdisant le démarrage de telle activité avant telle date ou imposant l'achèvement d'une autre à une date requise. Des jalons, points de contrôle, de décision ou de synchronisation, peuvent également être positionnés dans le planning.

Étape 7 : ajuster le planning

Si l'on souhaite raccourcir le délai total de réalisation du projet, pour respecter des contraintes ou des dates imposées, on peut envisager de mettre des ressources supplémentaires pour effectuer les activités en un temps réduit ou paralléliser certaines activités.

Attention

Cette compression des délais peut avoir des effets négatifs : augmentation des coûts, accroissement des risques liés à l'anticipation des activités sans disposer de toutes les informations préalables, insécabilité de certaines activités, intégration de nouvelles ressources, déperdition d'informations... Il faut également tenir compte de la capacité des hommes à monter en compétences, ou au contraire de la déperdition en énergie.

En tout état de cause, une analyse du diagramme de réseau et des simulations sur sa configuration finale font appel aux compétences techniques et à l'expérience du chef de projet.

Le planning ainsi établi constitue la référence qui servira de base au suivi de l'avancement du projet. Il peut néanmoins être amené à évoluer au fur et à mesure que le travail progresse et que les événements à risque apparaissent ou disparaissent.

Ce planning élaboré a priori, reposant sur des activités, elles-mêmes basées sur les livrables attendus, est considéré comme inadapté par les défenseurs des méthodes agiles : en effet, quel crédit apporter à la mesure d'un avancement qui ne s'appuie pas sur la visibilité de fonctionnalités opérationnelles ? L'avancement du projet se mesure uniquement au nombre d'activités achevées ; or, cela apporte peu ou pas de valeur au client : celui-ci veut voir des fonctionnalités opérationnelles !

Par ailleurs, comment dresser une liste d'activités, et donc définir le « comment faire ? » avant même de connaître en détail le « quoi faire ? ». La réalité de notre métier est que l'on apprend en faisant.

Un autre phénomène est constaté : les activités ainsi planifiées avec une date de début et une date de fin finissent rarement avant l'échéance prévue. C'est *la loi de Parkinson*, qui indique que le travail s'étend toujours pour occuper tout le temps alloué : ainsi, si une tâche est planifiée pour durer deux jours, implicitement, le collaborateur est autorisé à consommer les deux jours. Il hésitera à finir plus tôt car il risquerait de se voir imposer ensuite la même productivité sur les tâches suivantes.

Les méthodes agiles proposent une tout autre démarche, fondée sur cinq niveaux de planification.

Planifier avec une démarche agile

Dans une approche agile, on distingue cinq niveaux de planification, présentés sur la figure 4-8 ; ils correspondent aux différentes étapes qui rythment le projet : établissement de la vision, fixation des jalons, planification d'une *release*, planification d'une itération, planification quotidienne.

On ne croit pas aux plannings détaillés en amont, au contraire, on s'attache à avoir un niveau de détail adapté à notre niveau de visibilité et de prévisibilité (voir figure 4-1).

Figure 4-8

*Les cinq niveaux
de planification*

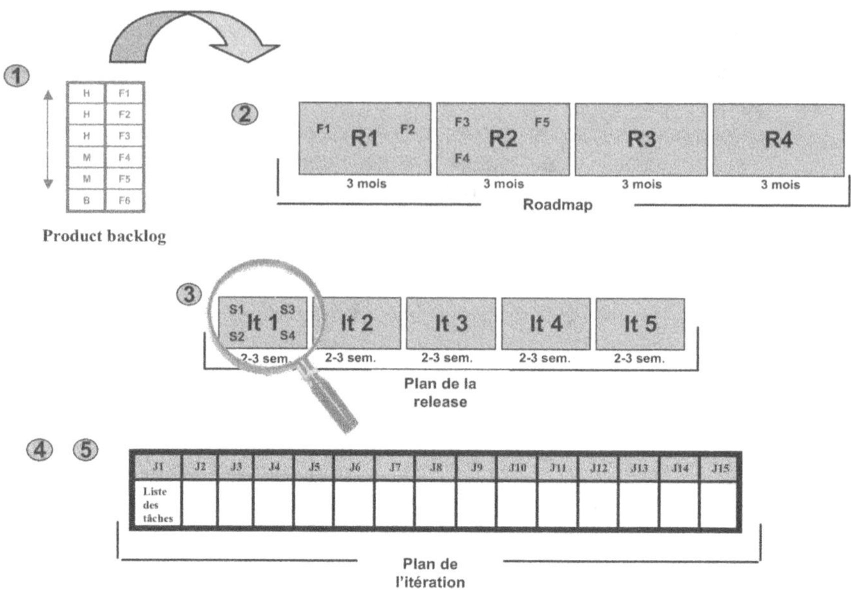

Niveau 1 : vision du produit

Il s'agit du niveau de planification global établi à partir de la vision du produit et du product backlog (voir chapitre précédent) ; il correspond au plan initial ou enveloppe globale, évoqué précédemment, commun aux deux approches. La vision indique la ligne d'arrivée.

Dans cette démarche, on veille avant tout à disposer d'une vision et d'un product backlog (PB) priorisé par le client.

Rappelons que ce PB est la pièce maîtresse du dispositif : c'est le référentiel ou « file d'attente » contenant les fonctionnalités attendues et toutes les exigences non fonctionnelles.

> À ce stade d'avancement, les fonctionnalités ou exigences ne sont pas homogènes en granularité : ici, il s'agit pour l'équipe d'évaluer très grossièrement l'importance/la taille des différentes fonctionnalités afin de les positionner dans les différentes versions (releases) du produit.

> **Qu'est-ce que le sprint 0 ?**
>
> La réponse de l'expert **Jean-Claude Grosjean**, ergonome consultant, certifié ScrumMaster.
>
> Sprint zéro, itération 0, exploration… autant de mots différents pour une même réalité : tout développement agile a besoin d'une courte période de préparation, durant laquelle l'équipe agile va prendre ses marques avant de s'engager dans une nouvelle version.
>
> Est-ce un vrai sprint ?
>
> D'une durée variable (de quelques jours à 4 semaines), le sprint 0 ne se termine pas forcément par une livraison : **il est souvent nécessaire de rassurer les équipes sur ce point**. Le sprint zéro

est pourtant indispensable pour mettre le projet sur de bons rails et permettre à l'équipe d'apprendre à travailler ensemble.

Concrètement, que faut-il faire impérativement en sprint 0 ?

– Partager une vision claire du projet.

– Préparer l'environnement de développement.

– Déterminer un plan de release.

– Produire un backlog de produit (*product backlog*), estimé et priorisé.

– Définir la posture ergonomique de l'interface.

– Selon les contextes, travailler l'architecture.

– Dans tous les cas, rôder l'équipe… notamment sur un backlog initial.

– Sans oublier de s'offrir une belle rétrospective !

Niveau 2 : « roadmap » ou jalon

À l'intérieur de cette zone, entre aujourd'hui et la ligne d'arrivée, on pose des jalons intermédiaires ; l'approche par étapes qui caractérise les méthodes agiles prévoit de livrer des versions successives, en fonction des priorités définies par le client, chaque livraison constituant une release, une version majeure du produit. Une release peut représenter plusieurs mois de travail (entre trois et six mois). Les fonctionnalités de haut niveau sont ventilées dans les différentes releases en tenant compte des contraintes client, des événements marketing, une stratégie de l'entreprise, qui agissent comme un « moule ».

La visibilité à moyen terme est faible, les fonctionnalités sont donc positionnées à titre indicatif dans la *roadmap*, tout changement pouvant intervenir dans l'ordre de priorité des fonctionnalités du PB, en fonction du client et des résultats des premières itérations.

Les dates à l'intérieur ne sont pas nécessairement fixes ; ce sont les facteurs externes qui vont influer sur la durée des releases.

Niveau 3 : plan de la release

Une *release* se définit par une date de début et une date de fin, un thème et une sélection de fonctionnalités à implémenter. À l'intérieur d'une release, on définit des itérations, auxquelles sont affectées les différentes stories.

La durée d'une itération est-elle variable ? Y a-t-il une règle pour déterminer la date de début et la date de fin ?

1) La réponse de l'expert **Laurent Bossavit**, président de l'association Agile France.

Une itération doit être de durée fixe. C'est un « timebox », ou boîte de temps : à la fin de la période, on arrête le travail en cours et on comptabilise ce qui a été réalisé. Dès lors qu'on a une réponse quantifiable à la question : « Combien de scénarios client pouvons-nous réaliser en une seule itération de deux semaines ? », il devient très simple de calculer le temps nécessaire pour réaliser un ensemble de scénarios client donnés ayant fait l'objet d'une estimation : c'est une règle de trois. On peut alors déterminer une date de livraison du projet, ou bien savoir s'il sera nécessaire de réduire le périmètre afin de livrer à une date donnée.

> Dans la pratique, le plus simple est de faire courir une itération du lundi au vendredi de la semaine suivante, par exemple. Certaines équipes font débuter l'itération le mardi, pour pouvoir tenir les réunions de planification le lundi, lorsque tout le monde est bien reposé. L'essentiel est de pouvoir répondre à la question « Quelle est l'itération en cours ? » d'un simple coup d'œil sur le calendrier.
>
> 2) La réponse de l'expert **David Gageot**, directeur technique chez Tech4Quant.
>
> Je laisse toujours une équipe décider de la durée de l'itération. Il est vrai que je les influence juste un peu au début du projet en leur donnant les points forts des itérations courtes. Sachant qu'ils sont à l'origine du choix, ils se sentiront plus à l'aise. En général, on arrive à une durée de 2 ou 3 semaines.
>
> J'ai tendance à figer cette durée pour tout le projet pour permettre à l'équipe de trouver un rythme de croisière au plus vite. Cela permet même de caler des plannings figés dès le début du projet (ex. démonstration un vendredi sur deux, le jour d'avant en cas de jour férié).
>
> Le modèle le plus classique est de commencer une itération un lundi et de la terminer un vendredi. Il m'est arrivé de changer ce schéma dans le cas d'équipes MOA (maîtrise d'ouvrage) distante. Pour minimiser les déplacements, on terminait les itérations le lundi et on commençait la suivante le mardi.
>
> Parfois, l'équipe souhaite augmenter la durée des itérations pour avoir plus de temps pour finir. Je leur montre alors qu'ils doivent peut-être au contraire réduire cette durée pour avoir moins de tâches à effectuer et donc mieux les maîtriser.

Il est en effet souhaitable d'avoir, au cours d'un projet, des itérations de même longueur, afin de rythmer le projet et de faciliter ainsi la planification des réunions ou les validations pour toutes les parties prenantes. En outre, la vélocité, c'est-à-dire le nombre de story points développés par l'équipe au cours d'une itération, ne peut être calculée et réutilisée par l'équipe que sur des périodes comparables.

Planifier une release, cela revient par conséquent à ventiler des fonctionnalités dans des itérations dont la taille a été déterminée. Au préalable, il est souvent nécessaire de préciser ces fonctionnalités, voire de les découper pour les affecter efficacement et logiquement aux itérations ; cette répartition est fonction de la vélocité. Au cours d'une réunion de planification (*release planning meeting*), les fonctionnalités macroscopiques prioritaires sont alors détaillées en unités plus fines, qui sont estimées en nombre de points, selon leur complexité, et réparties sur les trois itérations de la release, en fonction de la vélocité de l'équipe.

> Les fonctionnalités des autres releases, de priorité moyenne ou faible, ne sont pas traitées, pour le moment.

On obtient ainsi le *plan de la release (release plan)*, c'est-à-dire, pour cette première release, le nombre d'itérations, leurs dates de début et de fin, ainsi que les fonctionnalités que l'on envisage d'y développer, après calcul de la vélocité de l'équipe.

Ce plan de la release peut être mis à jour tout au long de la période, essentiellement à la fin de chaque itération, si la vélocité estimée de l'équipe se révèle être erronée ou si le client modifie ses priorités.

Concrètement, comment se déroule une réunion de planification ? Trouve-t-on toujours un consensus entre tous les acteurs ?

La réponse de l'expert **Jean Tabaka**, agile coach, Rally Software Development, Colorado.

Les nouvelles équipes qui abordent le développement agile trouvent certaines pratiques difficiles à adopter. L'une des plus délicates est d'amener l'équipe à se réunir pour créer le plan d'itération et se l'approprier collectivement. Au cours de la réunion de planification, non seulement tous les membres de l'équipe sont présents, mais ils doivent tous adhérer et s'engager sur le plan produit à l'issue de la réunion. En plus, cet engagement ne concerne pas uniquement les développeurs et les testeurs ; il concerne aussi le client au travers de son représentant, le ScrumMaster ou le coach ou le chef de projet.

Une réunion qui demande tant de la part de ses participants se doit d'avoir un agenda clair avec un objectif clair et d'être animée par un bon facilitateur, typiquement le ScrumMaster ou le chef de projet. En outre, toute l'équipe doit avoir suffisamment de disponibilité, dans un cadre qui facilite les conversations et le dialogue pour arriver à obtenir cet engagement. Ce qui peut déranger, c'est que le management est peu habitué aux dialogues efficaces, aux *brainstormings* et à la recherche du consensus. Très souvent, une équipe agile retombe dans le vieux style de management : « J'ordonne, je contrôle », par des décisions imposées sur le plan pour terminer la réunion plus rapidement. Ces décisions sont souvent exigées aussi par le management pour obtenir ce qu'il veut, pour imposer son choix, même si chacun, dans la pièce, est susceptible de lui fournir des informations sur les options possibles.

La recherche de consensus est un concept nouveau dans beaucoup d'équipes de développement. Habituellement, le chef de projet ou le *team leader* ou l'architecte prend les décisions concernant le travail, les tâches, leurs estimations et leurs affectations. Dans la planification agile, c'est l'équipe qui construit sa décision sur ces aspects ; lorsque tout le monde tombe d'accord sur le travail, les tâches, les estimations et les affectations, ils assument, entre eux et auprès du management, leurs décisions, en l'appliquant et en la soutenant.

Voilà le vrai consensus et c'est réellement ainsi que les équipes agiles collaborent et s'engagent. Celles qui essaient de court-circuiter la prise de décision sans rechercher le consensus ne font que nuire à la bonne collaboration. Dans ce cas, les équipes se sentent contrôlées et manipulées, et finalement ne prennent aucune responsabilité sur des décisions qu'on leur a imposées.

Obtenir le consensus au sein de l'équipe, c'est s'assurer que tous les membres se sentent écoutés et compris. Par conséquent, le bon chef de projet agile devient très efficace en aidant le groupe à réfléchir, à recenser toutes les options possibles, à faire des recommandations avant de prendre une décision collective. S'il y a conflit, cela provoque de nouvelles hypothèses et fait émerger de nouvelles informations, afin que l'équipe prenne un engagement fondé sur une meilleure décision. Le ScrumMaster prépare l'agenda de la réunion de façon à ce que le partage d'information soit possible ; cet agenda est visible de tous durant la réunion par affichage mural.

Voici un exemple d'un agenda avec un objectif simple, utilisé pour conduire une réunion de planification (figure 4-9).

Figure 4-9

Agenda d'une réunion de planification (release)

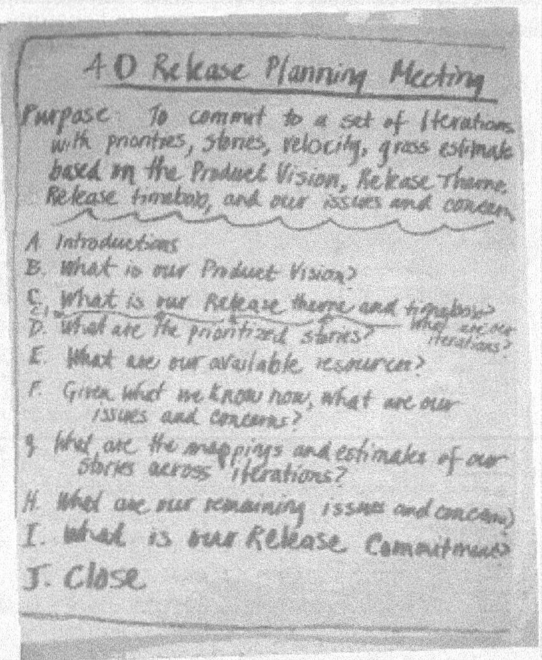

Dans ce cas, pour chaque thème de l'agenda, l'équipe, composée de treize personnes, devait produire l'information au travers de plusieurs ateliers de réflexion et de groupes de discussion. Au final, pour le thème « I », c'est-à-dire sur l'engagement pris, l'équipe s'était préparée à s'engager sur une release grâce à toute l'information qu'elle avait recueillie et les décisions qu'elle avait prises.

Concrètement, comment se déroule une réunion de planification ? Trouve-t-on toujours un consensus entre tous les acteurs ? (suite)

Certains agendas sont plus longs que dans cet exemple afin de faire ressortir davantage d'informations dont l'équipe a besoin pour prendre ses décisions. Cela peut être des informations de l'architecte sur la nouvelle architecture ; ou bien, ce peut être un représentant d'un département fonctionnel qui explique une exigence particulièrement complexe et ses critères d'acceptation. Parfois, les équipes commencent leur réunion par un rapide bilan de la dernière itération ou de la dernière release.

Sur la figure 4-10, voici représenté l'agenda d'une réunion de planification d'une itération qui a permis à une équipe de sept personnes de s'engager sur une itération de deux semaines avec un ensemble de tâches et d'estimations pour chaque story.

Il faut remarquer que l'équipe élabore prudemment son planning en faisant le point sur ce qui s'est passé dans l'itération précédente. Pour cette équipe, c'était important parce qu'elle s'interrogeait sur sa stratégie de test dans l'itération précédente et avait donc besoin de cette information pour planifier la nouvelle itération. Elle fait également le point sur sa capacité (disponibilité) et tous les changements survenus dans le product backlog avant de définir ses tâches, ses estimations et ses inquiétudes (points « G », « H » et « I »).

Figure 4-10

Agenda d'une réunion de planification (itération)

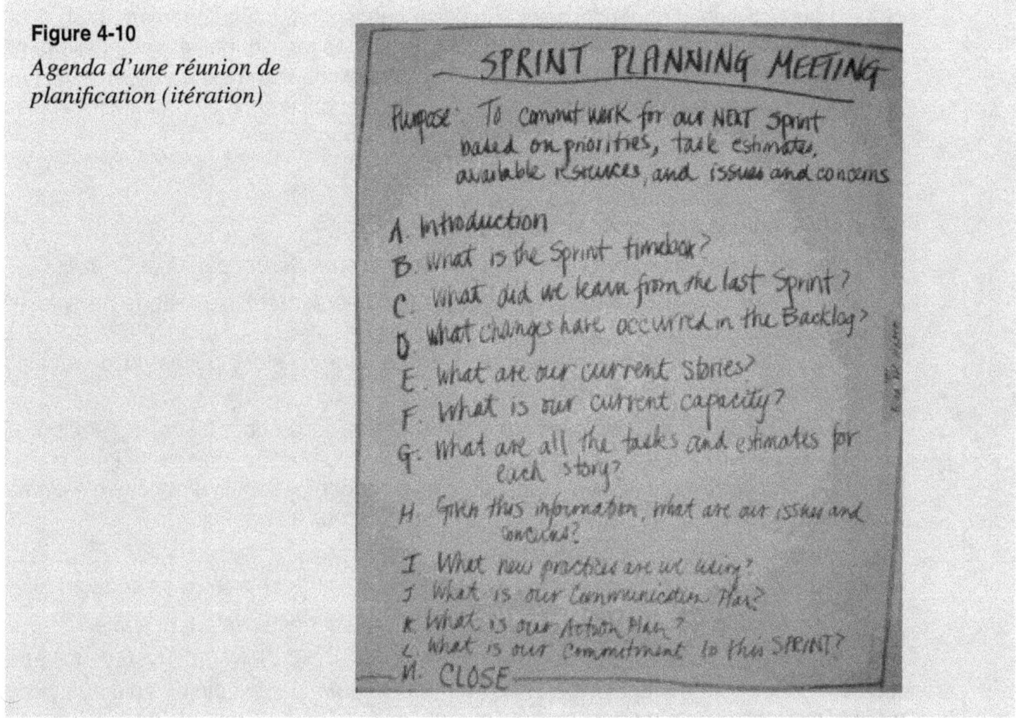

En conclusion, à la fin de ces réunions, le chef de projet devrait amener l'équipe à analyser si la réunion a été un succès ou pas : ce qui a bien fonctionné durant la réunion et ce qu'il faudrait changer pour la prochaine réunion. Ces rétrospectives, intégrées à la réunion, aident les équipes à améliorer leur processus de planification.

Niveau 4 : plan de l'itération

À l'intérieur des jalons de fin et début de l'itération, on définit ce que l'on va y faire. Lorsque l'itération débute, les stories retenues sont détaillées, à leur tour, pour estimer les activités à réaliser. Au sein d'une release, seule l'itération qui débute est planifiée en détail.

Il s'agit, à présent, lors d'une nouvelle réunion de planification (*iteration* ou *sprint planning meeting*) avec l'ensemble de l'équipe et le représentant du client, de lister les activités techniques (par exemple, implémenter les composants techniques, faire de la persistance en base de données…), nécessaires pour réaliser les stories affectées à l'itération.

Généralement, dans une première partie de cette réunion, quelques heures sont consacrées à la compréhension des attentes du client et à la définition des critères d'évaluation ; les stories sont décrites sur des fiches bristol que l'on peut s'échanger et compléter facilement ; ensuite, dans une deuxième partie, l'équipe détaille les travaux à réaliser, recense les activités et estime le temps nécessaire à leur réalisation en heures (ideal hours) ou en points.

Toutes les activités sont concernées : analyse, conception, développement, test, documentation… indispensables à l'implémentation complète d'une fonctionnalité, potentiellement livrable (*potentially shippable*) à la fin de l'itération. Une fonctionnalité n'est considérée comme achevée (*done*) que lorsqu'elle a été validée par le client et documentée. On ne différencie pas ces différentes disciplines, intégrées, par essence, dans une activité.

Quel est le principe du jeu de poker ou *planning poker* ?

C'est le principe du *planning game* dans XP, adapté pour Scrum par Mike Cohn[a].

Lors d'une séance de « jeu de poker », toute l'équipe est réunie ; chaque participant se voit confier un jeu de cartes, qui comportent chacune une valeur : par exemple, 0, 1, 2, 3, 5, 8, 13, 20, 40 et 100. Ces valeurs correspondent au nombre de story points ou de ideal days qui seront affectés à une user story.

Une présentation de chaque user story est faite par le product owner à l'équipe, puis une discussion s'ensuit sur les détails de cette story. Chacun estime ensuite la taille de la story et présente une carte avec la valeur retenue correspondante. Les divergences d'estimation sont alors débattues et analysées jusqu'à ce qu'un consensus soit trouvé.

L'avantage est que cette démarche d'estimation est, elle aussi, consensuelle, conviviale, rapide, permettant à chacun de s'exprimer et de justifier son chiffre pour mieux s'engager ensuite.

NB : C'est encore la valeur relative qui est importante et non la valeur absolue.

Une équipe peut avoir recours à cette technique de « jeu » lors du lancement du projet (au cours de deux ou trois réunions de deux ou trois heures, par exemple), puis au moment de la planification d'une release ou d'une itération.

---

a. Mike Cohn, *Agile Estimating and Planning*, Prentice Hall, 2005.

Si le nombre total de points ainsi calculé correspond à la vélocité estimée de l'itération, l'équipe peut s'engager collectivement auprès du client sur le résultat à atteindre et l'achèvement des activités correspondantes.

La vélocité estimée par l'équipe, c'est-à-dire sa capacité à prendre en charge x points, est une vélocité cible hypothétique lors d'une première expérience ; ensuite, elle est basée sur la vélocité réelle constatée sur l'itération précédente ou une moyenne calculée sur la vélocité des itérations précédentes.

À l'issue de cette réunion de planification, l'ensemble de l'équipe dispose d'un *sprint* ou *iteration backlog*, c'est-à-dire un sous-ensemble du product backlog initial qui ne comporte que les tâches des stories qui seront implémentées dans cette itération. Il résulte de la formalisation des échanges de la réunion qui ont souvent lieu autour d'un tableau blanc et de Post-it. Il est important de noter que dans le product backlog on liste des fonctionnalités, alors que dans le sprint ou iteration backlog, on bascule vers les activités correspondant aux fonctionnalités implémentées.

Il est à noter que ces activités ne sont pas nominatives.

Cas pratique

Poursuivons notre exemple avec le sprint backlog de notre projet, dérivé du product backlog initial (voir chapitre 3, figure 3-9). La figure 4-11 nous en présente un extrait.

Sprint Backlog

Exigence	Activités	Resp.	Statut (ND pour non démarré, EC pour en cours, A pour achevé, AN pour annulé)	Reste à faire estimé								
				0 30	1 0	2 0	3 0	4 0	5 0	6 0	7 0	8 0	9 0
Caractéristiques produit	Indexation d'une portion de document source		ND	3									
	Typage et enregistrement d'une indexation		ND	0,5									
	Suppression d'une indexation		ND	1									
	Création d'un nouveau terme de référence		ND	2									
	Typage d'un terme de référence		ND	0,5									
	Association de synonymes à un terme de référence		ND	1									
	Suppression de synonymes ou termes de référence		ND	1									
	Ajouter une remarque éditoriale		ND	2									
	Modifier les paramètres d'une remarque éditoriale		ND	0,5									
	Modifier et versionner une remarque éditoriale		ND	1									
Bureau métier	Interface de connexion des composants applicatifs		ND	4									
	Intégration "to do list"		ND	3									
	Gestion de l'authentification		ND	3									
	Gestion des menus dynamiques		ND	2									
	Paramétrage des recherches		ND	3									
	Paramétrage des raccourcis clavier		ND	2,5									

Figure 4-11

Exemple d'un sprint backlog (extrait)

Dans notre exemple, les cas d'utilisation et les exigences de haut niveau ont été détaillés et les tâches correspondantes listées. On peut suivre l'avancement d'une tâche par son statut (colonne Statut) et voir si elle est démarrée, en cours de réalisation, achevée ou annulée. L'effort nécessaire a été estimé pour chaque activité ; il représente une charge globale de 30 jours ; l'itération durera neuf jours et le reste à faire sera réévalué chaque jour puis reporté dans la colonne correspondante.

Le tableau blanc et les Post-it : cela fait un peu artisanal, alors qu'il existe de nombreux outils de planification !

1) La réponse de l'expert **Pascal Pratmarty**, consultant indépendant et ingénieur expérimenté en développement logiciel.

Je ne pense pas qu'il y ait une quelconque opposition entre les outils « modernes » de planification et les supports d'information tangibles tels que le tableau blanc ou les Post-it.

Les murs offrent un espace de partage, d'échange et de rassemblement autour des activités courantes ou à très court terme :

– L'accessibilité d'un tableau de bord permet à l'équipe de sentir l'avancement concret dans l'itération et de décider des priorités.

– Les techniques de brainstorming (comme le *mind-mapping*) sur tableau blanc libèrent un réel potentiel de créativité dans une équipe.

– Les Post-it se révèlent d'excellents supports dans le quotidien pour alimenter un « radiateur d'information » (renforcé par une convention sur les couleurs à utiliser, en fonction de la nature et/ou la priorité).

Selon mon expérience, les outils informatiques sont très complémentaires, en offrant de bons moyens logistiques pour la traçabilité du projet et la planification à moyen terme.

L'essentiel reste pour chaque équipe de construire et faire vivre le système qu'elle juge le plus simple et efficace en utilisation quotidienne.

2) La réponse de l'expert **Dominic Williams**, coach XP.

En effet, et il faut l'assumer. Tout l'enjeu de ces techniques est de changer radicalement d'attitude face à la planification. La planification ne doit pas être si complexe qu'on a besoin de la puissance de calcul d'un ordinateur pour la gérer. Le plan ne doit pas être si sacré qu'on a besoin d'une sauvegarde électronique. La planification ne doit pas se faire seul face à un écran et tournant de fait le dos aux autres personnes de l'équipe, ni même avec un « maître » qui manipule l'outil pendant que les autres regardent ce qu'affiche un vidéoprojecteur. Enfin, le plan ne doit pas être oublié aussitôt qu'il est fait ou mis à jour.

Le côté artisanal de ces outils sert donc à créer les conditions nécessaires à une planification simple, rapide, collective, qui reflète la réalité et qui reste à tout moment affichée aux yeux de l'équipe et de tout visiteur.

Le besoin légitime de communiquer ce plan au-delà de l'équipe et/ou sous une forme plus traditionnelle ne justifie pas d'abandonner les tableaux, fiches et Post-it. Il faut simplement prendre le temps supplémentaire pour retranscrire le plan au format demandé.

3) La réponse de l'expert **Jean Tabaka**, agile coach, Rally Software Development, Colorado.

Les petites équipes agiles (moins de 10 personnes) qui travaillent en un même lieu avec une vraie accessibilité peuvent tirer profit des outils de communication très simples. Alistair Cockburn fait référence à la « communication osmotique » lorsqu'il met en avant les valeurs des équipes qui sont très proches et qui s'appuient sur des outils simples de communication.

Les équipes sont plus transparentes lorsqu'elles se parlent en face à face que quand elles s'échangent l'information dans des e-mails ou des documents. En plus, cela prend moins de temps pour les collaborateurs de partager leurs informations s'ils sont tous devant un tableau blanc. Déplacer les Post-it favorise la circulation rapide des idées, soit pour prioriser ou pour classer ou encore ordonnancer.

Voici un exemple (figure 4-12) d'une petite équipe sur site qui a tiré profit du tableau blanc et des Post-it durant une réunion de planification d'une release.

Le *product owner*, le ScrumMaster, les développeurs et les testeurs s'attachent tous à définir les items, à les déplacer, tout en discutant. Ils s'appuient sur leurs hypothèses et les idées qu'ils débattent plutôt que sur un document écrit une semaine auparavant qui n'est peut-être plus valable ou fidèle aux attentes du client.

En même temps, l'équipe utilise des outils pour enregistrer électroniquement ses

Figure 4-12
Exemple d'une réunion de planification

décisions. Des outils de planification spécifiques pour les projets agiles, comme les outils Rally, aident l'équipe à enregistrer ses conversations et consolider l'information quotidienne sur l'état des items dans le product backlog, le *burndown chart*, le reste à faire pour tous les items qui sont planifiés et la charge de travail de chaque membre de l'équipe.

Les équipes qui sont délocalisées doivent quant à elles davantage s'appuyer sur ce genre d'outils, même pour leurs réunions de planification. Par exemple, une équipe en Californie, à Sunnyvale, construit son plan d'itération en réunissant tous ses membres devant le tableau blanc avec des Post-it. Lorsqu'elle a terminé son travail de recensement des tâches et d'estimation, l'équipe enregistre l'information dans un outil de collaboration en ligne. Ensuite, une équipe de Bangalore, en Inde, est en mesure de prendre connaissance du travail de l'équipe de Sunnyvale et d'ajouter ses propres tâches et ses estimations. Les collaborateurs peuvent aussi partager leurs préoccupations ou autres problèmes. Ils peuvent le faire après avoir, eux aussi, utilisé leur propre tableau blanc et des Post-it, et enregistré leurs décisions dans l'outil de partage. Dans ce cas, les deux types d'outils sont complémentaires. L'un ne remplace pas l'autre ; mais les deux sont là pour aider l'équipe à agir de façon collaborative et sans gaspillage.

Voici un autre exemple (figure 4-13) d'une réunion de planification de release lors de laquelle quatre équipes doivent coordonner leurs plans. Elles ont recours au tableau et aux Post-it tout en utilisant leur outil électronique en ligne pour avoir accès à un maximum d'information disponible avec la plus grande interactivité et la meilleure collaboration.

Figure 4-13

Exemple d'une réunion de planification (2)

Avec le backlog de l'itération, l'équipe a son « plan de route » et peut ainsi démarrer les travaux.

Niveau 5 : cycle quotidien

Une équipe agile se réunit chaque jour pour suivre l'avancement de l'itération en cours : c'est le *daily stand-up meeting* – la mêlée ou Scrum –, rapide réunion de quinze minutes au cours de laquelle chaque membre de l'équipe fait le point sur ce qui a été fait la veille, ce qui va être fait le jour même et les éventuels blocages rencontrés (trois questions systématiques).

Si cette réunion n'est pas à proprement parler une réunion de planification, elle permet toutefois de réajuster très rapidement le planning, l'organisation ou la répartition des tâches pour la journée à venir, et prendre des décisions tactiques, sans attendre la fin de l'itération.

À partir du backlog de l'itération, l'équipe peut rapidement visualiser le planning de réalisation des tâches ; ce planning se présente sous forme d'un *burndown chart*, courbe idéale de réalisation du travail restant à faire (qui normalement décroît pour arriver à zéro en fin d'itération).

Un burndown chart (figure 4-14) peut être établi pour l'itération en cours mais également, de façon plus macroscopique et à titre indicatif, pour la release ou le projet dans sa globalité, en se basant sur les fonctionnalités ou les stories positionnées dans les différentes « boîtes de temps ».

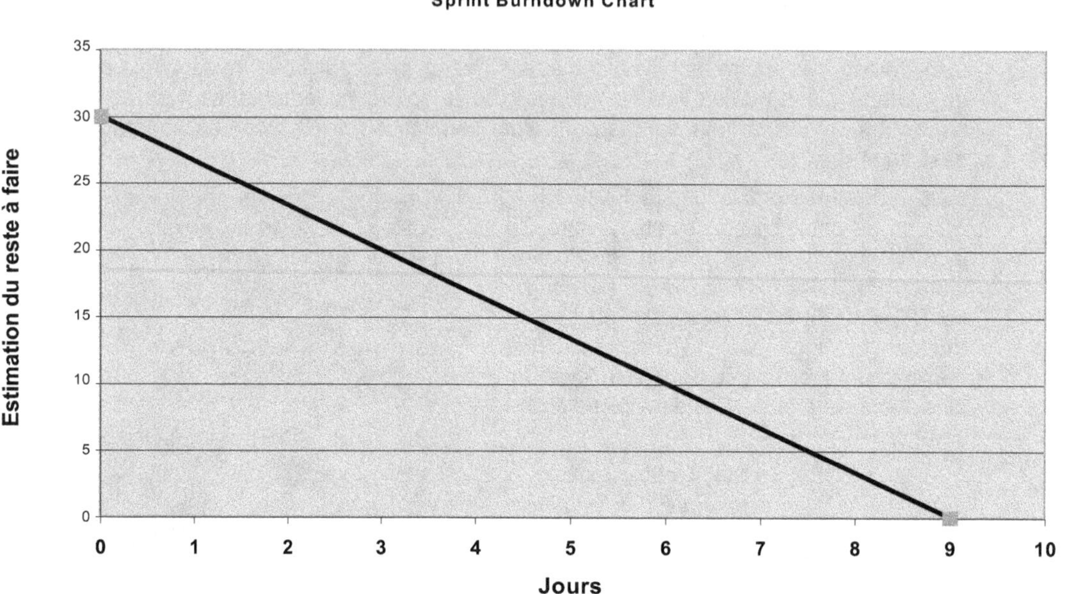

Figure 4-14

Exemple de burndown chart

Cela signifie-t-il que la granularité du product backlog évolue en fonction des niveaux de planification ?

La réponse de l'expert **Jean Tabaka**, agile coach chez Rally Software Development, Colorado.

Les équipes agiles travaillent avec la ferme conviction que détailler trop tôt tous les aspects du système est une perte de temps. Cette conviction repose sur les principes du lean management, qui combattent le gaspillage et luttent pour la création de valeur. De plus, détailler trop tôt un item peut induire des contraintes sur la conception qui nécessiteront plus tard des ajustements coûteux. Animé par ce souci de réduire le gaspillage, la question pour une équipe agile devient alors : « Quand et comment détailler chaque item ? » Le client ou le product owner, avec les autres parties prenantes et les experts métier, gèrent la granularité des items en appliquant certaines règles qui réduisent le gaspillage et préservent l'apport de valeur.

D'abord, le niveau de détail doit être suffisant pour permettre à l'équipe (développeurs, concepteurs, testeurs, rédacteurs techniques et les autres) de passer à l'étape suivante de planification. Lorsqu'un projet en est au stade de la vision, la granularité des items du product backlog est très macroscopique. La position est : « Quelles sont les fonctionnalités qui créent le plus de ☞

valeur à nos clients ? Nous acceptons ce niveau de détail jusqu'à ce que nous abordions la planification d'une release du produit ».

Lorsque l'équipe aborde la planification d'une release, les items qui ont la plus haute priorité dans le product backlog doivent être suffisamment détaillés pour permettre à l'équipe de dire, soit « Oui, nous sommes prêts à nous engager à livrer toutes ces fonctionnalités dans cette version du produit », soit « Non, compte tenu de notre niveau de connaissance à ce jour, nous ne pouvons nous engager à livrer ces fonctionnalités dans cette version du produit ». Ainsi, à ce stade d'avancement, la granularité des items doit être suffisante pour estimer leur valeur par rapport au risque et au coût de leur implémentation. Généralement, les équipes font ce travail en sélectionnant la fonctionnalité et en la découpant en plusieurs exigences plus petites appelées les stories. On attribue, alors, une taille relative à chaque story (cette story est deux fois plus complexe que celle-ci) et non une taille absolue (cette story nécessite cinq développeurs, quatre heures par jour durant les trente-cinq prochains jours, une autre deux développeurs, huit heures par jour durant dix-neuf jours).

Une fois que les items prioritaires du product backlog sont découpés en stories, les développeurs, les testeurs et le client commencent à fournir davantage de détail pour permettre la planification de l'itération. Dans certains cas, l'aide d'un architecte ou d'un analyste métier est nécessaire pour amener un item à ce niveau de détail. Cela peut prendre la forme d'un jeu de cas de tests ou de tests aux limites, un scénario de use case ou une simple liste des critères d'évaluation. L'équipe est toujours invitée à éliminer le gaspillage en ne fournissant que le détail suffisant pour que l'équipe dise si elle peut s'engager ou pas à livrer cette story dans l'itération.

Le niveau de granularité le plus détaillé d'un PBI émerge au travers du travail quotidien au cours d'une itération. Chaque jour, le développeur, le testeur et le client travaillent pour se mettre d'accord sur les conditions de la recette finale de l'item. Cela détermine ce que doit être le niveau de détail final nécessaire.

Les architectes, les analystes métier, les ergonomes, l'équipe support et les rédacteurs techniques doivent aussi contribuer à obtenir cette vision détaillée de l'item. Finalement, l'item est dans sa forme de spécification la plus détaillée lorsqu'il a été accepté : le code contient le détail complet, et toutes les spécifications contiennent le détail pour supporter le code.

La technique Pomodoro[4]

La technique Pomodoro est une méthode d'optimisation du temps. « Pomodoro » signifie « tomate » en italien et fait référence à un minuteur de cuisine en forme de tomate.

Partant du constat que l'on est souvent anxieux de ne pas finir une tâche à l'heure, l'anxiété peut prendre le pas sur la concentration et l'efficacité. On est également souvent perturbé par un appel téléphonique, l'arrivée d'un e-mail… Et la tâche n'est pas réalisée à l'échéance prévue ou bien a pris plus de temps que prévu.

L'objectif de la technique est donc d'améliorer la productivité en éliminant toute forme de distraction ou d'interruption.

4.   *www.pomodorotechnique.com*

Le principe est de planifier une plage de temps de 25 minutes (un « pomodoro ») durant laquelle l'effort de concentration est maximal sur l'exécution d'une tâche ; à l'issue des 25 minutes, le minuteur sonne et on a le droit à une pause de 3 à 5 minutes, pour répondre à un e-mail, rappeler un interlocuteur, avant de redémarrer un nouveau « pomodoro » de 25 minutes. Une pause de 15 à 30 minutes peut alors être prise au terme de quatre « pomodori » (environ deux heures).

Les avantages de cette gestion du temps « itérative » sont multiples :

- des pauses régulières permettent de se régénérer et d'éliminer le stress ; elles favorisent l'efficacité ;

- le principe du « multitâche » peut être néfaste à la productivité ; se concentrer sur une seule tâche permet d'approfondir un sujet et de s'y consacrer totalement. La qualité du travail s'en trouve améliorée ;

- l'échéance des 25 minutes impose une discipline de gestion et d'optimisation de son temps (principe du *timeboxing*) – pas de déperdition ou de gaspillage du temps.

La technique Pomodoro, c'est l'application au plan individuel des principes du découpage itératif, fondement des méthodes agiles. Chacun est alors à même d'évaluer, a posteriori, sa productivité et d'améliorer sa capacité à estimer. Cela est d'autant plus utile que chaque membre de l'équipe agile est sollicité lors des réunions de planification pour l'estimation des tâches.

Ce qu'il faut retenir

Planifier est un véritable « casse-tête » pour un chef de projet, surtout s'il s'efforce de tout vouloir planifier, très tôt dans le cycle de vie du projet.

Il s'agit tout d'abord de définir une enveloppe globale ; plusieurs techniques de macro-estimations, certaines empiriques, d'autres plus « scientifiques » permettent de déterminer cette enveloppe. Une fois l'enveloppe calculée, l'exploitation qui en sera faite dépendra de la stratégie de planification retenue.

Une approche prédictive consiste à vouloir définir un planning basé sur des besoins que l'on aura préalablement figés, puis sur les tâches à réaliser pour satisfaire ces besoins. Cette approche est supportée par des outils de planification qui permettent d'élaborer des structures de découpage, des diagrammes de Gantt, de repérer le chemin critique sur les diagrammes de réseaux d'activités... La préoccupation du chef de projet est, dans ce cas, de suivre son planning et d'essayer de « coller » à ce planning en évitant tout écart.

Beaucoup plus simples et réalistes, les méthodes agiles préconisent une planification macroscopique initiale, puis détaillée « au fil de l'eau ». Aux étapes qui jalonnent le déroulement du projet correspondent des niveaux de planification : le démarrage avec la vision, la roadmap, la release, l'itération et la journée de travail. Ici, la préoccupation du chef de projet est d'adapter le planning ou toute autre composante du projet (budget, périmètre...) en fonction des contingences.

Fortement recommandée, une approche collaborative est souhaitable pour bénéficier des expériences multiples du groupe, et ainsi fiabiliser les activités d'estimation et de planification. La technique de la Wide Band Delphi ou le *planning game* sont des pratiques à appliquer le plus fréquemment possible au cours des réunions de planification au cours desquelles le consensus est toujours recherché.

En résumé, les deux solutions proposent une démarche en plusieurs étapes (tableau 4-4).

Tableau 4-4 Synthèse des étapes de la planification

Démarche prédictive	Démarche agile
Étape 1 : calculer le délai	Étape 1 : estimation relative des fonctionnalités
Étape 2 : calculer le coût	Étape 2 : affectation des fonctionnalités aux différentes releases (*roadmap*)
Étape 3 : recenser les activités	Étape 3 (*release*) : clarification des fonctionnalités (*user stories*) et affectation aux différentes itérations
Étape 4 : calculer la durée des activités	Étape 4 (itération) : recensement des tâches pour chaque story traitée
Étape 5 : ordonnancer les activités	Étape 5 (réunion quotidienne) : réajustement du planning, répartition des tâches
Étape 6 : établir le planning	

Dernière étape 7 : ajuster le planning

5

Suivre et piloter son projet

C'est pendant l'orage qu'on connaît le pilote.

Sénèque, extrait de *De Providence.*

Si les activités de planification déterminent où l'on va et comment on y va, les activités de pilotage et de suivi de projet permettent d'identifier où l'on en est (constat) et où l'on en sera réellement (projection, par anticipation, sur la fin du projet) ; on sait en effet que des aléas viennent perturber le déroulement du projet et que le taux de progression n'est jamais celui qu'on a prévu : ainsi les actions régulières de suivi de projet atténuent-elles l'effet de ces aléas.

Plus ce suivi sera rigoureux et plus les indicateurs du tableau de bord seront pertinents, meilleure sera la qualité de la décision pour ramener le projet sur la trajectoire de la réussite. Un bon suivi de projet tient en la disponibilité d'informations fiables et à jour.

Ces indicateurs, éventuellement outillés et automatisés, remontent des alertes au chef de projet, mais ce dernier, avec son équipe, a la responsabilité de les interpréter et de prendre les décisions pour déclencher les actions qui s'imposent.

Piloter et suivre son projet, dans une démarche classique, consiste à suivre et analyser les écarts par rapport à un plan préétabli ; dans un projet agile, piloter signifie s'adapter en permanence pour mieux progresser vers l'objectif que l'on s'est fixé.

Quel est, selon la démarche, le choix des indicateurs ; quelles sont les modalités de suivi et de reporting, et la fréquence de ces activités ?

Quels indicateurs suivre ?

La stratégie de suivi et de pilotage est définie à chaque projet, en fonction de sa taille ou de sa criticité, du nombre d'acteurs ou encore du contexte contractuel : processus de suivi, indicateurs retenus, rôles, fréquence de collecte et de diffusion, mode de communication.

Bien évidemment, la démarche adoptée, qui se caractérise par une approche soit prédictive, soit agile, et par une formalisation plus ou moins outillée du planning, va impacter les modalités de suivi du projet. Les indicateurs de contrôle et les outils de pilotage varient selon la stratégie retenue pour la planification et la conduite du projet dans son ensemble.

Néanmoins, quatre questions sont communes à tout chef de projet soucieux de piloter son projet : « Quelle quantité de travail avons-nous réalisée à ce jour ? » ; « Quelle quantité de travail nous reste-t-il à réaliser ? » ; « Qu'avons-nous dépensé ? » et « Combien allons-nous dépenser en tout ? », si nous voulons réaliser ce qui a été défini…

Dans une approche classique, le chef de projet focalise sur le suivi du délai et du budget, en particulier parce qu'une démarche prédictive s'attache à respecter ce qui a été figé dans le planning de départ. Mais le tableau de bord, outil de contrôle et de suivi, ne se limite pas à la surveillance des délais et du budget. Il comporte également des indicateurs relatifs à la performance réalisée, à la qualité de cette performance et au suivi des risques.

La performance

La performance d'un projet à un instant t est la part de l'ensemble des travaux qui a été réellement réalisée : « Qu'avons-nous produit, à ce jour ? »

La difficulté réside dans la valorisation de cette performance ; on peut dénombrer un nombre d'activités réalisées, un nombre de fonctionnalités ou d'exigences développées et validées, un nombre de points de fonction ou de cas d'utilisation implémentés…

La technique phare de suivi de performance est celle de la *Earned Value Management System* (EVMS) ou technique de la valeur acquise, standardisée depuis les années 1980 par le Department of Energy, le Department of Defense et la Nasa, aux États-Unis.

La technique de la valeur acquise, décrite dans le PMBOK du PMI, définit précisément les indicateurs pour contrôler, outre les coûts et les délais, la performance réalisée. Dans un premier temps, on observe, puis on compare par rapport à ce qui a été planifié et budgété, et enfin, on anticipe la fin du projet.

Dans une démarche agile, la performance ou l'avancement technique se mesure, non pas à l'avancement des activités, mais au nombre de fonctionnalités développées et validées par le client.

> Si des fonctionnalités ou user stories ne sont pas achevées, elles ne doivent pas être comptabilisées dans la performance, à moins d'être subdivisées en stories plus petites. Dans ce cas, on ne prendra en considération que les activités effectivement achevées qui permettent de qualifier une fonctionnalité de « done », c'est-à-dire développée, testée, validée, documentée et potentiellement exploitable.

Le tableau 5-1 synthétise les indicateurs de la technique de la valeur acquise.

Tableau 5-1 Les indicateurs de la technique de la valeur acquise

Indicateur	Répond à la question	Exemple
On observe		
Avancement technique	Quelle quantité de travail avons-nous réalisée à un instant t ?	Nous avons planifié la rédaction de 10 scénarios de test. Nous avons rédigé 4 scénarios à ce jour, l'avancement technique est donc de 40 %.
Coût réel (CR)	Combien avons-nous réellement dépensé pour cette quantité de travail réalisée ?	Nous avons dépensé 3 jours/homme pour rédiger quatre scénarios de tests.
On compare avec la planification initiale		
Valeur acquise (VA)	Que représente, en valeur, la quantité de travail réalisée ?	Si l'activité « rédiger les 10 scénarios de test » avait été initialement estimée à 5 jours/homme, la valeur acquise pour 4 scénarios rédigés sur 10 est de 2 jours/homme (4/10 = 40 %, donc $5 \times 0,4 = 2$).
Écart en performance (EP)	Où en sommes-nous par rapport à ce qui était planifié ?	Nous avions planifié de rédiger 5 scénarios, à cette date ; or, nous n'en avons rédigé que 4. L'écart en performance est de 1 scénario ou 10 %.
Écart en coût (EC)	Qu'avions-nous budgété pour le travail réalisé ?	Nous avons rédigé quatre scénarios de test pour un coût de 3 jours/homme (CR), alors que nous avions budgété 2 jours/homme (VA). EC est donc de + 1 jour/homme.
Écart en délai (ED)	À quelle date avions-nous planifié la quantité de travail réalisée ?	Nous avons rédigé 4 scénarios de tests (au lieu de 5 initialement prévus à cette date) ; ED indique la différence entre la date du point d'avancement et la date à laquelle nous aurions dû rédiger les quatre scénarios.
On anticipe la fin du projet		
Coût estimé pour achèvement du reste à faire (RAF)	Quelle quantité de travail nous reste-t-il à réaliser ? Quel coût estimons-nous pour sa réalisation ?	À ce jour, il nous reste 6 scénarios de tests à rédiger. Compte tenu des constats et de l'analyse des indicateurs, nous devons estimer le coût et le délai pour ce travail restant à réaliser.
Coût final estimé (CFE)	Quel coût final estimons-nous pour la réalisation du projet dans sa globalité ?	Le coût final de l'activité « rédiger 10 scénarios de test » est ré-estimé en fonction des relevés effectués et de l'estimation du RAF.

La qualité

Mesurer la performance est une chose, évaluer la qualité de cette performance en est une autre. Il n'est pas dit que les activités réalisées ou les fonctionnalités développées remplissent les critères d'évaluation ou satisfassent le client !

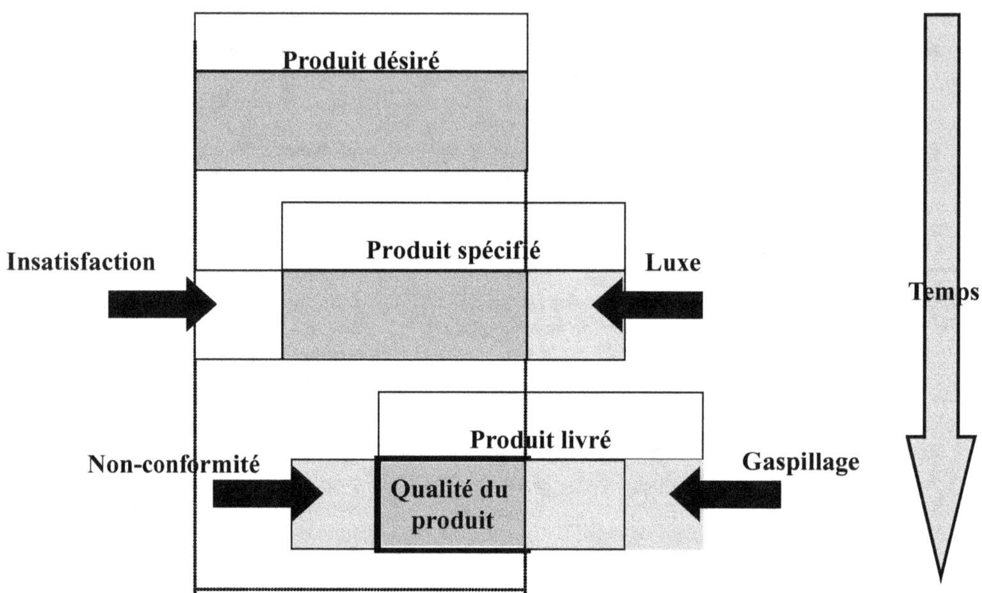

Figure 5-1

La non-qualité

La non-qualité peut donc se résumer (voir figure 5-1) et prend des formes différentes : non-conformités, anomalies, bogues, sur-qualité, gaspillage…

On peut distinguer la *qualité perçue* et la *qualité intrinsèque* d'un produit. La qualité perçue est celle que l'on mesure en observant la conformité du produit aux attentes et/ou aux exigences exprimées ; en appréciant l'ergonomie ou « l'utilisabilité » (*usability*) d'une application ou encore en testant ses performances. (Si un utilisateur attend le résultat d'une requête, le temps de réponse doit être rapide, si l'on veut lui apporter confort et efficacité ; cela ne veut pas dire que tous les traitements de l'application doivent être rapides, mais ceux qu'il *perçoit* par ses interactions avec l'application doivent l'être.) La qualité intrinsèque est moins visible mais a un impact sur la robustesse, l'évolutivité ou la maintenabilité d'un produit : existe-t-il du code dupliqué ou du code « mort » jamais sollicité ? Y a-t-il du code complexe, du code qui ne vérifie pas les cas d'erreurs ou mal testé ? Ces défauts ne sont pas systématiquement « perceptibles » par l'utilisateur mais peuvent dégrader la qualité globale d'un produit, satisfaisant toutes les fonctionnalités et ayant une excellente ergonomie.

Le contrôle qualité, défini comme l'effort de détection des défauts, peut être déclenché après les développements, considérant que, pour effectuer ces contrôles, les activités de codage doivent être achevées. Mais il peut être également mené dès les premiers développements afin de dépister et de corriger au plus tôt d'éventuelles anomalies. Là encore, la stratégie, classique ou agile, organise différemment ces activités.

Un certain nombre d'indicateurs liés à ces aspects qualité doivent donc également être intégrés à la liste des indicateurs de suivi du chef de projet : nombre de non-conformités, nombre de demandes de changements dans les exigences, nombre de tests, leçons apprises…

Les risques

L'objectif de la gestion des risques est d'anticiper sur le déroulement du projet et de prendre des décisions sur les actions à mener.

Comme l'effet de surprise peut être désagréable, on anticipe et on imagine les scénarios catastrophes, en identifiant les risques et les menaces qui pourraient compromettre le succès du projet.

Qu'est-ce qu'un risque ?

« Un événement ou une situation dont la concrétisation, incertaine, aurait un impact négatif sur au moins un objectif du projet » (PMBOK, PMI).

Quels sont les types de risques que l'on peut rencontrer ?

Le PMI propose une structure des risques ; celle-ci distingue :

– Les risques techniques : liés au domaine fonctionnel, à la stabilité des exigences, aux technologies mises en œuvre, à la complexité des interfaces, aux exigences de performance, au niveau de qualité requis…

– Les risques externes : liés aux sous-traitants et aux fournisseurs, aux réglementations, au marché, aux clients (disponibilité, circuits de validation)…

– Les risques organisationnels : liés aux ressources, aux dépendances du projet, au financement, aux priorités…

– Les risques de management du projet : liés aux estimations, à la planification, à la maîtrise des techniques de management, à la communication, à la méthodologie utilisée…

Dans un projet agile, la gestion des risques est implicite. En effet, moins formalisée, elle n'est pas pour autant sacrifiée mais intégrée dans le pilotage quotidien du projet. De par le souci de transparence qui anime l'équipe, les obstacles potentiels sont plus visibles de tous et constituent l'une des préoccupations majeures du chef de projet, dont le rôle est précisément de lever ces obstacles. Les dérives potentielles et les difficultés anticipées sont repérées quotidiennement lors des réunions quotidiennes (voir plus bas « Comment piloter le projet ? »).

Comment suivre ces indicateurs ?

Un suivi rigoureux du projet s'appuie sur un relevé régulier des mesures.

Le choix des indicateurs est déterminé, si cela n'a été fait au niveau de l'organisation, à chaque début de projet. Leur pertinence doit être appréciée en fonction de la taille et de la maturité de l'équipe projet, de la demande du client, du comité de pilotage et du comité de projet, des enjeux du projet pour l'entreprise, des risques identifiés, de l'environnement contractuel du projet ou encore des outils utilisés.

Ainsi, le chef de projet et l'équipe déterminent les éléments qui doivent figurer dans leur *tableau de bord*, outil indispensable de pilotage du projet.

La collecte des informations ne peut se faire que sur la base d'un consensus au sein de l'équipe. Il se peut que tout le monde ne joue pas le jeu, en particulier dans une équipe traditionnelle, qui n'a pas été sensibilisée à la notion de performance et de résultats collectifs. Qui ne s'est pas senti « fliqué », en devant fournir précisément le détail de ses heures consommées ?

La collecte est par conséquent souvent laborieuse, souvent manuelle ou peu automatisée, la consolidation se révélant, de surcroît, souvent lourde.

Par exemple, chaque membre de l'équipe doit préciser, pour chaque activité dont il a la responsabilité, si elle a démarré, a avancé ou est terminée, et estime le « reste à faire » associé à ce pointage. Au final, le chef de projet doit avoir une visibilité sur les activités qui auraient dû démarrer, celles qui auraient dû se terminer, les activités supplémentaires qui se sont avérées nécessaires.

Un effort significatif doit, par conséquent, être consacré à la sensibilisation des équipes pour fournir cette information. Il est idéal de recueillir les informations de l'équipe quotidiennement. En effet, cela ne prend que quelques minutes pour faire le point sur le travail effectué et fournir une information fiable. Et ce, quelle que soit l'approche adoptée pour conduire le projet. Cela prendra davantage de temps le vendredi soir ou le lundi matin, pour se remémorer le travail réalisé et le temps passé sur la semaine qui s'est écoulée, avec des données qui ne pourront être qu'approximatives.

Mesurer la performance

Un projet démarre sur la base d'un premier plan, qui fixe un périmètre, un délai et un budget global ; ce plan est ensuite plus ou moins détaillé, en tous les cas pour les premières étapes. Il constitue la référence de base[1].

Pour reprendre une analogie de Gilles Vallet[2], cette référence de base est comme la montre que l'on porte, qui ne garantit pas que l'on sera toujours à l'heure mais qui, en revanche, indique si l'on est en retard.

---

1. Le PMI définit, dans son PMBOK, la référence de base comme « le plan approuvé du travail du projet par rapport auquel son exécution est comparée et les écarts mesurés, ceci afin de garder le contrôle du projet ».

Dans un projet classique

Comment définit-on la référence de base, avec la technique de la valeur acquise ?

En établissant le planning on a, pour chaque activité, estimé son coût (charge ou budget) et prévu sa date d'achèvement ; c'est la valeur planifiée (VP), qui correspond au coût budgété pour le travail planifié. La somme des VP de toutes les activités donne la valeur planifiée cumulée (VPc) du projet, c'est-à-dire le budget total du projet et sa date d'achèvement.

Exemple : reprenons notre exemple des 10 scénarios de tests à rédiger ; la VPc du projet est de 5 (10 scénarios de tests représentent un coût global de 5 jours/homme).

La figure 5-2 illustre la représentation graphique de la VPc du projet.

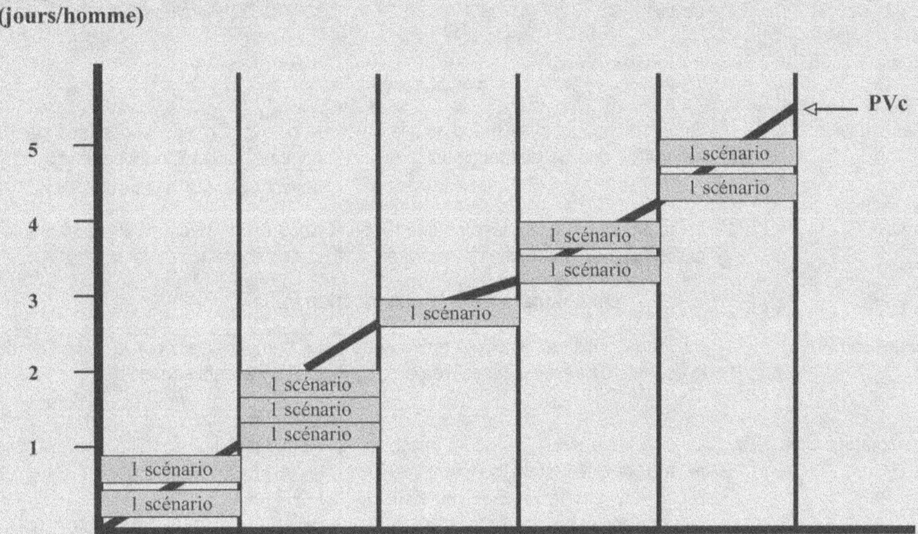

Figure 5-2

Courbe de la valeur planifiée d'un projet

Sur la figure 5-2, on observe que le projet de rédaction de 10 scénarios de test doit durer une semaine (5 jours calendaires) et coûter 5 jours/homme au total. La courbe VPc est le cumul du budget prévu pour la rédaction de chaque scénario.

Cette référence est ensuite utilisée par le chef de projet pour mesurer l'avancement ou la performance du projet ; il détecte et analyse d'éventuels écarts (performance, coût, délais), dont il évalue l'impact sur la portée globale du projet.

2. Gilles Vallet, *Techniques de suivi de projets*, 2nde édition, Dunod, 2003.

Comment suivre ces indicateurs ?

Reprenons les indicateurs de la valeur acquise décrits plus haut (tableau 5-1) et notre exemple des 10 scénarios de tests.

Nous effectuons un relevé de mesure à la fin du jour 2 et observons les indicateurs retenus (tableau 5-2).

Tableau 5-2 Calcul des indicateurs de la technique de la valeur acquise

Indicateur	Mode de calcul	Illustration
On planifie		
Valeur planifiée (VP)	Le budget prévu pour la performance planifiée.	Nous avions prévu de rédiger 5 scénarios pour un coût de 2,5 jours/homme. VP = 2,5
On observe		
Avancement technique	La part du budget initial prévu pour le travail réalisé dans le budget global.	Nous avons rédigé 4 scénarios sur 10, soit 2 jours/homme, sur les 5 jours/homme budgétés. L'avancement technique = 2/5 = 40 %
Coût réel (CR)	La somme du temps passé pour la réalisation (partielle ou totale) des activités.	Nous avons dépensé 3 jours/homme pour rédiger quatre scénarios de tests.
On compare avec la planification initiale		
Valeur acquise (VA)	Le budget initial qui avait été prévu pour la quantité de travail qui a été réalisé.	Le budget initial pour la rédaction de 4 scénarios était de 2 jours/homme. VA = 2 jours/homme
Écart en performance (EP)	La différence entre le budget initial des travaux réalisés et le budget initial de l'ensemble des travaux qui auraient dû être réalisés et qui ne le sont pas. Il se peut que la performance soit meilleure que celle planifiée, dans ce cas, l'écart en performance valorise la part des activités qui ont été effectuées alors qu'elles n'étaient pas prévues de l'être à cette date. EP = VA – VP	Le budget initial pour 4 scénarios : 2 jours/homme. Le budget initial pour 5 scénarios : 2,5 jours/homme. EP = 2 – 2,5 = 0,5 jour/homme, l'équivalent du cinquième scénario qui aurait dû être rédigé.
Écart en coût (EC)	Différence entre le coût réel des activités réalisées et leur budget initial. EC = CR – VA	Coût réel pour 4 scénarios : 3 jours/homme. Budget initial pour 4 scénarios : 2 jours/homme. EC = 3 – 2 = + 1 jour/homme.
Indice de performance des coûts (IPC)	VA/CR. Si IPC est inférieur à 1, cela signifie que le coût réel est supérieur au budget initial.	VA = 2 jours/homme CR = 3 jours/homme VA/CR = 2/3 = 0,66
Écart en délai (ED)	Différence entre la date d'achèvement des travaux réalisés et leur planification initiale. Il peut indiquer que le projet est en avance si la performance réalisée est supérieure à celle planifiée.	Date de réalisation des 4 scénarios : jour 2 Date initiale planifiée : Jour 1,5 ED = 2 – 1,5 = + 0,5 jour.

Tableau 5-2 Calcul des indicateurs de la technique de la valeur acquise *(suite)*

Indicateur	Mode de calcul	Illustration
Indice de performance des délais (IPD)	VA / VP Cet indice est utilisé pour prédire la date d'achèvement du projet et est souvent combiné avec l'IPC pour prévoir les estimations à la fin du projet.	VA = 2 jours/homme VP = 2,5 jours/homme IPD = 2/2,5 = 0,8
On anticipe la fin du projet		
Coût estimé pour achèvement du reste à faire (RAF)	Nouvelle estimation (coût et délai) pour le travail restant à réaliser.	À ce jour, il nous reste 6 scénarios de tests à rédiger. Nous maintenons le délai de la fin de la semaine. 1re hypothèse : nous maintenons notre budget initial, considérant, par exemple, que nous serons plus performants sur les scénarios suivants ou que ceux-ci sont plus faciles à rédiger. RAF = 2 jours/homme. 2nde hypothèse : nous réévaluons le RAF au regard du coût réel constaté. Nous appliquons l'indice de performance des coûts relevé. Dans ce cas, si nous voulons maintenir le délai, nous devons ajouter des ressources.
Coût final estimé (CFE)	La somme des dépenses réelles et du budget estimé pour le RAF. CFE = CR + RAF Ou l'indice de performance des coûts appliqué au budget global initial CFE = CR + ((PVc – VA)/IPC)	1re hypothèse : CFE = 3 + 2 = 5 jours/homme 2nde hypothèse : CFE = 3 + (5 – 2)/0,66 = 7,5 jours/homme

Figure 5-3

Les indicateurs de la technique de la valeur acquise

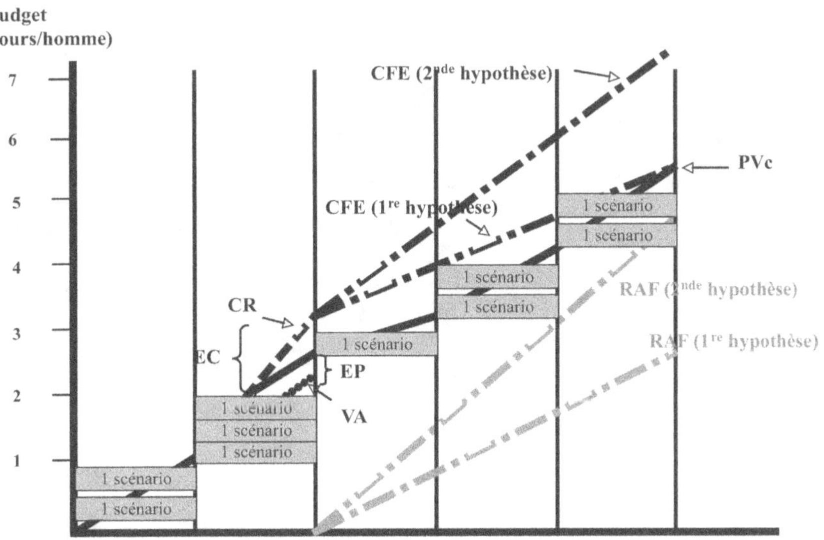

Établir cette référence de base suppose que le périmètre soit bien défini et que peu de changements interviennent ; le planning, linéaire, est construit avec une liste d'activités dont le coût et la date d'achèvement ont été préalablement déterminés.

Dans un projet agile, les éléments ne sont pas aussi rigoureusement planifiés et figés et le travail est réalisé de façon itérative. Comment, dans ces conditions, suivre les indicateurs de la technique de la valeur acquise ?

Dans un projet agile

La référence de base, dans un projet agile, correspond au plan de la roadmap (niveau 2) puis au plan de la release (niveau 3) : les dates de début et de fin des itérations sont fixées, les fonctionnalités, dont le coût est grossièrement estimé en points, peuvent être *provisoirement* affectées à chaque release, puis chaque itération.

Au niveau d'une itération, lorsque les activités correspondant aux user stories qui vont être implémentées sont listées, on établit le burndown chart, qui représente la courbe idéale de réalisation des activités.

Cas pratique

Reprenons notre projet d'évolution de système d'information.

La figure 5-4 nous montre le burndown chart mis à jour au terme du deuxième jour.

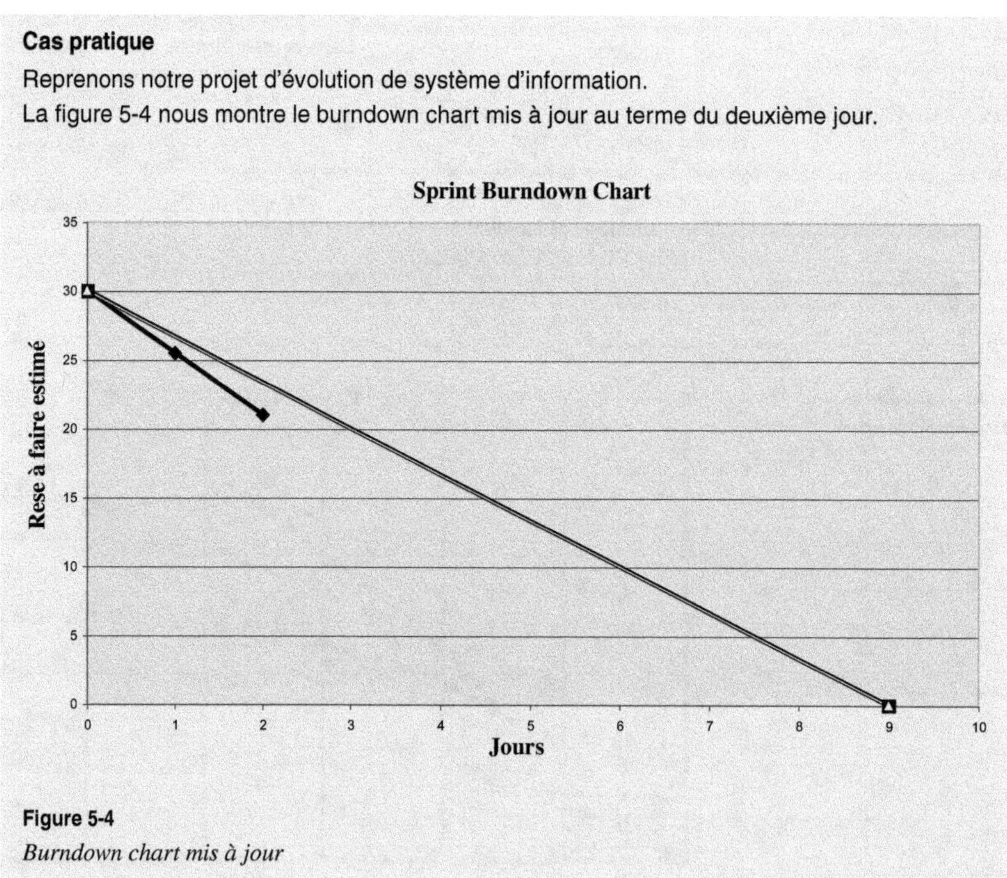

Figure 5-4

Burndown chart mis à jour

Sa mise à jour s'effectue quotidiennement par la saisie du travail restant à faire. Chaque collaborateur évalue la quantité de travail qu'il considère devoir consommer pour la réalisation des activités dont il a la responsabilité ; certaines d'entre elles peuvent se révéler plus coûteuses que prévu, d'autres suivent l'estimation initiale. Cette mise à jour régulière, associée à une réunion quotidienne, permet de suivre, au jour le jour, le déroulement du projet et de prendre toute disposition qui s'avérerait nécessaire. On peut ainsi mesurer l'écart entre la courbe idéale du départ et la réalité du projet, qui prend en compte les changements. On constate ici (figure 5-4), que le projet se déroule mieux que prévu, puisque la courbe du « reste à faire réel » est en dessous de la courbe du « reste à faire idéal ». Nous avons, donc, été pessimistes ou sommes plus performants que prévu.

Pourquoi, dans les approches agiles, se préoccupe-t-on du « reste à faire » plutôt que du réel consommé ?

La réponse de l'expert **Laurent Bossavit**, président de l'association Agile France.

Il faut rappeler qu'on envisage, en eXtreme Programming, une petite équipe de personnes d'horizons divers (ingénieurs, client[s], testeurs, etc.) affectés à plein temps à un projet. Ce qui est important dans cette situation, c'est de savoir si le projet va remplir ses objectifs, ou s'il est préférable de l'interrompre, de l'annuler, ou autre intervention « de crise ». Le calcul de la vélocité (quantité de scénarios client réalisés au cours d'une itération, en tenant compte de leurs coûts estimés) permet de répondre à cette question.

Les calculs des temps consommés relèvent plus d'une préoccupation comptable, notamment lorsque certains membres d'une équipe sont affectés à temps partiel ; ou bien encore, lorsqu'une même équipe travaille sur plusieurs projets. La question est alors : « Combien tel projet a-t-il coûté ? »

Mais attention, dans ces situations, le temps partiel (ou le mode multiprojet) a lui-même un coût. On estime par exemple que si une personne qui travaille sur un seul sujet y consacre 100 % de son temps, une personne qui doit mener de front deux missions différentes va consacrer seulement 40 % de son temps à chacune des deux ; le reste est absorbé par le « coût d'organisation ». Une personne travaillant sur trois missions consacrera 20 % de son temps à chacune, et ainsi de suite.

Ce surcoût est-il bien calculé et pris en compte dans de telles organisations ? Généralement, non ; ce qui rend le calcul des temps consommés, en définitive, très peu utile comme outil de gestion. L'eXtreme Programming recommande de simplifier l'organisation : il est préférable qu'une équipe mène un seul projet de front et utilise la vélocité comme outil de pilotage.

Comme alternative au burndown chart, le *burnup chart* donne une visibilité sur la création de valeur progressive pour le client, autrement dit sur le nombre de fonctionnalités, de story points ou de user stories que l'on prévoit de développer au fur et à mesure. Le graphique illustré par la figure 5-5 constitue également une référence de base pour mesurer, dans le déroulement du projet ou de l'itération, si le rythme de création de valeur prévu est respecté. On peut également faire apparaître les courbes de la valeur planifiée et de la valeur acquise, et observer ainsi l'écart en performance ; l'écart en coût est quant à lui visible, avec la courbe des coûts prévisionnels associés aux fonctionnalités planifiées et la courbe des dépenses réelles.

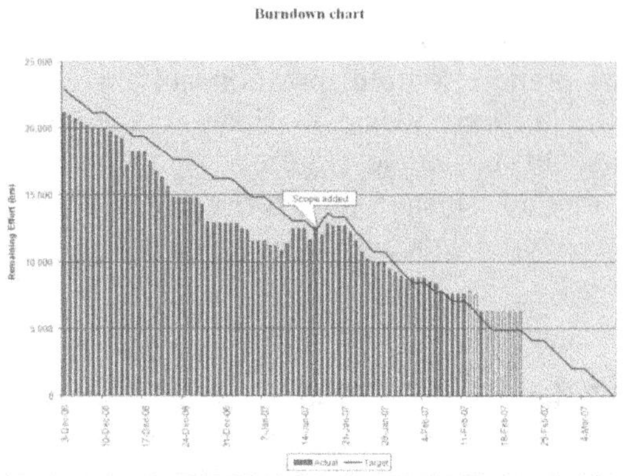

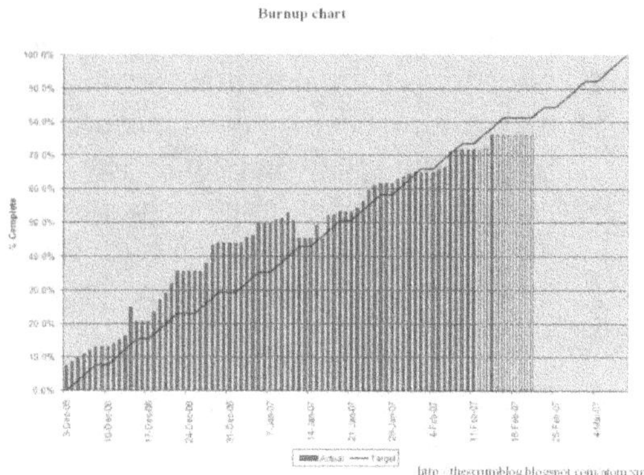

Figure 5-5

Burndown et burn-up chart

On observe sur cette figure la différence entre les deux graphes : le burndown chart présente le travail restant à faire qui décroît avec l'avancement du projet, alors que le burnup chart matérialise le nombre de fonctionnalités implémentées au fur et à mesure.

Dans votre organisation, comment l'approche agile a-t-elle été rendue compatible avec la technique de la valeur acquise ?

La réponse de l'expert **Élisabeth Ducarre**, consultante Senior Manager chez Valtech Technology.

Il ne semble pas y avoir d'incompatibilités. Nous sommes en train de le mettre en place.

Nous récupérons les données relatives à la « valeur acquise » directement à partir des données disponibles dans le product backlog ou l'iteration backlog. Par exemple, la valeur prévue (VP) est calculée à partir des estimations initiales et le coût final révisé du projet l'est à partir des ré-estimations du reste à faire.

Pour les informations concernant la valeur acquise (VA) et le coût réel (CR), nous demandons aux personnes de mettre à jour quotidiennement dans l'iteration backlog la donnée « Consommés » en même temps que leur ré-estimation du reste à faire. Le même travail est réalisé en fin d'itération dans le product backlog. Lorsqu'une tâche ou fonctionnalité est terminée, son état passe à « Finie ». À partir des informations précédentes, nous obtenons VA et CR.

Suivre la qualité

Les moyens de prévenir la non-qualité sont le test, les revues ou les audits.

Les types de tests

Les différents types de tests sont présentés dans le tableau 5-3.

Tableau 5-3 Les différents types de tests

Type de test	Objectif, principe
Fonctionnel	Test portant sur les fonctionnalités du système ; les scénarios de test ou *test case* sont rédigés à partir des cas d'utilisation ou des user stories. C'est le point de vue de l'utilisateur.
Technique	Test portant sur la satisfaction des exigences non fonctionnelles : temps de réponse, montée en charge, consommation réseau, sécurité, configuration…
Interface	– Test portant sur la « couche présentation », c'est-à-dire l'interface homme-machine, et sur le comportement des objets d'un écran (champs, menus, navigation…). – Test portant sur les interfaces entre systèmes : format des données échangées, communication en temps réel ou en batch…

Les tests sont effectués à différents niveaux de la chaîne de fabrication.

Les *tests unitaires* sont effectués par chaque développeur sur la partie du code qu'il développe.

Les *tests d'intégration* sont réalisés par l'équipe sur l'ensemble du code pour valider que toutes les parties développées indépendamment fonctionnent bien ensemble ; généralement, le résultat donne lieu à une version de l'application.

Aujourd'hui, et particulièrement dans une démarche agile, tests unitaires et tests d'intégration sont souvent mutualisés et l'on vérifie, à chaque modification de code source, que le résultat des modifications ne produit pas de régression dans l'application en cours de développement. On parle d'*intégration continue* (voir chapitre 2).

Les *tests de validation* permettent de vérifier si toutes les exigences (fonctionnelles ou non fonctionnelles) sont satisfaites.

Les *tests de recette* sont effectués par le client pour vérifier la conformité du produit livré à ses attentes.

Quelle stratégie de tests ?

Un chef de projet doit, avec son équipe, se poser deux questions : « Comment s'assurer que le produit est conforme aux attentes du client ? » et « Appliquons-nous les bonnes pratiques pour livrer un produit de qualité ? ». À partir de là, il doit définir quelle stratégie de test, vérification et validation doit être mise en place.

Il faut définir la stratégie en amont du projet afin de déterminer l'organisation à mettre en place, les outils à installer ou les ressources à prévoir. Bien évidemment, elle « colle » aussi à l'approche retenue quant au déroulement du projet.

Deux approches, radicalement différentes, sont envisageables : l'une, traditionnelle, consiste à mener tous les tests d'intégration et de validation en fin de cycle de vie par une équipe dédiée ; l'autre, agile, intègre les activités de tests au développement du produit.

1. Traditionnellement, la recherche de défauts s'effectue dans une phase dédiée, après la phase de développement ; les défauts sont enregistrés dans un outil consacré à la gestion des anomalies, puis corrigés par la suite ; certains défauts peuvent être

détectés dans le cycle de développement, mais ils sont généralement corrigés ultérieurement.

Le raisonnement qui sous-tend cette approche est le suivant : pour tester, il faut avoir codé ; afin de ne pas perdre de temps en tests inutiles menés sur des versions intermédiaires de l'application, qu'il faudrait rejouer à nouveau, cette activité est planifiée en fin de projet. L'inconvénient en est que, si l'on a pris du retard dès le début du projet, la phase de tests sera sacrifiée, faute de temps et de budget, les tests bâclés, les failles rapidement « colmatées » et le produit final mis en production dans un état de qualité plus ou moins satisfaisant.

2. Il en va tout autrement avec la stratégie agile puisqu'on intègre le test dès le démarrage du projet, et non dans une phase dédiée. En effet, on considère que la détection et la correction tardives des défauts coûtent beaucoup plus cher que lorsqu'ils sont détectés à leur source (principes du *pair-programming*).

   La recherche de défauts est initialisée dès les premiers développements et est permanente tout au long du projet ; la correction des défauts est une activité parallèle aux développements, qui s'effectue dans chaque itération ; cela répond à l'objectif de disposer d'une application toujours opérationnelle, même en cours de réalisation.

Comment faire l'impasse sur une phase finale dédiée aux tests ? Car il est impossible de tout tester dans chaque itération.

1) La réponse de l'expert **Freddy Mallet**, consultant spécialisé sur les méthodologies agiles.

Commençons par nous poser à nouveau la question de la finalité des tests. Si on a une vision contractuelle des tests, on a en effet tendance à les considérer comme un mal nécessaire, délimité temporellement en fin de projet et permettant d'obtenir un sauf-conduit vers l'environnement de production. Bon nombre de services de développement continuent à s'acheter une bonne conscience au travers de cette phase finale de tests. Les tests sont alors juste un moyen de valider officiellement ce qui a été développé.

Si maintenant on aborde les tests sous l'angle de la rentabilité, de la productivité et de la qualité, quels vont être leurs objectifs ? Il s'agit alors de s'assurer le plus rapidement possible de la satisfaction du client. Le temps a ici une importance primordiale :

– On va d'abord vérifier que les critères d'acceptation sont bien remplis. Si ce n'est pas le cas, plus on aura attendu pour détecter cette incohérence, plus le coût de la correction sera élevé et plus les risques d'impact sur le planning initial seront importants.

– Si les critères d'acceptation sont remplis, dans une méthodologie classique, le contrat est rempli. En agilité, comme la finalité n'est pas que le respect du contrat mais surtout la maximisation du ROI (*Return On Investment*, Retour sur investissement) perçu par le client, c'est le test fonctionnel réalisé en collaboration avec le client qui va lui permettre d'affiner sa vision du produit, jusque-là théorique, pour éventuellement la corriger.

Sous cet angle, considérant un projet de 8 mois, si une fonctionnalité a été développée à la fin du premier mois, pourquoi attendre 6 mois et demi pour la tester ?

Se pose alors un nouveau problème : comment être certain qu'une fonctionnalité métier recettée au bout de un mois et demi n'a pas subi de régressions au bout des 6 mois et demi suivants ? En poursuivant le raisonnement, si au bout des 6 mois et demi, il y a eu régression sur le test fonctionnel, qu'aurons-nous réellement gagné ?

Pour éviter d'en arriver à ce genre de raisonnement tout à fait justifié, il est fortement souhaitable de pouvoir automatiser les tests fonctionnels réalisés à la fin de chaque itération de la même manière que sont automatisés les tests unitaires. Dans ce cas de figure :

– les régressions sont détectées dès leur injection et le coût de leur correction est minime ;

– le test fonctionnel est spécifié une seule fois mais exécuté x fois.

Pour en revenir à la question, il est alors possible de tout tester à chaque fin d'itération.

2) La réponse de l'expert **David Gageot**, directeur technique chez Tech4Quant.

Idéalement, on ne devrait livrer que ce qui est testé. C'est la notion de « done » dans Scrum.

Toutefois, il est toujours très intéressant de laisser une application aux mains de vrais utilisateurs. Pour ce faire, on laissera à chaque itération l'application en libre accès sur un serveur de test et on sera à l'écoute de remontées d'anomalies.

On peut également proposer une phase finale de recette fonctionnelle, plus classique. Cette recette pourra être courte car elle se focalisera sur le fonctionnel. Les bogues techniques auront été détectés beaucoup plus tôt.

3) La réponse de l'expert **Dominic Williams**, coach XP.

Il est forcément possible de tester, dans une itération, tout ce qui a été produit dans cette itération. Au besoin, on produit moins et on teste plus.

La difficulté vient de la nécessité de tester à nouveau tout ce qui a été développé et testé précédemment. La solution réside dans l'automatisation.

L'existence d'une phase finale dédiée aux tests introduit un laps de temps et un coût considérable entre ce que font les développeurs et ce que peuvent obtenir les utilisateurs. Il devient alors impossible de faire des livraisons fréquentes, clé de voûte de l'agilité. En outre, elle introduit la perception selon laquelle il est acceptable, voire normal, que ce que produisent les développeurs contienne des défauts.

Il y a deux ingrédients indispensables à l'élimination de cette phase :

– Tous les tests doivent être automatisés.

– Lorsque, malgré les tests existants, un défaut est découvert, il ne faut jamais se contenter de le corriger : il faut aussi se demander comment on aurait pu éviter ce défaut et comment désormais éviter tous les défauts du même genre. Cela peut impliquer un changement de process, de conception, ou l'ajout d'une autre technique de test...

Ainsi, les développeurs reçoivent un feedback rapide sur leur travail : d'abord en exécutant eux-mêmes, chaque fois qu'ils le souhaitent, les tests automatisés ; ensuite de la part des utilisateurs.

Le principe consiste à livrer souvent une petite quantité de travail de très bonne qualité, et d'en tirer immédiatement les leçons afin que les livraisons suivantes soient d'encore meilleure qualité.

Prétendre qu'on peut tout tester dans chaque itération revient donc à prétendre que tous les tests peuvent être automatisés – ou au moins qu'il reste si peu de tests non automatisés qu'on peut facilement les réaliser dans chaque itération.

Comment faire l'impasse sur une phase finale dédiée aux tests ? Car il est impossible de tout tester dans chaque itération *(suite)*

Je suis convaincu que tous les tests peuvent être automatisés. En pratique, tous les projets agiles que j'ai connus avaient quelques tests non automatisés parce que leur automatisation aurait coûté trop cher. L'automatisation est plus facile si elle a été mise en place progressivement dès le début du projet. La meilleure façon d'amortir le coût d'automatisation des tests est d'utiliser le principe des « spécifications exécutables ». Les tests sont exprimés sous une forme qui est à la fois lisible comme une spécification, et exécutable par un outil. Ainsi, le travail de spécification et de définition des tests est mis en commun, et l'exécution des tests est gratuite. Il y a de nombreuses techniques ou outils disponibles (notamment FIT), l'idéal étant que la définition de ces spécifications exécutables soit techniquement à la portée du client, de la maîtrise d'ouvrage ou des utilisateurs.

Poussé à l'extrême, le test peut même devenir central. On parle de pilotage par les tests, pratique qui consiste à rédiger les scénarios de test avant le code, puis de n'écrire que le code minimal pour faire passer le test avec succès. Le cycle comporte cinq étapes : écrire un premier test, vérifier qu'il échoue (car le code qu'il teste n'existe pas), écrire le minimum de code suffisant pour faire passer le test, vérifier que le test passe, puis refactoriser le code. Le code est donc testable unitairement, on évite ainsi une conception hasardeuse puisque le développeur s'interroge sur la façon dont le module va être utilisé.

En quoi le pilotage par les tests est-il un facteur d'accélération des développements et de réduction des coûts ? L'infrastructure et l'organisation à mettre en place sont coûteuses !

La réponse de l'expert **Pascal Pratmarty**, consultant indépendant et ingénieur expérimenté en développement logiciel.

Tout le monde reconnaît aujourd'hui les vertus des tests automatiques. C'est un véritable bulletin de santé du projet, réactualisable en permanence, qui forme un filet de sécurité efficace contre les régressions fonctionnelles : l'équipe peut ainsi engager plus sereinement les développements de nouvelles fonctionnalités et les remaniements internes.

Qu'apporte donc de plus un pilotage par les tests ?

Dans un environnement où 100 % des tests doivent passer, un test qui échoue constitue un excellent fil directeur pour le développement : son introduction rompt l'équilibre d'un système, et le rétablissement de cet équilibre mobilise alors toute l'énergie de l'équipe. Il évite les phénomènes de dispersion si couramment vécus dans les projets logiciels. Par exemple, s'il arrive au cours de la résolution d'un test que nous songions à un cas de figure non prévu, notre mode d'action par défaut est celui-ci : nous notons ce point sur un papier, terminons le travail en cours, puis traduisons le nouveau problème sous la forme du prochain test à résoudre. Le résultat est extrêmement satisfaisant et réconfortant, car la batterie de tests représente à tout moment le témoin fidèle de l'état du système. Si un besoin change, nous modifions d'abord le test correspondant, car son échec justifie et sécurise notre intervention dans le code de production.

Chaque test reflète directement le détail d'une conversation autour d'une user story : il doit être clair et ne comporter aucune ambiguïté. Organisés et présentés soigneusement, ils rendront inutile l'écriture (et surtout la maintenance) de tout document intermédiaire d'expression détaillée des besoins. C'est une économie considérable !

Enfin, contrairement aux idées reçues, les coûts de mise en place de l'infrastructure ne sont pas si élevés. L'environnement de test évolue de façon incrémentale comme le code de production. Il est essentiel de soigner cet environnement afin que les tests restent toujours simples à écrire ou modifier.

La stratégie de tests détermine également l'organisation à mettre en place : au-delà des développeurs qui procèdent aux tests unitaires, comment s'organisent les activités de tests ? Y a-t-il des ressources dédiées ? Quelle doit être la disponibilité des utilisateurs ou de leur représentant pour les régulières campagnes de tests de validation ? C'est la raison pour laquelle la stratégie, si elle se définit au niveau de chaque projet, doit également être déterminée au niveau de l'organisation en fonction des moyens à déployer pour sa mise en œuvre.

La stratégie de tests définit, en outre, les critères d'évaluation d'une campagne de tests : taux de couverture des fonctionnalités, taux de réussite des tests, nombre de défauts mineurs, majeurs, et bloquants…

Comment procéder aux tests dans chaque itération si l'on dispose d'un pool de testeurs dans une équipe transversale aux projets ?

La réponse de l'expert **Jean Tabaka**, coach et agile mentor chez Rally Software Development.

Dans les organisations où un pool de testeurs est censé répartir sa contribution entre plusieurs équipes, les bénéfices de l'agilité sont grandement réduits. Le principe de partager des ressources introduit des temps d'attente pour la ressource test et potentiellement de longs retards dans la réalisation complète des fonctionnalités. Dans cet environnement de ressource raréfiée, les équipes finissent par terminer le développement d'une fonctionnalité, puis démarrer le développement d'une autre sans vraiment connaître l'état de la fonctionnalité. Il y a une mauvaise perception de l'achèvement. Il y a une faille dans la découverte ou la prévention des défauts, puisque l'équipe attend que le testeur soit disponible pour réaliser les tests fonctionnels.

Parce que les développeurs passent à un autre jeu de fonctionnalités, les testeurs sont contraints de maintenir un outil d'enregistrement des défauts. Ainsi, l'achèvement des fonctionnalités repose sur quelque chose d'incomplet. Par voie de conséquence, l'équipe agile ne peut pas livrer ces fonctionnalités à l'issue de l'itération. Et cela crée la même illusion d'achèvement que dans un cycle en cascade où les activités de test commencent une fois tous les développements terminés.

Le partage des ressources dédiées aux tests repose sur une hypothèse d'économie d'échelle. « Si nous partageons cette ressource, cela reviendra moins cher pour nous de mener les tests pour tous les projets. » Toutefois, cette économie d'échelle ne tient pas quand l'équipe de développement doit s'attaquer à un travail continuel de correction au fur et à mesure que les défauts sont découverts, enregistrés, se dégradent, se chevauchent les uns les autres. Une ressource dédiée à temps complet élimine ce travail de correction.

En complément des tests, des actions doivent être planifiées pour contrôler la qualité du produit et la qualité du processus : ce seront des revues ou des audits, dans le but de détecter des écarts par rapport à un standard ou un objectif défini au départ.

Une revue, menée à la fin d'une itération ou d'une phase, vise à vérifier que les objectifs fixés en début de période sont atteints, respectant la cohérence d'ensemble du produit ; on vérifie également la conformité aux standards et aux normes retenus.

L'audit est l'examen du produit ou d'un processus, généralement confié à une entité indépendante, en vue de vérifier sa conformité avec l'objectif recherché ou d'analyser les causes d'un dysfonctionnement.

On pourra organiser une revue de code, relecture croisée du code par les développeurs eux-mêmes, ou un audit de la sécurité de l'application, par exemple.

> **Y a-t-il un rôle dédié à la qualité dans une équipe agile ?**
>
> La réponse de l'expert **Jean Tabaka**, coach et agile mentor chez Rally Software Development.
>
> Le développement logiciel agile tire certaines de ses pratiques des valeurs du *lean thinking*. Tant la recherche de création de valeur qu'un engagement vers l'innovation et la perfection reposent fortement sur un rôle dédié à la qualité.
>
> Les équipes agiles s'appuient sur un « tabouret à trois pieds » pour définir la qualité et la recette dans chaque itération. Le développeur, le client et le testeur déterminent, en tant qu'équipe de trois, quels sont les critères d'acceptation pour chaque item réalisé dans l'itération. Le rôle du testeur est très important dans cette conversation ; cet échange orienté vers les tests peut faire apparaître la complexité du travail de développement. Un testeur peut aussi guider le client vers ce qui est réellement utile pour définir de vrais critères d'acceptation. Enfin, le testeur peut aider à découvrir des hypothèses sous-jacentes aux spécifications.

Suivre les risques

Quelles sont les activités autour de la gestion des risques ?

- Recenser et caractériser les risques : cette activité doit être menée collectivement et de façon itérative, car la liste des risques n'est pas définitive au cours du projet : certains risques peuvent apparaître, d'autres disparaître.

- Analyser et valoriser les risques : il s'agit de qualifier et hiérarchiser les risques en fonction de leur probabilité d'occurrence et de leur impact sur les projets s'ils se concrétisent ; on établit ainsi une liste hiérarchisée selon la criticité de chaque risque : la criticité est fonction de la probabilité d'occurrence et de la gravité du risque. Une fois analysés, les effets de chacun de ces risques sur le budget (dépassement), sur le délai (retard), sur le niveau de qualité (dysfonctionnement ou taux élevé d'anomalies) ou sur le périmètre (exigence non satisfaite) doivent être évalués.

- Formaliser les risques : une liste de risques est dressée à partir d'une fiche individuelle élaborée pour chaque risque rappelant tous les éléments des étapes d'identification et d'analyse.

- Planifier les réponses aux risques : élaborer des actions pour améliorer les opportunités favorables et réduire les menaces.

- Surveiller et maîtriser les risques : suivre les risques, surveiller et identifier les risques nouveaux, exécuter les plans de réponse aux risques et évaluer leur efficacité.

Quelles sont les actions possibles face aux risques ?

L'objectif est de déterminer les actions qui atténueront ou éventuellement feront disparaître les menaces affectant le projet. Il existe plusieurs stratégies de réponse aux risques :

- L'évitement consiste à éliminer la menace, en apportant par exemple des compétences externes supplémentaires si un risque lié aux ressources a été identifié, ou en supprimant une exigence si elle a généré ce risque.

- Le transfert consiste à détourner vers un tiers (sous-traitant, autre département) l'impact négatif et la responsabilité de le gérer (exemple : risques financiers).

- La réduction consiste à « jouer » avec la probabilité d'occurrence et la gravité du risque ou encore avec les différentes variables du projet afin de les amener à un niveau acceptable (le maquettage, le prototypage ou les tests sont des moyens de réduire les risques).

- L'acceptation consiste à ne rien faire et parer les impacts du risque, s'il se concrétise, en puisant dans une provision pour risques si elle a été prévue (budget de réserve, délai surestimé).

- La surveillance consiste à lancer des actions, si l'on atteint un seuil d'alerte prédéterminé, afin d'enrayer le risque.

D'un projet à l'autre, on retrouve souvent les mêmes risques ; voilà pourquoi il est indispensable de mener cette gestion collectivement, chacun apportant son éclairage en fonction de ses expériences passées. Il est également recommandé d'organiser la capitalisation autour des risques eux-mêmes et des actions menées. Le chef de projet peut se constituer une base de risques et l'alimenter à chaque projet ; s'il existe un PMO au niveau de l'organisation, celui-ci consolidera les éléments de tous les projets pour les mettre ensuite à la disposition de tous les chefs de projet. C'est un gain de temps et cela évite le risque de ne pas avoir anticipé une menace !

Comment présenter ces indicateurs ?

Dans l'intérêt de toutes les parties prenantes – l'équipe, en premier lieu, qui réalise le produit, le client qui a commandé et paie le produit, la hiérarchie qui a des impératifs de contrôle de gestion –, l'avancement d'un projet doit être connu et visible en permanence. Le *reporting* doit s'effectuer avec le souci de la transparence.

Il ne sert à rien de vouloir « dissimuler » un mauvais indicateur ; plus tôt il est détecté, plus vite il est analysé, et plus rapidement le problème est traité. D'autant que les solutions peuvent être trouvées plus facilement lorsque plusieurs personnes sont associées.

C'est dans un esprit collaboratif que l'équipe communique sur les résultats ; elle doit être en confiance pour afficher des indicateurs plus ou moins positifs selon les périodes. Le dialogue est encouragé pour trouver des solutions adaptées.

Permanente, honnête, la communication doit également être claire, synthétique et compréhensible par tous : un rapport d'avancement récapitule l'information recueillie et présente les résultats de l'analyse. Une page recto qui consolide l'ensemble des informations recueillies peut suffire pour un premier niveau de lecture, le détail étant disponible pour celui qui souhaite approfondir la lecture. L'information présentée combinera textes, diagrammes, tableaux, pictogrammes… Le mode de calcul des indicateurs doit être expliqué, les chiffres ne devant donner lieu à aucune interprétation.

On trouvera, par exemple, les indicateurs suivants :

- l'avancement technique, exprimé en pourcentage ou en nombre de fonctionnalités développées ;

- l'écart en coût et en délai, au moment du point d'avancement et à l'achèvement du projet ;

- l'estimation du reste à faire, en nombre de fonctionnalités, en jour/homme ou en point ;

- le nombre de tests rédigés, passés ; le pourcentage de tests passés avec succès ;

- le nombre d'anomalies, leur répartition par type ;

- l'état des risques ;

- les faits marquants depuis le dernier rapport, les décisions prises, les actions mises en œuvre…

Il n'est pas nécessaire de multiplier inutilement le nombre d'indicateurs, ce qui rendrait laborieuses l'élaboration puis la lecture du rapport.

Mais il existe des supports de communication, caractéristiques des méthodes agiles.

Simple et visuel, destiné principalement aux membres de l'équipe, le *task board* présente l'avantage de fournir un moyen efficace de s'organiser et de voir en un clin d'œil le reste à faire : on distingue toutes les tâches en fonction de leur statut, celles qui sont affectées et en cours de réalisation, celles qui restent à faire et celles qui sont réalisées.

Le task board est souvent matérialisé sur un tableau blanc ou un tableau en liège. Des Post-it correspondant aux tâches (*task cards*) sont accrochés au tableau et sont déplacés en fonction de l'avancement des travaux dans les différentes colonnes.

La figure 5-6 illustre la présentation d'un *task board*.

La première colonne prévoit toutes les stories qui seront traitées dans l'itération ; la deuxième colonne prévoit toutes les tâches nécessaires à la réalisation de chaque story en indiquant l'estimation de la tâche ; la troisième indique les tâches en cours de réalisation ; la quatrième précise si les tests d'acceptation sont prêts. Ils doivent, normalement, avoir été définis et précisés dans la réunion de planification de l'itération. La cinquième colonne est celle des tâches terminées.

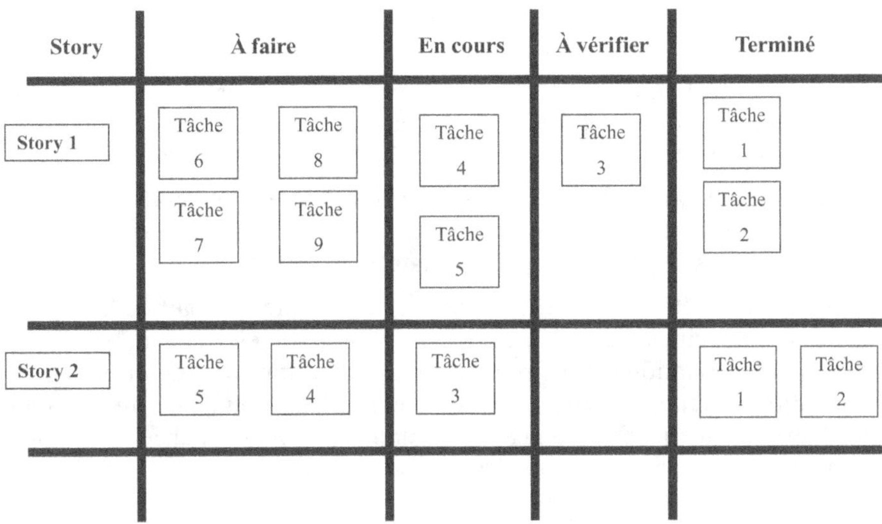

Figure 5-6

Exemple d'un task board

Concrètement, chaque membre de l'équipe prend une carte dans la colonne n° 2, y inscrit ses initiales et la déplace, au fur et à mesure que le travail s'achève… Rappelons que, dans l'esprit agile, les tâches ne sont pas affectées aux collaborateurs mais choisies par eux sur la base du volontariat.

Le *parking lot*[3] est un autre moyen de visualiser le travail réalisé dans lequel chaque rectangle représente un thème ou un sous-ensemble de fonctionnalités dans une release : il indique le nom du thème, le nombre de fonctionnalités, le nombre de points estimé pour ces fonctionnalités et le pourcentage de fonctionnalités achevées dans une barre de progression (figure 5-7). Il est particulièrement adapté sur des gros projets avec un nombre important de fonctionnalités que l'on regroupe par thèmes.

Figure 5-7

Exemple d'un parking lot

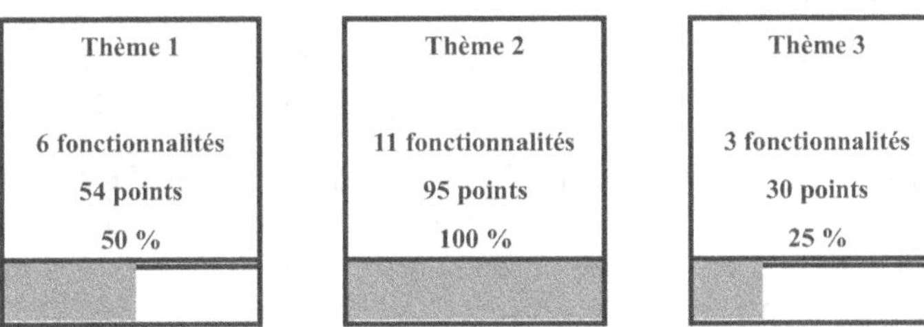

Ces informations présentées dans un burndown chart, dans un burnup chart, sur un task board ou encore un parking lot sont généralement disponibles en permanence puisqu'elles sont affichées sur un *radiateur de l'information*, affiché dans la salle du projet.

---

3. De Jeff de Luca, fondateur de la méthode agile *Feature Driven Development*.

Ce radiateur de l'information centralise les informations essentielles concernant l'avancement de l'itération ou du projet et la performance de l'équipe.

Chacun, au sein de l'équipe, est susceptible de mettre à jour un élément d'information (nouvelle estimation ou statut d'une tâche, par exemple). Cette mise à jour est facilitée par la souplesse des Post-it ou des cartes punaisées.

Qu'il s'agisse d'un tableau blanc ou à feuilles, ou encore d'un écran électronique géant, le radiateur de l'information favorise les échanges et la prise de décision ; il permet en outre à l'équipe de se focaliser sur les résultats à atteindre.

Néanmoins, si les méthodes agiles ne sont pas de ferventes adeptes de la documentation, un rapport d'avancement formel à chaque fin d'itération est souhaitable. En effet, si le radiateur de l'information est un excellent support de travail et de discussions au cours d'une itération, le rapport d'avancement formalise les résultats en fin d'itération ou de release. Il est de toute façon exigé par la hiérarchie, souvent attachée à cette présentation traditionnelle. Il faut par ailleurs envisager que les équipes projet et leurs clients ne sont pas toujours localisés sur un même site.

Comment piloter le projet ?

Disposant de tous ces éléments d'aide à la décision, le chef de projet et son équipe doivent régulièrement anticiper les conditions de la poursuite du projet.

Dans une démarche traditionnelle, le travail est planifié à l'avance ; le suivi et le pilotage consistent à contrôler que le projet se déroule conformément aux plans initiaux.

Tout écart constaté dans la performance, les coûts, les délais ou la qualité donne lieu à une série de mesures correctives visant à éviter que le projet ne s'enlise davantage. Des scénarios sont alors élaborés, puis soumis au client, à un comité de pilotage ou toute autre instance d'arbitrage. Ces scénarios peuvent envisager l'ajout de ressources, le décalage d'une activité, le report d'une fonctionnalité, l'acquisition d'un nouvel outil, le recours à une expertise extérieure…

Mais, bien trop souvent, les contrôles, notamment qualité, surviennent trop tard dans le projet ; on entre alors dans une démarche curative, parfois trop tardive.

Dans un projet agile, on préfère effectuer ces contrôles le plus tôt possible et au fil de l'eau. On se trouve alors dans une démarche d'amélioration continue et l'on parle d'adaptations plutôt que de mesures correctives, rendues nécessaires par les observations faites au cours du projet. Cette démarche reconnaît l'apprentissage comme une évidence à chaque étape d'un projet pour améliorer et fiabiliser les pratiques à l'étape suivante. Le test *driven development* et l'intégration continue s'inscrivent d'ailleurs dans cette démarche.

L'opportunité de mesurer l'avancement du travail réalisé et de noter toutes les actions nécessaires pour aider l'équipe à atteindre ses objectifs est donnée par le *daily stand-up meeting* ou *Scrum* quotidien d'un projet agile.

Quel est le principe du daily stand-up meeting ?

La réponse de l'expert **Jean Tabaka**, agile coach chez Rally Software Development, Colorado.

Les équipes agiles créent un vrai consensus autour d'un sentiment commun de l'engagement. Le daily stand-up meeting joue un rôle essentiel pour aider l'équipe à apprécier son engagement. À la différence d'un e-mail, une réunion en face à face rassemblant l'équipe donne ce sentiment commun de l'engagement.

Voici comment il apporte une vraie valeur ajoutée à l'équipe : chaque jour à heure fixe, l'équipe se retrouve pour une courte réunion très ciblée. Chaque membre de l'équipe rend compte de trois informations essentielles pour suivre l'avancement par rapport à l'objectif de l'itération :

1) « Qu'ai-je fait hier ? » ou « Quelles sont les tâches sur lesquelles je m'étais engagé hier, lors de notre dernière réunion, et que j'ai réalisées ? » Là, l'équipe aide chaque membre quant à la façon d'être meilleur dans l'estimation de son travail quotidien.

2) « Que vais-je faire aujourd'hui ? » ou « Quelles sont les tâches sur lesquelles je suis susceptible de m'engager aujourd'hui ? » À ce moment-là, les membres de l'équipe s'entraident pour déterminer rapidement s'ils pourront réellement honorer leur engagement. Ils savent qui peut apporter de l'aide et qui pourrait fournir une information utile.

3) « Ai-je des difficultés ? » ou « Pour être en mesure de faire tout ce que je peux dans le sens de l'objectif de l'itération, comment ce problème doit-il être traité ? ». Lorsqu'un membre de l'équipe fait état d'une difficulté, il aide le chef de projet, le coach agile, le ScrumMaster, ainsi que toute l'équipe, à prendre conscience que l'engagement est en danger. Quelque chose génère une perte de temps ou un gaspillage des ressources. Ou bien la charge de travail suppose trop d'allers-retours d'une tâche à l'autre, de production documentaire ou de validations.

Durant la réunion, qui dure un maximum de quinze à vingt minutes, le ScrumMaster enregistre les éléments communiqués par les membres de l'équipe et est en mesure de mettre à jour, en temps réel, le burndown chart et le task board de l'itération.

Les décisions prises concernant des actions à mettre en œuvre sont également enregistrées et font l'objet d'un traitement spécifique après la réunion.

La communication orale, privilégiée par rapport aux outils plus ou moins sophistiqués, et la participation de tous aux réunions de planification et de suivi facilitent ainsi la visibilité et la coopération.

Mais comment faire passer cette idée du stand-up meeting ? L'expérience montre que les participants n'assistent pas toujours aux réunions, qu'ils envoient un e-mail... difficile pour un suivi quotidien !

La réponse de l'expert **Antoine Contal**, ScrumMaster et coach XP.

Pour surmonter les résistances au point équipe quotidien, j'utilise la méthode douce. Dès le début, je déclare que participer à la réunion est conseillé, mais pas obligatoire. J'évite ainsi un affrontement stérile avec ceux qui ont des réactions épidermiques contre toute forme d'autoritarisme ou contre la « réunionite ».

> **Mais comment faire passer cette idée du stand-up meeting ? L'expérience montre que les participants n'assistent pas toujours aux réunions, qu'ils envoient un e-mail… difficile pour un suivi quotidien !** *(suite)*
>
> Ensuite, je m'applique à montrer à chacun l'intérêt qu'il peut trouver à participer à la réunion quotidienne, au travers des questions qu'on me pose ou des feedbacks que je donne. On me demande comment faire pour trouver un binôme? Je réponds qu'il suffit de demander au stand-up. Un binôme absent au point équipe refait dans son coin une tâche déjà réalisée par un binôme présent au point quotidien ? Je leur fais remarquer qu'ils se seraient épargnés cette peine s'ils étaient venus, puisqu'ils auraient entendu l'autre binôme annoncer ce qu'ils étaient en train de terminer.
>
> Surtout, je conclus systématiquement le point quotidien par une question ouverte : « Y a-t-il un sujet que vous aimeriez mentionner ? ». Celui qui a une inquiétude ou qui a un message à faire passer à l'équipe trouve alors un canal d'expression à sa disposition. Ajoutez un soupçon d'humour, et les gens viendront avec le sourire au stand-up meeting, car ils sauront que c'est un moment agréable.
>
> Avec cette méthode, j'obtiens une assiduité forte et bien vécue, à en juger par les retours que j'en ai.

La *rétrospective* est également l'occasion pour l'équipe de s'interroger sur ses bonnes et mauvaises pratiques ; cette revue, menée à chaque fin d'itération, permet en effet à l'équipe de dresser le bilan pour bien comprendre son processus et analyser l'origine des anomalies ou des dysfonctionnements, sans attendre la fin du projet. Des adaptations sont alors apportées au processus, en fonction des leçons apprises.

> Ne pas faire l'impasse sur cette réunion, par manque de temps ou de disponibilité des collaborateurs ; elle vaut toutes les actions de contrôle qualité !

Le *pilotage par les risques* (*risk driven development*) s'inscrit aussi dans cette démarche. À partir du moment où l'on accepte la grande part d'incertitude dans le projet et où l'on entrevoit la nécessité de s'adapter en permanence, on intègre la gestion des risques dans toutes les pratiques du projet au point de la rendre transparente. Ainsi, en sélectionnant, à chaque itération, les fonctionnalités ou les composants à développer en priorité, en fonction aussi du nombre de risques qu'ils permettent d'atténuer ou de supprimer, l'équipe avance, pas à pas, en sécurisant l'étape franchie.

L'approche agile de la gestion des risques poursuit les mêmes objectifs qu'une démarche classique, mais considère la gestion des risques comme une part intrinsèque du cycle de vie du projet. Les risques sont continuellement repérés et pris en charge par tous les membres de l'équipe au travers des différentes réunions de planification, de suivi et de bilan.

On ne trouve pas de plan formel de management des risques dans un projet agile ; l'identification des risques est permanente (chaque jour, à chaque itération) et le résultat est formalisé sur les tableaux blancs, ce qui donne une grande visibilité à chacun. Au cours des réunions quotidiennes ou lors du lancement d'une itération, les risques sont traités soit comme des obstacles à lever, soit comme des risques réels et sont alors analysés comme tels. À la différence d'une approche classique, l'ensemble de l'équipe détermine, beaucoup plus fréquemment, les actions à mener pour réduire les menaces. Le suivi des risques est intégré dans l'agenda des réunions de bilan de fin d'itération ; la liste est alors actualisée, et les modifications qui en résultent sont prises en compte dans la planification de l'itération suivante.

Si, comme Thierry Cros[4], on considère que la cause principale des facteurs de risques est l'absence de communication entre les acteurs du projet, on comprend aisément l'intérêt d'une gestion « agile » des risques : tests automatisés systématiques, démonstrations au client et feedbacks permanents, différents niveaux de planification avec participation de l'ensemble de l'équipe aux différentes réunions…

Et la documentation dans tout ça ?

L'une des quatre valeurs du Manifeste agile préconise de privilégier la livraison de fonctionnalités opérationnelles par rapport à la documentation trop volumineuse.

En la matière, la première question est de savoir pour quelles raisons on veut produire des documents. Est-ce pour satisfaire un processus ? Ou bien est-ce parce que l'on ressent un besoin d'illustration ou de formalisation ?

La seconde question, c'est de savoir si l'on veut rédiger de la documentation en amont, pour préparer les travaux, ou a posteriori pour enregistrer et capitaliser.

Simple ! Il faut faire simple, être pragmatique, et surtout ne pas allonger les délais pour la production de documents ; ceux-ci peuvent se révéler utiles pour l'utilisateur, pour l'exploitation, pour la maintenance ; mais la batterie de tests qui sont exécutés chaque jour constitue une large part de la documentation du produit.

Comment s'intègrent les rédacteurs techniques dans le cycle de vie et l'organisation de l'équipe ?

La réponse de l'expert **Dominic Williams**, coach XP.

Ma meilleure expérience dans ce domaine a consisté à intégrer un rédacteur technique (et une femme ingénieur qualité) dans l'équipe au titre de « Clients XP » (représentants du chef de produit). Leur expérience respective leur donnait d'excellentes connaissances métier et surtout un point de vue très proche des utilisateurs. Leurs compétences informatiques leur ont rapidement permis de définir eux-mêmes une grande partie des tests fonctionnels automatisés. Non seulement la documentation et les tests étaient toujours parfaitement à jour des développements, mais ces personnes étaient beaucoup plus valorisées et motivées qu'avant.

Il faut en tout cas éviter que la rédaction technique diminue la fréquence des livraisons ou augmente le temps qui s'écoule entre la planification d'une fonctionnalité et sa livraison aux utilisateurs.

Au minimum, il faut que les rédacteurs techniques soient à proximité des développeurs et travaillent en phase avec les développements : ils rédigent la documentation relative aux développements en cours. Ainsi, ils profitent de toutes les discussions, et eux-mêmes au travers des questions ou précisions qu'ils demanderont, contribueront à la réflexion du reste de l'équipe.

---

4. Thierry Cros, *Être agile face aux risques*, http://agile.thierrycros.net, mars 2006.

Ce qu'il faut retenir

Le pilotage d'un projet s'appuie sur un suivi régulier et rigoureux d'indicateurs dont le choix dépend de l'approche retenue.

Néanmoins, quelle que soit l'approche, ces indicateurs doivent aider le chef de projet à répondre à quatre questions : « Quelle quantité de travail avons-nous réalisée à ce jour ? », « Quelle quantité de travail nous reste-t-il à réaliser ? », « Qu'avons-nous dépensé ? » et « Combien allons-nous dépenser en tout ? ».

La performance – le travail réalisé –, la qualité de ce travail, le coût et le délai de réalisation ainsi que les risques sont les principaux indicateurs de suivi.

La technique de la valeur acquise fournit les bases d'un suivi de la performance, du coût et du délai ; les tests, les revues et les audits permettent de mesurer la qualité ; et une gestion des risques continue donne les moyens d'en atténuer, voire d'en supprimer, les effets négatifs.

Les indicateurs retenus constituent le tableau de bord du chef de projet pour piloter son projet ; le *reporting* sur ces indicateurs est un moyen de donner aux différents acteurs une visibilité sur le déroulement du projet.

Le pilotage du projet dans son ensemble, c'est-à-dire le choix des indicateurs, les modalités et la fréquence de leur suivi, les supports de communication, la stratégie de tests, la gestion de la documentation, est conditionné par l'approche retenue : une approche prédictive ou une approche agile.

6

Gérer les hommes

Le meilleur manager est celui qui sait trouver les talents
pour faire les choses, et qui sait aussi réfréner son envie de s'en mêler
pendant qu'ils les font.

Theodore Roosevelt.

La gestion des hommes et des relations humaines au sein et autour de l'équipe est sans doute la facette la plus souvent mésestimée du métier de chef de projet ; la représentation la plus fréquente en est celle d'un gestionnaire, expert en diagrammes de Gantt et courbes en S, ou d'un technicien avec une première expérience du développement.

La gestion des hommes est pourtant l'enjeu majeur pour celui qui « prend la barre », les difficultés rencontrées trouvant très souvent leur origine dans des problèmes d'organisation et de communication.

De ce point de vue, le métier a évolué ; directif, dans le passé, le chef de projet est devenu un facilitateur, qui a pour responsabilité de créer les meilleures conditions, humaines et environnementales, favorisant la collaboration et facilitant le succès du projet.

Constituer l'équipe

La première responsabilité qui incombe au chef de projet est de constituer son équipe. Idéalement, il aura préalablement listé les compétences nécessaires en fonction des objectifs du projet et du contexte fonctionnel et technologique, et il aura défini les rôles et responsabilités nécessaires à la bonne réalisation du projet.

Définir les rôles et responsabilités

Cette description des activités et des rôles du projet peut être formalisée en amont, de façon générique, dans les référentiels méthodologiques des organisations ou par un Project Management Office (PMO), comme il en va de plus en plus fréquemment dans les grandes organisations, pour coordonner le management des projets. En fonction des spécificités du projet, telle ou telle activité ou tel ou tel rôle se révélera nécessaire ou superflu.

Une équipe traditionnelle se caractérise par une séparation claire des rôles et responsabilités (figure 6-1). Le déroulement séquentiel des activités induit cette répartition, chaque acteur intervenant l'un après l'autre (successivement, l'analyste, le concepteur, le développeur et le testeur). Chaque acteur travaille généralement seul sur des tâches bien spécifiques et des parties distinctes de l'application. Mais cette division du travail n'est pas sans inconvénient sur la productivité de l'équipe, les coûts et le délai du projet… et sur le syndrome du « c'est pas moi, c'est lui ! ».

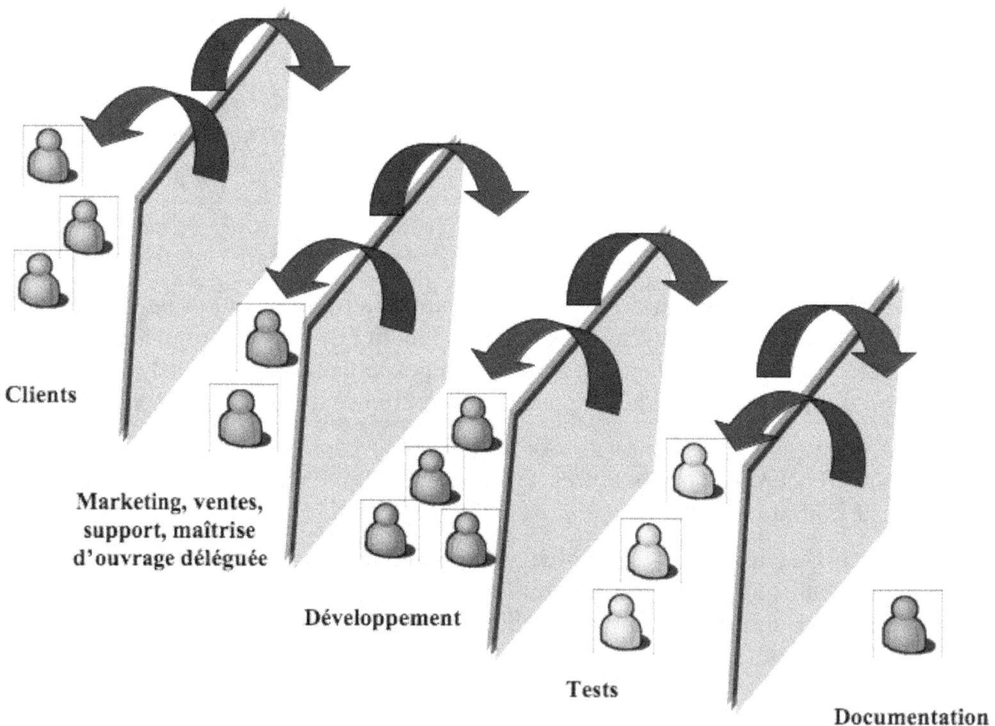

Figure 6-1

La séparation des rôles

En effet, cette division suppose que la connaissance autour du projet soit justement formalisée afin que ces informations plus ou moins formelles soient transmises aux autres collaborateurs qui prennent le relais ; ce temps consacré à la formalisation a un coût, d'autant qu'une partie de l'information initiale est de toute façon perdue et que le(s) collaborateur(s) suivant(s) dans la chaîne aura(ont) à recouvrer cette information partiellement perdue. Cela risque de générer des retards et des erreurs qui ne pourront être détectées qu'à la fin du cycle de fabrication, une fois toutes les activités achevées. À ce moment-là, les personnes présentes lors des premières étapes et responsables des tâches auront peut-être été affectées à d'autres projets. Par ailleurs, si chacun travaille isolément, le sentiment de contribuer à un travail collectif pour un résultat concret n'est pas réel puisque le résultat final est lointain, hors de portée, ce qui crée une frustration et une déresponsabilisation néfastes au succès du projet.

Dans une équipe agile, on favorise les équipes « cross-fonctionnelles », c'est-à-dire que l'on réunit toutes les ressources compétentes nécessaires à la réalisation complète d'une fonctionnalité. Rappelons que l'objectif est de livrer de la valeur au travers des fonctionnalités attendues par le client : en sélectionnant une fonctionnalité que l'on développe totalement, l'objectif de résultat est palpable à court terme et stimule la productivité. De plus, les membres d'une équipe cross-fonctionnelle sont souvent polyvalents, dans le sens où ils ne sont pas nécessairement des experts dans une discipline mais portent un regard transversal sur les différentes activités qu'ils peuvent effectuer ; par exemple, un développeur ne se contente pas de produire du code, mais mène, avec le client, une réflexion en amont sur le besoin fonctionnel et sur les tests d'acceptation, puis élabore une solution technique qu'il développe et qu'il teste ensuite ; les équipes de tests n'interviennent plus en fin de projet mais sont intégrées dès le démarrage pour comprendre les attentes du client et rédiger les scénarios de test en parallèle des développements. Mais attention, ce n'est pas à l'équipe de décider de l'ajout ou de la suppression d'une fonctionnalité ; les compétences « métier » sont détenues par le représentant du client, même si les membres de l'équipe, avec un profil technique, ont une maîtrise du domaine fonctionnel. Et l'apport d'un expert reste tout à fait envisageable ponctuellement ou en continu durant le projet.

Là encore, l'opposition entre tâches et fonctionnalités est illustrée par une distinction entre la division du travail basée sur les tâches à réaliser et une division horizontale établie sur les fonctionnalités à développer.

Déterminer la composition de l'équipe

La structure de l'équipe dépend étroitement de facteurs d'environnement : l'organisation (organisation hiérarchique ou en mode projet), le coût des ressources, les départements susceptibles de fournir les ressources, l'éloignement géographique, la disponibilité des compétences, les différences culturelles, les dépendances hiérarchiques, la qualité des relations interpersonnelles…

Le chef de projet devra mettre en œuvre ses capacités à négocier pour obtenir les ressources nécessaires.

La question de l'intérêt pour un collaborateur d'intégrer une équipe projet doit être avant tout clairement posée : il y a un travail à réaliser pour servir la vision et atteindre l'objectif, l'équipe a des besoins spécifiques pour devenir collectivement performante, mais chaque collaborateur a des préférences individuelles. Il ne sert à rien d'affecter un collaborateur à un projet qui ne présente aucune perspective de montée en compétence ou de motivation personnelle. Le chef de projet doit veiller à ce que tous les besoins soient satisfaits (figure 6-2). Si l'une des dimensions échoue, l'efficacité de l'équipe est compromise.

Figure 6-2

L'équilibre des besoins

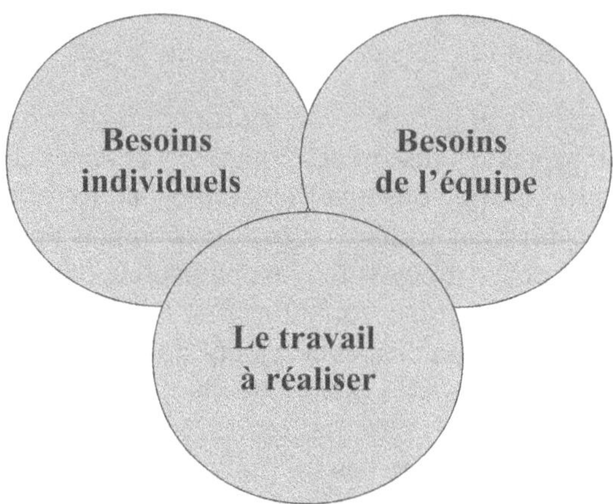

Ce qui est important, c'est de tirer profit de la richesse de la diversité des membres de l'équipe : homme/femme, expérimenté/non expérimenté, technique/fonctionnel, personnalités fortes/effacées…

Fons Trompenaars[1] propose un modèle (figure 6-3) pour comprendre les dimensions de la différence culturelle.

Ce modèle permet de positionner la culture de chacun sur huit axes :

- universalisme/ particularisme : pour savoir ce qui est le plus important, entre les règles, les procédures ou les relations, les circonstances ;

- individualisme/collectivisme : pour savoir si l'intérêt du groupe ou de l'individu est plus important ;

- neutralité/affectivité : pour savoir si l'expression des sentiments est acceptable ;

- degré d'engagement (limité/diffus) : pour savoir si l'on s'en tient à l'objectif et aux termes du contrat, ou si l'on tient compte des relations humaines contextuelles ;

- attributions/réalisations : pour savoir si le statut est acquis par les réalisations ou attribué par les autres selon des critères liés à l'âge, les études, l'origine… ;

---

1. In Fons Trompenaars, *L'Entreprise multiculturelle*, éditions Maxima, 1993.

- synchrone/séquentiel : pour savoir si l'on fait une seule chose à la fois ou plusieurs en même temps ;

- orientation passé/présent/futur : pour savoir si ce qui compte est davantage dans le passé ou dans le futur ;

- orientation interne/externe : pour savoir si l'on contrôle notre environnement ou si on le subit.

Figure 6-3

Le modèle de Trompenaars

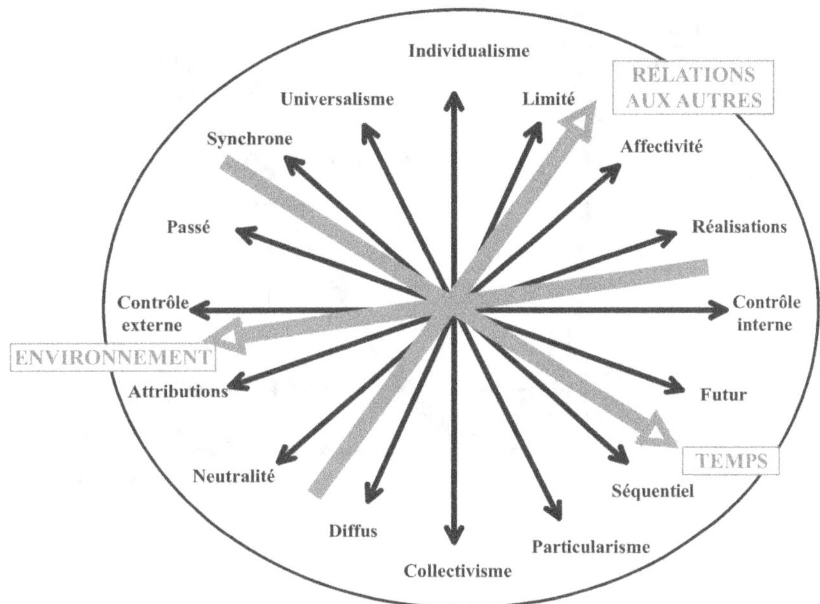

Prendre en compte la diversité culturelle est particulièrement important, notamment dans les projets dont une proportion croissante s'étend à l'échelle internationale, parfois avec des équipes délocalisées *near-* ou *offshore* en Europe de l'Est ou en Inde, par exemple.

Et c'est précisément en raison de ces différences culturelles que certaines configurations ne sont pas toujours compatibles ; attention, mettre des individus ensemble n'implique pas nécessairement de former une équipe efficace, mais seulement une juxtaposition d'expertise et de compétences. C'est ce que nous montre la courbe de performance des équipes de Katzenback et Douglas [2] (figure 6-4).

Certains individus, sans même parler de projets internationaux, peuvent être performants dans un contexte, mais contribuer moins efficacement au sein d'une équipe, considérant que leur travail individuel est moins visible et donc moins reconnu.

---

2. In Jon Katzenbach and Douglas Smith, *The Wisdom of teams: creating the high-performance organization*, Harpercollins, 1993.

Tout le leadership du chef de projet et l'application de pratiques agiles (telles que la programmation en binôme, le *planning game*, la mêlée quotidienne…) qui favorisent, précisément, la collaboration au sein d'une équipe amèneront ces individus à coopérer et à produire collectivement en vue de former une équipe hautement performante. Notons sur la courbe (figure 6-4) le passage obligé par une phase de régression générale pour atteindre la haute performance collective ; nous verrons à quel point la collaboration au sein d'une équipe suit des étapes de maturation progressive, encouragée par le chef de projet facilitateur.

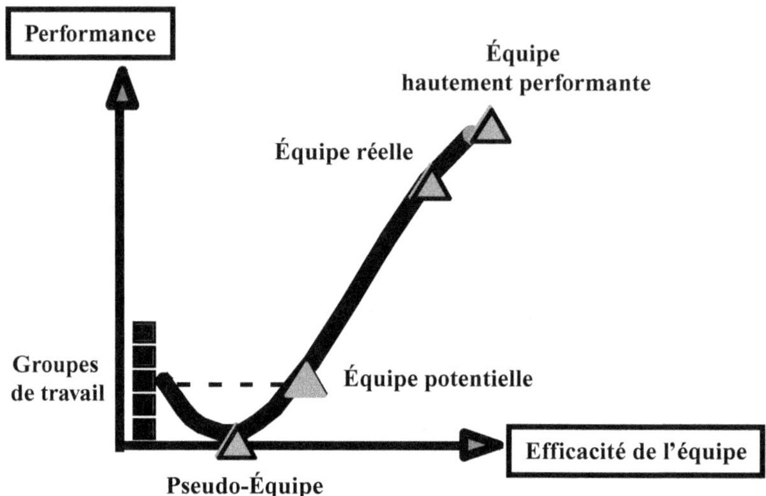

Figure 6-4
La courbe de performance des équipes

Contracter les ressources

L'obtention des ressources sur un projet est souvent un sujet polémique : le chef de projet n'a pas toujours le choix sur les ressources qui sont affectées au projet ; les collaborateurs ne sont pas toujours disponibles au moment voulu et leur temps de travail est parfois réparti sur plusieurs projets. Des contraintes (réduction budgétaires, fiches de postes, accords collectifs, cadre juridique) peuvent plus ou moins limiter la liberté d'action du chef de projet s'il doit prévoir des sessions de formation, le déplacement de certains collaborateurs ou le recours à une main-d'œuvre externe.

Là encore, la capacité du chef de projet à négocier est essentielle ; d'une part, il doit s'assurer que le projet sera doté des ressources adéquates pendant toute la durée nécessaire du projet ; d'autre part, son projet peut avoir des dépendances critiques vis-à-vis d'un autre projet ; il doit alors obtenir, grâce à ses qualités de négociateur, l'engagement d'autres équipes projet sur un livrable à fournir. C'est un rôle souvent « politique » que doit jouer le chef de projet, usant du « réseau », de ses relations interpersonnelles et de sa capacité à convaincre. Sa capacité de négociation s'exercera s'il doit recourir à la sous-traitance et déterminer les conditions de réalisation d'une prestation : engagement de résultat (sous-traitance d'un travail) ou engagement de moyens (acquisition de compétences externes) ? Pour quel résultat ? Dans quelles conditions ? Pour quel prix ?

Lors du lancement du projet, il est souhaitable que le chef de projet passe quelques minutes avec chaque membre de l'équipe pour préciser les enjeux et les objectifs du projet, les attentes mutuelles, c'est-à-dire celles du projet vis-à-vis du collaborateur, et vice versa : par exemple, une ressource apportera son expérience sur une technologie en particulier mais bénéficiera d'une montée en compétence dans un domaine fonctionnel qu'elle maîtrise moins bien. Tous deux, chef de projet et collaborateur, doivent déterminer les moyens de ces objectifs, leurs modalités de suivi et d'évaluation. À la fin du projet, un équivalent de la rencontre du début permettra de dresser un bilan sur les apports mutuels, l'atteinte des objectifs et les leçons apprises, sur un plan plus personnel.

Le chef de projet doit également gérer la montée en charge éventuelle de l'équipe qui peut être à géométrie variable, en taille et en composition, selon les phases du projet. L'arrivée des « nouveaux » doit être organisée pour faciliter leur intégration et leur contribution rapide et opérationnelle. Cette intégration peut représenter du temps – pour le chef de projet mais également pour certains autres membres de l'équipe – souvent pas planifié dans l'emploi du temps de l'équipe. Il est souhaitable que cette montée en charge soit progressive, avec un groupe réduit de ressources expérimentées au départ, qui « défriche » le problème et ébauche la solution, puis qui intégrera, par la suite, des collaborateurs plus aptes à l'apprentissage.

Dans une démarche agile, on a plutôt tendance à mobiliser une équipe stable, affectée à temps plein sur un seul projet afin d'éviter les déperditions liées au multiprojet.

Justement, ces méthodes agiles ne semblent adaptées qu'à des équipes réduites ; quelle est la taille maximale d'une équipe standard ?

La réponse de l'expert **Régis Medina**, consultant indépendant spécialisé dans l'accélération des projets de développement.

J'ai mis en place XP sur un projet qui a fait intervenir jusqu'à 25 développeurs. La montée en charge a été très rapide, et nous avons senti qu'au-delà d'une douzaine de personnes nous commencions à perdre la vision de l'ensemble de l'équipe. À ce moment, nous avons décidé de scinder l'équipe en deux sous-équipes, l'une devenant fournisseur de l'autre via un jeu d'interfaces bien définies. Nous avons fonctionné ainsi pendant trois ans, et nous étions très satisfaits de cette structure.

Mon expérience personnelle me fait dire qu'au-delà de 8-10 personnes, l'inertie devient sensible. Il me semble que l'idéal se situe plutôt autour de 6-8 personnes. Au-delà, il faut trouver une façon d'organiser plusieurs équipes sur le même sujet – dans notre cas, il s'agissait d'une organisation plate-forme/plug-ins, dans d'autres on pourrait imaginer une séparation client/serveur, ou encore une séparation par sous-domaines fonctionnels.

Pour lancer un tel projet, il me semble qu'une bonne approche consiste à démarrer en posant les bases du système avec une équipe réduite de développeurs plutôt expérimentés, puis à scinder l'équipe et étoffer les nouvelles équipes avec de nouveaux venus.

Animer l'équipe

Le chef de projet n'est plus celui qui « commande et qui contrôle » ; aujourd'hui, et dans une démarche agile en particulier, il responsabilise son équipe et délègue la prise de décision.

Sa relation avec l'équipe n'est plus « autoritaire » mais basée sur ses qualités de leader et de facilitateur.

En leader...

Qui porte la vision

La vision du projet, c'est-à-dire l'orientation générale, le sens donné au développement de fonctionnalités pour le client, n'est pas développée par le chef de projet, mais par le client. En revanche, le chef de projet est responsable de la diffusion de cette vision auprès de l'équipe ; il doit s'assurer, tout au long du projet, que chacun s'est approprié la vision et en partage les mêmes valeurs.

Cette vision guide l'équipe, qui se focalise sur la valeur ajoutée pour l'organisation. Elle doit être suffisamment ambitieuse mais réaliste pour susciter l'enthousiasme des membres de l'équipe et leur donner une perspective.

Le chef de projet est donc chargé d'aligner l'équipe sur cette vision, qui se concrétise au travers d'un périmètre de fonctionnalités à développer et d'un plan (roadmap, puis plans de release, plans d'itération).

La meilleure démonstration du fait que l'équipe s'est bien approprié la vision, c'est l'exercice de l'*elevator statement* (voir chapitre 3).

Qui recentre sur la valeur ajoutée

Par son leadership le chef de projet maintient l'équipe focalisée sur la valeur ajoutée ; il agit en « garde-fou » pour ne jamais dévier de la vision et de l'objectif de création de valeur.

Par sa pédagogie, il sensibilise chacun au concept de valeur ajoutée et simplifie la méthode pour mesurer la valeur créée.

Par son sens du consensus, il amène tous ceux qui divergeraient de l'objectif à se recentrer.

Qui développe l'esprit d'équipe

Une équipe n'est pas une réunion d'individus ; si chaque membre de l'équipe a, certes, besoin d'être reconnu pour son travail et ses qualités propres, il doit contribuer à un effort et un résultat collectifs.

La courbe de performance d'une équipe (voir ci-dessus) nous montre qu'avant d'être hautement performante, une équipe doit passer par des étapes de développement progressif. Le modèle de Bruce Tuckman (figure 6-5) décrit ce cheminement en quatre étapes :

Figure 6-5

*Le modèle de
développement
d'une équipe*

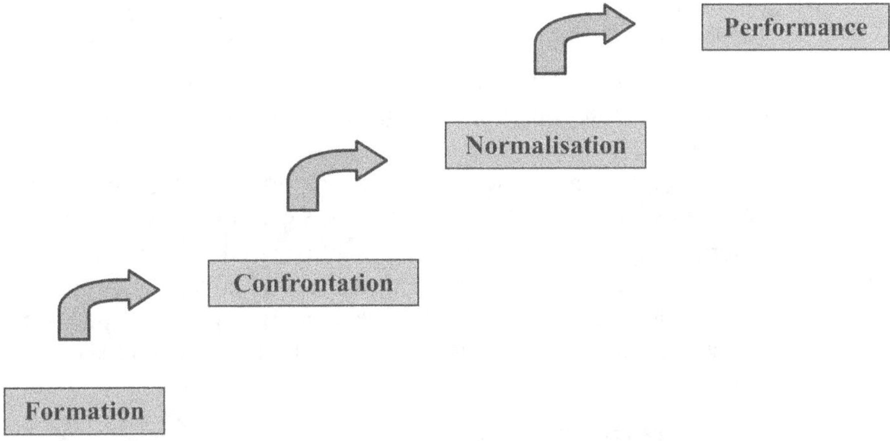

- **Formation** : dans une première étape, l'équipe se constitue avec un ensemble d'individus qui se « socialisent » au sein du groupe ; on définit l'objectif de l'équipe, on détermine les procédures et les règles de fonctionnement à suivre, chacun cherche sa place dans le groupe.

  Le chef de projet : il initialise l'esprit d'équipe, s'assure que tous les membres se font confiance et ont la capacité de coopérer. Son rôle est prépondérant.

- **Confrontation** : les choses se mettent en place, mais les incertitudes sont nombreuses ; l'équipe apprend, se découvre ; les personnalités se révèlent ; certains essaient de s'imposer ou d'imposer leur savoir-faire ; l'équipe s'affronte.

  Le chef de projet : en tant que coach, il guide l'équipe à travers cette « zone de turbulences » ; il insiste sur les valeurs de tolérance et d'ouverture, et met en avant l'avantage de la diversité culturelle. Sa capacité à gérer les conflits doit être grande.

- **Normalisation** : l'équipe finit par trouver un modus operandi et commence à collaborer ; son efficacité s'accroît et son identité émerge. Ceux qui n'adhèrent pas à l'esprit de l'équipe peuvent (doivent ?) être affectés à un autre projet.

  Le chef de projet : en facilitateur, il aide l'équipe à devenir plus autonome et à s'auto-organiser. Il exerce de moins en moins d'influence.

- **Performance** : chaque membre peut se concentrer sur le travail à réaliser ; l'énergie de l'équipe est canalisée sur l'objectif à atteindre ; la confiance anime chaque membre de l'équipe.

  Le chef de projet : l'équipe étant auto-organisée, il intervient pour lever les obstacles qu'elle rencontre et propose des challenges.

Pour développer cet esprit d'équipe, le chef de projet doit donner l'exemple : en s'associant à l'équipe, en utilisant le « nous » et non le « vous », il démontre qu'il est partie prenante du groupe.

Il aide le groupe à trouver son identité qui la singularise des autres équipes, à définir ses règles de fonctionnement, à mettre en place son environnement de travail.

Il amène chacun à accepter que les contributions ne sont pas équivalentes, mais qu'elles concourent toutes à l'atteinte de l'objectif commun ; chacun contribue à l'effort collectif à sa façon.

Un sentiment d'appartenance au groupe doit donc se développer, au travers d'un objectif commun, des intérêts communs, des valeurs communes, des pratiques communes.

Cet esprit collectif n'est malheureusement pas toujours spontané ; le chef de projet doit, dans ce cas, gérer les collaborateurs plus individualistes pour garantir l'esprit d'équipe ; il sera d'autant plus efficace qu'il passe du temps avec l'équipe, qu'il discute, qu'il associe chacun à la prise de décisions, voire qu'il lance des actions de *team building*.

> **Qu'est-ce que le team building ?**
>
> Les actions de team building sont souvent menées par des cabinets de consultants externes, spécialisés dans la création de séminaires ou l'organisation d'événements sportifs et ludiques visant à créer la cohésion au sein d'un groupe, à améliorer les relations de travail et à stimuler la créativité collective.

Les manifestations de l'esprit d'équipe sont multiples : intégration d'un nouvel arrivant, « pot » à l'occasion d'un événement ou du franchissement d'un jalon, qualité des relations informelles, partage des connaissances du projet dans un outil de *knowledge management*, efficacité des réunions de planification ou de bilan…

En cas de résistance d'un des membres, il faut sérieusement s'interroger sur sa nocivité sur l'équipe : évaluer sa contribution au travail collectif, qualifier son degré de résistance, mesurer sa motivation, écouter ses arguments, apprécier le risque de le maintenir à son poste ou de l'affecter à un autre projet.

Qui soutient l'équipe

L'équipe a besoin de soutien, de sécurité, d'outils, d'encouragements et de félicitations pour rester productive, étape après étape. Le chef de projet doit comprendre et saisir ce qui motive les membres de l'équipe, en tant qu'individus, et trouver les moyens de les « récompenser ». Un simple « merci » est parfois très gratifiant ! Une pizza et une bière un soir où il faut travailler tard sont souvent les bienvenues !

Les petites victoires que sont les fins d'itérations sont autant d'opportunités pour féliciter et marquer le franchissement d'étape vers l'objectif. Quel que soit le bilan d'une itération, on a franchi un pas, on a tiré des leçons, on a développé quelque chose ; si l'on n'a pas atteint complètement l'objectif, le verre est à moitié plein et non à moitié vide !

Les reconnaissances et récompenses sont attribuées de façon collective à l'équipe. Des récompenses individuelles peuvent être décernées mais avec vigilance, pour ne pas déstabiliser l'équilibre et la cohésion du groupe ; elles pourraient introduire de la compétition entre les membres et être perçues comme un système injuste. En tout état de cause, les critères d'évaluation et les modalités de calcul et d'attribution des récompenses, si elles se traduisent par une rémunération variable, doivent être débattus et validés au sein de l'équipe. L'un des critères est objectif et sans contestation possible : il s'agit de la livraison des fonctionnalités validées par le client à la fin d'une itération ou d'une release. D'autres peuvent concerner le concours apporté pour améliorer les compétences d'un collaborateur, améliorer l'esprit d'équipe, la réduction du taux de renouvellement des ressources…

Le soutien s'exprime également au travers des prises de position du chef de projet vis-à-vis d'un interlocuteur externe : il est solidaire de l'équipe, membre à part entière de l'équipe et par conséquent assume les décisions de l'équipe.

Il « protège » l'équipe – on utilise, dans la littérature agile, la métaphore du chef de projet *firewall* ou *sheepdog* – des influences néfastes venues de l'extérieur ou des diversions que sont les demandes informelles de modification ou d'ajout de fonctionnalité.

> Les menaces peuvent parfois venir de l'intérieur du groupe si un ou plusieurs éléments ne sont pas prédisposés au travail en équipe.

En facilitateur…

Empathie, influence, créativité et facilitation du travail sont des qualités essentielles au chef de projet pour assister son équipe et favoriser la coopération.

Qui lève les obstacles

Tout ce qui est un obstacle à la création de valeur doit être éliminé. Il est alors de la responsabilité du chef de projet de permettre à l'équipe de travailler sans entrave, en résolvant les problèmes et en levant ces obstacles rapidement, surtout si les cycles de développement sont très courts.

Quels types d'obstacles peut-on rencontrer ?

- liés aux personnes : facteurs liés à la vie personnelle des collaborateurs (obligations familiales, maladie…) ;

- environnementaux : problèmes de communication, liberté de mouvement ou de déplacement, absence de matériel, aménagement intérieur ;

- liés au niveau de connaissances : manque de connaissance ou d'expérience, surcharge de travail empêchant l'apprentissage et la capitalisation, perte d'information ou mauvais accès à l'information ;

- organisationnels : procédures bureaucratiques, priorités concurrentes, structures organisationnelles inefficaces, décalage horaire ;

- culturels : croyances, comportement, pratiques… basées sur l'origine, l'appartenance à une communauté, une religion, une nationalité ;

- sociologiques : dysfonctionnement du groupe, individualisme, commérages ou médisances.

Chaque jour, par exemple, lors de la réunion d'avancement, le chef de projet dresse la liste des difficultés rencontrées par chaque membre (c'est l'une des trois questions auxquelles chacun d'entre eux doit répondre) ; il inscrit les obstacles sur un tableau blanc visible de tous ; il s'attache ensuite à trouver une solution, idéalement dans la journée. L'équipe se concentre alors sur la production et ne perd pas de temps. Le bilan d'étape ou rétrospective (revue de fin d'itération, par exemple) constitue également une occasion de mettre au jour certains problèmes de fond non détectés lors de la période écoulée.

La première étape consiste à analyser les causes de ces obstacles, puis à traiter le problème : être à l'initiative d'une réunion, rechercher la compétence nécessaire, élaborer une communication, lancer un plan de formation, alerter et faire intervenir le management supérieur…

Cette responsabilité première est caractéristique du rôle du ScrumMaster (Scrum) ou du coach (XP).

Qui crée la confiance

Notre attitude intérieure influence notre comportement ; cet état intérieur peut être un accélérateur ou un frein à notre expression et à celle de l'autre.

La force de nos sentiments ou de nos émotions modifie l'affirmation de nos idées et notre façon de les communiquer : cela nous amène à avoir des certitudes sur nous-mêmes et sur les autres et à adopter un positionnement vis-à-vis des autres.

La qualité des échanges dépend de cet état intérieur, de l'image que chacun se fait de lui-même et de l'autre.

Figure 6-6

Les positions de vie

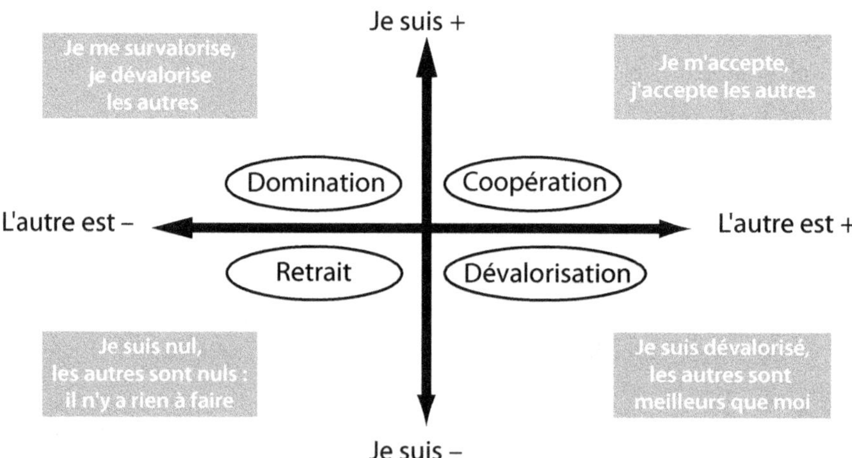

Source Éric Berne, l'Analyse Transactionnelle

Il existe quatre « positions ».

- +/+ Coopération – La personne s'accepte et accepte l'autre ; l'autre le perçoit et est incité à s'ouvrir davantage ; une relation durable peut se construire : échanges constructifs.

- +/– Domination – La personne veut s'affirmer sans tenir compte de l'autre, elle recherche l'influence, voire la manipulation de l'autre ; elle est dans la compétition : convaincre plutôt que persuader ou être indifférent, voire mépriser l'autre.

- –/+ Dévalorisation – La personne se soumet aux événements et aux autres ; elle recherche la « paix sociale », peut être démagogue. Elle n'ose s'exprimer, par crainte de l'autre, qu'elle surestime, parfois.

- –/– Retrait – La personne voit tout en noir : elle baisse les bras; peut aggraver les problèmes.

Le facilitateur aide chacun des collaborateurs à prendre conscience de sa « position » et de celle des autres ; l'objectif est d'amener chacun à progresser vers un état +/+ pour créer un climat constructif de confiance.

Qui optimise la communication

Les obstacles ou les problèmes rencontrés au cours des projets sont fréquemment liés à une défaillance dans la communication entre les individus : au sein de l'équipe, si la cohésion du groupe n'est pas effective, entre le groupe et le client ou son représentant, entre le groupe et le chef de projet. Le message n'est pas clair, la transmission est de mauvaise qualité, l'interlocuteur n'a pas une écoute active, le message est sujet à interprétation… autant de causes d'une mauvaise communication.

Pour favoriser la collaboration, il est essentiel qu'un niveau maximal de communication soit établi et maintenu tout au long du projet ; avec la levée des obstacles, c'est peut-être le domaine auquel le chef de projet consacre le plus de temps.

Les collaborateurs travaillent mieux s'ils ont l'information dont ils ont besoin au bon moment, qu'elle soit pratique pour leur propre travail ou générale pour comprendre le contexte du projet voire de l'organisation pour laquelle ils travaillent. Le manque d'information amène toujours des rumeurs, des hypothèses et génère une perte de confiance et de temps.

Une équipe qui collabore efficacement donne une large place aux échanges informels, en privilégiant le *face-à-face*, d'autant plus efficace si l'ensemble des membres se trouve dans un même lieu. Des réunions formelles sont néanmoins indispensables pour aborder des sujets d'intérêt commun, pour la résolution de problèmes ou la prise de décision collectives : réunions de lancement de projet ou d'itération, réunions de planification, réunions quotidiennes, démonstrations, réunions de bilan d'itération ou de projet, réunions de crise… Ces réunions doivent laisser place à la spontanéité et chacun doit être en confiance pour s'exprimer.

La communication porte aussi sur les résultats et l'avancement du projet, qui restent visibles pour tous, équipe et interlocuteurs externes. Transparence et égalité d'accès à l'information se matérialisent par le radiateur de l'information affiché dans la salle du projet.

Un chef de projet qui privilégie la communication sait adapter son message à son auditoire (il n'emploie pas de jargon technique avec un utilisateur) ; il s'assure de la bonne compréhension du message qu'il reçoit (par la reformulation : « si j'ai bien compris… », « vous voulez dire que… »), ou du message qu'il émet ; il adopte une posture (mouvement du corps, regard) pour montrer sa volonté de communiquer ; il consacre un temps important à la communication interpersonnelle avec chaque membre de l'équipe, en créant un environnement non perturbateur (le téléphone est en mode répondeur lors d'une réunion).

Il anime des réunions efficaces.

Comment préparer des réunions efficaces[a] ?

1) Préparer la réunion, en déterminant son objectif, en listant les participants (les « vrais » et les observateurs), en validant avec les participants que l'objectif est partagé, en définissant le rôle de chacun et en précisant ce qui est préalablement attendu de chacun (documents lus, information apportée et disponible, analyses préalables, supports de présentation…).

2) Établir l'agenda de la réunion : la durée de la réunion doit être fixe (principe du *timeboxing*). Si la durée de la réunion n'est pas respectée, les discussions divergent. Déterminer le temps total de la réunion procède de la même démarche que l'estimation globale d'un projet : en estimant grossièrement le temps consacré à chaque thème. Enfin, l'ordre des thèmes abordés doit être défini, afin d'atteindre le plus facilement ou logiquement l'objectif de la réunion. Cet agenda sera clairement affiché dans la salle de réunion et visible de tous.

3) Définir les règles de bon fonctionnement : ce sont les règles adoptées par l'équipe pour s'assurer que la réunion (les réunions en général) atteindra son objectif sans conflit ni diversion. Par exemple : « ne pas interrompre celui qui parle, une seule conversation à la fois, téléphones portables éteints, respect des heures de début et de fin… ». Tout le monde adhère à la « charte de bonne conduite ».

4) Prévoir les outils, supports de communication : tableaux à feuilles ou tableaux blancs, appareil de projection, Post-it géants, ruban adhésif, feutres…

5) Prévoir la disposition de la salle : l'impact est fort sur le déroulement de la réunion et sur les participants qui choisissent leur place. Ce peut être une disposition en forme de U (permet à l'animateur de pénétrer à l'intérieur de l'espace) ou de rectangle ou encore une série de tables rondes (facilitant le travail en sous-groupes). Les rangées de tables sur le mode salle de classe ne favorisent pas les échanges mais plutôt l'écoute de l'animateur.

Une bonne préparation assure une bonne part du succès d'une réunion efficace.

---

a. Jean Tabaka, *Collaboration Explained, Facilitation skills for software project leaders*, Addison Wesley, 2006.

Une bonne communication, au sein d'un groupe, motive les individus pour s'impliquer davantage : le maintien d'un climat positif et créatif favorise le confort des collaborateurs ; tirer parti des idées du groupe valorise chacun et rend plus autonome. La qualité des échanges est un moyen de prévenir les conflits que le chef de projet aura également à gérer, le cas échéant.

Qui favorise l'apprentissage et l'adaptation

La montée en compétences et la formation sont des moyens de motiver les collaborateurs, d'améliorer le sentiment de confiance et de cohésion parmi les membres de l'équipe pour augmenter la productivité.

Il revient au chef de projet d'élaborer cette stratégie de montée en compétences ; la perspective peut être immédiate pour doter l'équipe des compétences nécessaires et atteindre les objectifs ; elle peut être à moyen ou long terme, pour anticiper sur des besoins futurs et démontrer que l'organisation investit sur les personnes et cherche à pérenniser la collaboration.

La formation, qu'elle soit formelle ou informelle, en salle ou en ligne, dispensée dans les locaux d'un organisme ou sur le lieu de travail, doit être complétée par des actions d'accompagnement, pour prolonger l'effet de la formation. Qui ne s'est pas retrouvé, après une semaine de formation, désemparé devant son ordinateur, sans savoir comment appliquer, dans un tout autre contexte, la théorie vue en cours ?

La connaissance, acquise au travers de la formation, mais également par les échanges, par l'entraide au sein de l'équipe ou par l'apport d'une expertise externe, est capitalisée. Des outils de partage de l'information facilitent la formalisation, le stockage et la diffusion de cette information.

Le chef de projet doit promouvoir l'*apprentissage*, en favorisant, justement, les échanges et la capitalisation. Le caractère incertain d'un projet fait que l'équipe découvre des réalités à chaque itération et est, par conséquent, en apprentissage permanent.

Le chef de projet organise de fréquentes sessions de brainstorming, par exemple avant une prise de décision ; il convainc les membres de l'équipe de mettre leurs connaissances au service du groupe. Lors de revues régulières (en fin d'itération), le groupe s'interroge sur ce qui a plus ou moins bien fonctionné : « Quelles sont les bonnes pratiques que nous avons mises en œuvre ? » ; « Qu'est-ce qui nous a déçus ou frustrés ? » ; « Qu'est-ce qui a pu nous distraire ou nous déranger durant l'itération ? » ; « Y a-t-il encore des choses que nous n'avons pas comprises ? » ; « Quelles sont nos recommandations pour la suite ? » ; « Quelles nouveautés pouvons-nous introduire et tester ? ».

L'objectif est de s'inscrire dans une démarche d'*amélioration continue* ; chacun doit apprendre, s'enrichir, le groupe doit également se nourrir pour améliorer son efficacité et sa productivité, sans attendre la fin du projet : il s'agit de s'adapter au fur et à mesure, même si un bilan de projet prolonge la démarche.

Qui garantit le processus

Le chef de projet est le garant du processus retenu pour la gestion du projet. Certaines méthodes attribuent ce rôle à un directeur qualité, à un *process engineer* (UP), au Scrum-Master (Scrum) ou bien encore au coach (XP), mais il est rare de voir des organisations démultiplier ainsi les rôles. Le chef de projet porte souvent plusieurs casquettes, y compris celle-ci.

Elle lui confère la responsabilité de veiller à ce que chacun remplisse efficacement son rôle au sein de l'équipe en expliquant, en clarifiant et en adaptant les principes et les pratiques de la méthode.

Ce rôle est d'autant plus stratégique que l'équipe démarre avec une nouvelle méthodologie ; elle peut ne pas être encore mature ou faire de la résistance à l'introduction de nouvelles pratiques.

Dans ce cas, l'enjeu pour le chef de projet est de faire appel à son bon sens, sans jamais recourir à l'autorité qui n'est plus de mise.

Développer la collaboration

En constituant son équipe et en créant des conditions favorables, le chef de projet favorise la collaboration au sein d'une équipe. Comment se caractérise une équipe qui collabore efficacement ?

- Elle est autonome, s'auto-organise et prend des décisions : la direction doit laisser l'équipe prendre ses décisions et ses responsabilités pour définir comment elle va travailler pour livrer le produit. Cet espace de liberté d'action est une marque de confiance. Cette capacité de décision offre à l'équipe une motivation supplémentaire, surtout si les objectifs sont atteints. Lorsqu'une décision est prise collectivement, il y a engagement de toute l'équipe sur l'objectif commun. Si la décision mène à l'échec, celui-ci est assumé collectivement et considéré comme une étape d'apprentissage. En laissant cette autonomie à l'équipe, la direction lui accorde cette possibilité d'apprendre par elle-même.

  Le chef de projet : cette auto-organisation fonctionne sous le regard « bienveillant » du chef de projet, qui intervient pour faciliter la mise en œuvre de pratiques collaboratives, débloquer une situation difficile ou animer une réunion de coordination.

- La recherche du consensus y est permanente : obtenir le consensus ne signifie pas que tous les membres de l'équipe adhèrent inconditionnellement à toutes les décisions ; mais cela suppose que personne n'est trahi, trompé ou laissé-pour-compte. Le consensus est recherché pour améliorer la qualité de la décision, en envisageant tous les arguments divergents et les différents scénarios possibles. Pour parvenir à une décision consensuelle, l'équipe doit accepter ses différends voire ses conflits pour trouver une décision convergente.

  Le chef de projet : il assiste l'équipe dans la résolution des conflits, en essayant d'amener chaque membre à trouver un compromis. La difficulté réside dans le fait que chacun a une façon différente de réagir dans un conflit, en fonction de sa personnalité. La figure 6-7 présente les différents modes de résolution des conflits.

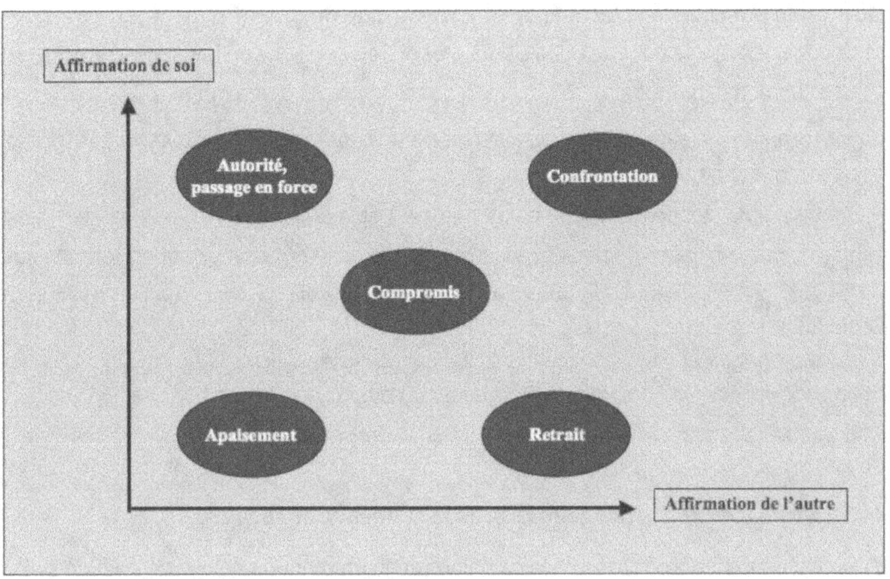

Figure 6-7

Matrice de résolution des conflits

Deux axes présentent, en ordonnée le degré d'assertivité (affirmation de soi, défense de ses propres intérêts) et en abscisse le niveau d'affirmation de l'autre (défense des intérêts de l'autre). Plusieurs attitudes sont possibles face au conflit :

– L'apaisement, caractérisé par une personnalité peu assertive de part et d'autre : le jeu se calme, en apparence, mais le conflit n'est pas toujours réglé.

– L'autorité ou le passage en force, caractérisés par une personnalité très assertive d'un côté et faible de l'autre : ça passe ou ça casse !

– Le retrait, caractérisé par une personnalité non assertive d'une part et très assertive de l'autre : il peut y avoir frustration à un moment donné.

– La confrontation, caractérisée par deux personnalités assertives : elle présente le risque d'aboutir à un conflit généralisé en fonction des autres personnalités du groupe.

– Le compromis, caractérisé par deux personnalités modérées, pas trop assertives : l'issue est gagnant-gagnant.

En tant que facilitateur, le chef de projet doit tenir compte de chacun des types de personnalités du groupe et amener celui-ci à trouver le consensus. Une technique simple et rapide aide les équipes à exprimer leur position par rapport à une décision : c'est la technique du « vote à cinq doigts ».

La technique est efficace parce qu'elle révèle vraiment la réalité d'un blocage et la nécessité de poursuivre la discussion.

> **Quel est le principe de la technique du « vote à cinq doigts » ?**
>
> 1) L'équipe est réunie pour une décision à prendre ou une solution à trouver, débattue en séance.
>
> 2) Chacun doit exprimer son vote à l'aide des cinq doigts d'une main :
>
> – Cinq doigts signifient « J'adhère totalement à cette idée, c'est la meilleure ; si j'avais pu la trouver moi-même ! »
>
> – Quatre doigts signifient « Cette solution me va et je suis ravi que l'on y soit parvenu. »
>
> – Trois doigts signifient « Je peux m'accommoder de cette décision et y apporter mon soutien. »
>
> – Deux doigts signifient « J'ai quelques réserves vis-à-vis de cette solution et j'aurai du mal à la soutenir. »
>
> – Un doigt (toujours l'index !) signifie « J'ai de sérieux doutes sur cette solution, je ne peux ni m'en accommoder, ni la soutenir ; j'oppose un veto. »
>
> 3) Lorsque tous les membres ont voté, le chef de projet facilitateur repère les votes à un ou deux doigts.
>
> 4) S'il n'y en a aucun, la décision collective est retenue et adoptée.
>
> 5) Si des membres s'opposent à la décision (avec un ou deux doigts), le chef de projet facilitateur doit amener l'équipe à reconsidérer sa position et chercher de nouvelles alternatives ou compromis afin d'amener les opposants à voter avec au minimum trois doigts.

- Elle maintient un climat de contradiction positive : lorsqu'une équipe a réussi à régler de façon consensuelle un conflit, elle est capable, ensuite, de tirer profit de la contradiction positive ; chacun sait écouter, étudier, discuter toutes les alternatives pour faire émerger la meilleure solution/décision, représentative de toutes les propositions initiales débattues. Le processus de prise de décision n'en est qu'amélioré. Jean Tabaka[3] distingue (voir tableau 6-1) le conflit « constructif » et le conflit « destructif ».

Tableau 6-1 Distinction entre conflit constructif et conflit destructif

Conflit constructif	Conflit destructif
L'équipe s'engage collectivement à trouver plusieurs possibilités.	Les individus sont plus intéressés par la victoire de l'argument.
Tout le monde s'engage dans une discussion.	Quelques personnes seulement dominent le débat alors que les autres se mettent en retrait.
Les discussions se focalisent sur les faits : qui, quoi, quand, pourquoi, comment, où ?	La conversation est chargée d'opinions et d'attaques personnelles.
La discussion reste focalisée sur le problème à régler.	La discussion dévie sans cesse du thème d'origine.

3. Jean Tabaka, *Collaboration Explained, Facilitation skills for software project leaders*, Addison Wesley, 2006.

Tableau 6-1 Distinction entre conflit constructif et conflit destructif *(suite)*

Conflit constructif	Conflit destructif
Chaque membre encourage les autres à s'exprimer.	Les participants se disputent pour contrôler la parole et découragent les autres de parler.
Chacun demande davantage d'explications sur les réponses des autres.	Les participants ignorent ce qui a été dit pour ne présenter que leur point de vue.
Chaque membre encourage les idées des autres, qu'il soit d'accord ou pas.	Les participants encouragent ceux qui sont du même avis et condamnent tout point de vue contraire.

Elle est capable de résoudre les problèmes : chaque membre d'une équipe qui collabore est convaincu que l'équipe peut régler n'importe quel problème ; et chaque membre sait que l'équipe est mieux placée pour résoudre un problème que n'importe quel membre pris individuellement. Mais l'équipe, dans son ensemble, sait aussi qu'elle tire avantage de l'expertise de chacun des individus qui la composent. En résumé, l'équipe est meilleure que le meilleur du groupe.

- Ses membres s'engagent collectivement : chaque membre d'une équipe qui collabore s'engage pour un objectif commun. Il reconnaît avoir des droits et des devoirs. Mais cela n'est possible que si l'équipe est responsable de ses décisions, en d'autres termes, si le chef de projet ou la direction donne de l'autonomie à l'équipe et si l'organisation, elle-même, respecte ses engagements de moyens.

Le chef de projet : il ne prend pas de décisions unilatéralement, mais pousse l'équipe à prendre ses responsabilités ; il l'amène à traverser les étapes du développement d'équipe (confrontation, normalisation, performance), à se poser les bonnes questions et à prendre ses décisions.

Exemple d'un « contrat » entre membres d'une équipe projet (Scrum)

– Le product owner s'engage à fournir à l'équipe un product backlog initial.

– Le product owner s'engage à prioriser les items du product backlog.

– Le ScrumMaster s'engage à maintenir une équipe solide en se dédiant à la levée des obstacles, à la fois internes et externes.

– Le product owner s'engage à apporter le point de vue officiel du client pour répondre rapidement (dans un délai de quelques minutes ou quelques heures, non des jours) aux questions relatives au domaine métier.

– L'équipe s'engage à ce que le travail soit transparent, à ce que les problèmes soient réglés et les décisions prises collectivement, et à ce qu'aucun membre de l'équipe ne soit laissé-pour-compte.

– Chaque membre de l'équipe s'engage à porter tout problème, tout obstacle et toute information à la connaissance de l'équipe.

Les signataires : le ScrumMaster, chaque membre de l'équipe et le product owner.

> **Exemple d'un « contrat » entre l'organisation et l'équipe projet (Scrum)**
>
> – L'équipe promet aux parties prenantes qu'il y a un product owner au sein de l'équipe pour l'orienter vers leurs intérêts.
>
> – L'organisation promet à l'équipe que des parties prenantes (y compris des experts) seront disponibles si nécessaire.
>
> – L'équipe s'engage à utiliser raisonnablement le temps des parties prenantes pour ne se focaliser que sur des questions pertinentes concernant le travail à réaliser.
>
> – L'organisation s'engage à aider le ScrumMaster à lever les obstacles à l'avancement de l'équipe.
>
> – L'équipe s'engage à fournir un travail de qualité de la meilleure façon qu'elle puisse en tenant compte des contraintes imposées par l'organisation.
>
> – L'organisation promet à l'équipe de ne pas changer les priorités ou les contraintes au milieu d'une itération sans son consentement.
>
> – L'équipe promet de livrer un produit « démontrable » à la fin de chaque itération pour la revue et la validation par les parties prenantes.
>
> – L'organisation promet que faire partie d'une équipe projet ne nuira pas à la carrière de ses membres.
>
> Les signataires : les représentants clés des parties prenantes, le ScrumMaster (au nom de l'équipe) et le product owner.

- La confiance motive ses membres : une équipe au sein de laquelle règne un climat de confiance ne perd pas de temps en manœuvres politiques. Ses membres n'ont pas peur de demander de l'aide et d'apporter leur aide. Ils consacrent volontiers du temps à collaborer pour apporter des solutions plutôt que pour argumenter sur des détails. Les objectifs individuels sont alignés sur les objectifs de l'équipe. Si la confiance ne règne au sein de l'équipe, ce n'est pas une équipe, c'est un groupe d'individus avec des intentions différentes voire conflictuelles, qui perd son temps et qui n'est pas productif. Ce climat de confiance ne peut être favorisé que dans des organisations où le management accorde sa confiance à l'équipe, accorde de la valeur à la réussite collective et ne développe pas une « culture du blâme » (« Qui a commis l'erreur ? »).

- Elle collabore aussi avec les autres parties prenantes : les interlocuteurs de l'équipe sont nombreux et multiples ; le premier d'entre eux est le représentant du client, qui doit être étroitement impliqué dans le projet. Une bonne relation entre l'équipe et le client favorise une relation de partenariat au détriment d'une relation contractuelle, fondée sur un échange client/fournisseur.

Une équipe agile se caractérise, en plus, par des pratiques spécifiques. XP, par exemple, propose un ensemble de pratiques destinées à favoriser l'émergence de la collaboration au sein de l'équipe :

- La métaphore : il s'agit d'utiliser des termes imagés pour décrire le produit qui doit être développé pour éviter un jargon technique énigmatique pour certains, par exemple le *facilities management* pour expliquer un serveur d'applications ou encore le *pizza guy* pour Corba (voir *http://chiefmetaphorofficer.blogspot.com/*).

- La programmation en binôme (pair programmin*g*) : le principe est de faire travailler deux développeurs ensemble sur un même poste de travail. L'un contrôle le clavier, l'autre effectue une relecture en temps réel ou propose des solutions alternatives, mais les rôles (et les binômes, d'ailleurs, au sein d'une équipe) sont interchangeables.

Ça coûte cher, le pair programming !

1) La réponse de l'expert **Régis Medina**, consultant indépendant spécialisé dans l'accélération des projets de développement.

À première vue, on pourrait effectivement penser qu'avec deux personnes par machine le projet coûte deux fois plus cher. Cela dit, je pense que l'on peut avoir une vision un peu plus réaliste de la situation en réalisant que ce qui prend du temps sur un projet, ce n'est pas de taper le code au clavier mais plutôt de savoir ce qu'il faut écrire !

En pratique, le surcoût apparent du binôme est largement compensé par le fait que celui-ci dispose d'une plus grande puissance de frappe, en raison d'une sorte de « vision stéréo » qui lui fait appréhender le problème de manière plus large, avec davantage d'expérience et d'idées différentes. On voit par exemple beaucoup moins de cas où un développeur reste bloqué sur un problème pendant plusieurs jours, ou bien met en place des solutions exotiques qui se révéleront difficiles à maintenir par la suite. D'une manière générale, j'ai observé que le travail était bien mieux fini, éliminant des tâches ultérieures de correction ou de nettoyage.

Il faut également garder à l'esprit le fait que chaque binôme prend en charge des activités traditionnellement réalisées en début ou en fin de projet : spécification détaillée (échanges avec le client), conception (remaniement) et validation (tests automatiques). Au final, les pratiques XP étant tellement dépendantes les unes des autres, il me semble dangereux de considérer le coût de cette pratique isolément. Je pense qu'il vaut mieux considérer l'efficacité du processus dans son ensemble – et mon expérience me fait dire que le gain est réel.

Par contre, je n'irai pas jusqu'à dire que le travail en binôme est automatiquement rentable. Il ne suffit pas d'asseoir deux développeurs côte à côte pour les voir immédiatement fonctionner efficacement ensemble ! Il faut voir le travail en binôme comme une compétence spécifique, qui s'apprend et se travaille. Il faut également en tenir compte au moment où l'on forme l'équipe, en s'assurant que les développeurs pourront s'entendre suffisamment.

2) La réponse de l'expert **Pascal Pratmarty**, consultant indépendant et ingénieur expérimenté en développement logiciel.

Développer un logiciel est complexe et l'unicité de chaque projet rend improbable toute véritable automatisation. À cette complexité nous pouvons opposer un large spectre de réponses.

À un extrême, les processus lourds figent très tôt une conception détaillée au travers d'une documentation riche, segmentent les activités de développement et multiplient les métriques pour assurer le suivi des plans. De grosses dépenses sont consenties sur des phases très spécifiques : la conception en début de projet, puis l'intégration et les tests en fin de projet. ☞

Ça coûte cher, le pair programming ! *(suite)*

Ce dernier centre de coût se révèle régulièrement et de loin le plus gourmand, en révélant très tardivement certains choix de conception. De l'autre côté, les méthodes agiles font le pari d'une approche incrémentale, transversale avec des itérations courtes ; les activités de test, conception et développement sont mélangées et nourries des points de vue de tous les intervenants du projet. Plus nous déplaçons le curseur dans cette direction, plus les coûts sont étalés sur toute la durée du projet. Contrairement aux idées reçues, ils ne sont pas plus importants, car la phase finale de test avant livraison est réduite à son minimum et ne révèle plus de surprise.

En fin de spectre, la pratique du binômage représente l'extension de cette même logique, car la complémentarité des points de vue s'exerce en temps réel pour tous les choix d'implémentation. Le copilote assume un double rôle de garde-fou et de stratège : son détachement du clavier lui permet de considérer la cohérence d'ensemble de ce qui se construit en listant tout détail qui germerait dans sa tête sans interrompre le contexte du pilote. C'est le garant de la qualité de réalisation de la tâche. À ce stade, les coûts associés à un changement de direction technique sont faibles par comparaison avec ceux qui se produisent plus tardivement et hors contexte. Enfin, cette pratique limite efficacement les coûts relatifs au turnover en garantissant que toute partie du code est au moins connue par deux personnes.

L'enveloppe budgétaire en mois/homme paraît a priori plus élevée aux yeux des clients et sponsors. Pourtant, ce calcul doit tenir compte des activités de maintenance et de correction de défauts, qui occupent encore trop souvent la moitié des effectifs d'une équipe chargée d'un logiciel ! Ces fonctions pénibles et ingrates précipitent le départ des bons programmeurs en les démotivant. Le retour sur investissement réalisé dans le binômage est très difficile à mesurer. Dans les projets complexes et/ou à forte technicité, l'expérience prouve que cette pratique réduit très fortement les risques de défauts, et donc les coûts directs et indirects qui y sont associés.

3) La réponse de l'expert **Laurent Bossavit**, président de l'association Agile France.

Le pair-programming consiste à s'organiser en binômes de programmeurs : deux programmeurs partagent un clavier, un écran, et collaborent à une même tâche. On peut en effet se dire que deux programmeurs, chacun sur leur poste, vont avoir une production double de celle d'un binôme... à condition de considérer que le travail d'un programmeur, c'est de la dactylographie !

En réalité, la frappe au clavier ne constitue que la partie triviale du travail d'un programmeur. Ce qui compte, c'est le temps qu'il met à analyser le problème posé, à imaginer une, de préférence plusieurs, solutions, à soumettre ces solutions à une analyse critique, à implémenter une solution et à la tester. Toutes ces tâches peuvent être plus efficaces « à quatre mains ».

Notamment, si le binômage permet d'éviter des défauts (bogues) au moment de la programmation, le temps gagné se récupère au décuple ou au centuple : on sait en effet depuis longtemps qu'une erreur qui prend 10 minutes à détecter et réparer pendant l'implémentation peut gaspiller des heures voire des jours si on attend la phase de recette ou la mise en production.

- La responsabilité collective du code : si la séparation des tâches a comme effets possibles la déperdition de l'information ou le risque de redondance, les méthodes agiles préconisent une responsabilité partagée de l'ensemble du code. Cela signifie qu'il n'y a pas d'appropriation du code et que chaque développeur est susceptible d'intervenir sur tout le code, même s'il n'en est pas l'auteur initial. On en devine aisément les avantages du point de vue de la gestion des ressources (maladie, congés…) et pour le partage d'information.

- Les règles de codage : les précédentes pratiques sont indissociables de l'application de règles communes homogènes qui doivent être partagées par l'équipe, notamment les normes de codage : présentation du code, règles de nommage, organisation des commentaires…

- L'intégration continue : chaque développeur livre son travail au reste de l'équipe plusieurs fois par jour, de façon à disposer à tout moment d'une version opérationnelle de l'application. Cette mise en commun est le fruit d'une collaboration étroite entre tous les membres de l'équipe.

Créer un environnement de travail efficace

La collaboration au sein d'une équipe est aussi favorisée par un environnement de travail propice à la communication. La qualité du travail dépend largement du cadre et de l'ambiance de travail. Alors, le chef de projet serait-il aussi un *décorateur d'intérieur* comme aime à le décrire Craig Larman ?

Réunir l'équipe dans une même salle, de type *open space*, est la première condition pour favoriser la collaboration et développer le sentiment d'appartenance. La salle dédiée à tel projet peut être personnalisée avec des symboles représentatifs (nom du projet, logo du client…). Il ne faut pas non plus sous-estimer l'impact de la lumière naturelle et des plantes sur le moral des collaborateurs.

La disposition du mobilier doit favoriser le travail en binôme ; il doit être aisé à déplacer pour adapter l'espace, si nécessaire. Cependant, il doit également respecter l'intimité à laquelle chacun a droit, y compris dans un espace collectif.

La salle doit disposer de murs suffisamment accessibles sur lesquels seront affichés les résultats, les fonctionnalités, les tâches, les décisions, le règlement, l'agenda de la réunion… toutes informations du « radiateur » nécessaires à l'avancement du projet.

Doit également être prévu un poste de travail pour le client qui passe régulièrement du temps avec l'équipe, pour décrire les fonctionnalités attendues ou pour tester les derniers développements et aussi des chaises surnuméraires pour recevoir les invités.

Il suffit parfois d'un nouveau logiciel plus ergonomique, d'un écran de taille supérieure ou d'une nouvelle machine à café pour rendre plus confortable un cadre de travail.

Gérer des équipes multiples ou distantes

Dans le cas où l'équipe de réalisation est dispersée géographiquement, les principes collaboratifs décrits précédemment doivent être adaptés. Par chance, Internet et les technologies de la mobilité facilitent le management d'une équipe éclatée, même si le message électronique n'est pas approprié à toutes les situations.

En effet, on ne peut pas se reposer uniquement sur les outils de communication ; des rencontres régulières doivent être conservées, pour créer et maintenir le lien.

> **Comment gérer des équipes multiples ?**
>
> La réponse de l'expert **Jean Tabaka**, coach et mentor agile chez Rally Software Development.
>
> Dans le développement logiciel agile, on gère les équipes multiples de différentes façons.
>
> – On doit maintenir la taille des équipes entre 7 et 10 personnes au maximum. Cela facilite les nombreux échanges au sein de l'équipe, ce qui renforce son engagement sur le plan d'itération.
>
> – Il faut tenir une réunion quotidienne pour chaque équipe, suivie d'une réunion avec un représentant de chaque équipe ; c'est ce qu'on appelle le *scrum of scrum*. Les différents représentants remontent l'information de leur équipe sur l'avancement et avisent de tout obstacle qu'une autre équipe ou un élément extérieur pourrait constituer. Ensemble, les représentants (typiquement, le coach agile et le product owner) créent un plan pour lever les obstacles.
>
> – On introduit des standards entre les équipes. Lorsque des équipes multiples ont besoin de coordonner leurs versions du produit, les méthodes agiles encouragent le partage de normes de codage, une base de code commune et des métriques identiques pour suivre la façon dont chaque équipe priorise, estime et s'engage.
>
> – On partage le product backlog de haut niveau, mais on planifie le travail à partir de backlogs distincts par équipe. Les équipes sélectionnent, dans le product backlog, les fonctionnalités qui constitueront leur propre product backlog priorisé. Lorsqu'elles ont achevé leurs fonctionnalités, le product backlog commun est mis à jour avec les fonctionnalités terminées.
>
> – On introduit des outils complémentaires électroniques qui renforcent la visibilité transversale, comme les tableaux de suivi des tâches, le suivi de l'itération ou encore les items du product backlog...

La complexité croît davantage encore lorsque l'équipe projet est dispersée géographiquement, dans des pays différents, avec des collaborateurs de culture différente, confrontés aux décalages horaires.

> **Comment appliquer ces principes collaboratifs avec des équipes offshore, et donc dispersées géographiquement, avec des décalages horaires et des différences culturelles ?**
>
> La réponse de l'expert **Élisabeth Ducarre**, consultante senior manager chez Valtech Technology.
>
> Nous sommes dans le cas d'équipes multiples délocalisées, puisque la majorité de nos projets sont des projets offshore avec une répartition des équipes entre deux pays, si ce n'est pas trois ou quatre pour certains projets.
>
> Les bonnes pratiques suivantes ont été mises en place.

Tout d'abord, les scrum meetings et les scrum of scrum sont mis en œuvre pour répondre au besoin de communication orale.

Dans les cas des gros projets, nous pouvons considérer que nous avons déjà une notion d'équipe au niveau de la *feature team* (une équipe par fonctionnalité). Chaque équipe est composée d'environ 7 personnes. Chaque feature team organise son scrum meeting quotidien, puis il y a un scrum of scrum quotidien également avec le ScrumMaster et un représentant de la feature team. Ce peut être soit le *feature lead* (la personne qui a la vision complète de la fonctionnalité à développer et tester) si la notion de feature lead est existante dans l'équipe ou un représentant de chaque feature team. Dans ce dernier cas, le représentant peut changer à chaque scrum of scrum. Lorsque l'équipe contient entre 7 et 10 personnes, un seul scrum meeting est organisé.

Lorsque chaque pays a réalisé son scrum, un scrum meeting est organisé entre les Scrum-Masters ou un représentant volontaire de chaque équipe délocalisée. Ce scrum peut avoir lieu soit quotidiennement, soit 2 à 3 fois par semaine. Cela dépend un peu du décalage horaire entre les deux pays. C'est là qu'il faut bien en tenir compte. Il faut trouver un créneau commun raisonnable entre les deux pays. Ce n'est pas trop compliqué entre la France et l'Inde car nous avons entre 3 h 30 et 4 h 30 de décalage, cela devient plus compliqué lorsqu'il faut trouver un créneau commun entre la France, l'Inde et les États-Unis par exemple. Ces scrum se font avec des logiciels de communication comme Skype ou Messenger, souvent associés à une caméra qui permet de visualiser les interlocuteurs à distance ou enfin par téléphone.

Dans le cas des scrum entre pays, la langue de référence est l'anglais, ce qui peut être un peu « perturbant » pour les Français au démarrage, mais après plusieurs scrum, tout se passe bien.

Pour ce qui est de la communication écrite, nous utilisons très fortement Confluence Wiki.

Toutes les informations sont partagées dans des pages Wiki. Le processus défini est commun à tous les pays. Les données projet sont organisées selon les disciplines UP, et il n'y a donc pas de problème pour retrouver les informations. À partir de la page de garde, toutes les données importantes ou utilisées tous les jours sont accessibles.

Le partage des données est essentiel et nous nous basons sur l'outil JIRA pour par exemple la gestion du product backlog, de l'iteration backlog et enfin des défauts.

À tout moment, quel que soit le pays, on a donc l'état de référence. Il n'y a plus de problèmes d'échanges par e-mail des données projets. Tout est en temps réel.

Le décalage horaire est ici mis à profit. Le pays qui est en avance du point de vue horaire peut faire ses travaux, puis il existe une plage commune qui permet de faire des points/réunions, puis l'autre pays continue ses activités. Pour les activités partagées sur un même sujet, cela permet d'avoir une plage plus grande qu'une journée normale.

Dans la cadre de réunions techniques, nous utilisons un logiciel de communication type Interwise qui nous permet de partager des documents, avec possibilité d'avoir un stylo virtuel pour souligner des points comme sur un écran dans une salle de réunion.

Pour répondre à la question sur les différences culturelles, une bonne pratique mise en place consiste à effectuer des échanges entre les pays. Régulièrement, une personne d'un pays se déplace pour 1 à 4 semaines dans l'autre pays afin de se rendre compte de la façon dont sont rythmées les journées de travail, mieux connaître les habitudes de chaque pays, et ainsi mieux comprendre les comportements. Cela permet de consolider la notion d'équipe unique même si les personnes sont dispersées entre les pays.

Gérer les sous-traitants

Dans un contexte où tout ou partie des activités de développement sont de plus en plus souvent externalisées, le chef de projet est amené à gérer des ressources externes.

Les risques de l'externalisation ne sont évidemment pas tout à fait les mêmes que lorsqu'il s'agit de gérer une équipe interne ; le chef de projet doit donc anticiper les difficultés possibles et se prémunir contre des situations qui peuvent devenir bloquantes. Généralement, un contrat est signé entre les deux organisations ; il prévoit, précisément, un certain nombre de parades contre les risques en question.

- Les risques liés à l'appréciation du contexte et des enjeux : afin de s'assurer que le sous-traitant[4] a bien appréhendé les enjeux du projet, une période d'immersion doit être prévue pour cette prise de connaissance. Attention, une disponibilité de l'équipe cliente est à planifier pour assurer ce transfert des connaissances.

- Les risques liés à la compréhension des besoins : le fait que l'équipe de réalisation soit partiellement ou totalement externalisée ne change rien aux difficultés de compréhension des besoins. Le développement itératif minimise le risque de mauvaises surprises à la fin du projet ; il doit donc être imposé au sous-traitant.

- Les risques liés au résultat : le sous-traitant doit apporter la preuve que le produit en cours de réalisation est conforme aux exigences. Afin d'éviter qu'il y ait une appréciation divergente sur le niveau de conformité ou de qualité du produit, les critères d'évaluation doivent être définis précisément au préalable. Grâce au développement itératif, le sous-traitant peut, lors des livraisons fréquentes, présenter une version intermédiaire du produit, accompagnée du rapport de tests, qui démontre que les tests et benchmarks ont été menés pour satisfaire les niveaux de service attendus (performance, charge, temps de réponse…). Comme les critères d'évaluation, la liste de toutes les prestations (formation, conduite du changement, maintenance…) et livrables attendus doit être dressée. Le chef de projet doit par ailleurs s'assurer que les technologies retenues par le sous-traitant sont compatibles avec l'environnement technique de son organisation ou de son client ; il veille à ce qu'au moins une ressource soit disponible sur la technologie retenue, sinon une montée en compétence (formation, coaching) doit être planifiée pour assurer la maintenance du produit.

- Les risques liés aux conditions de la réalisation : pour s'assurer que le sous-traitant a toutes les chances de réussir le projet, le chef de projet doit connaître son processus et ses pratiques internes : techniques d'estimation pour évaluer la fiabilité de la charge annoncée, gestion des risques, gestion des exigences, gestion des changements, gestion des problèmes, procédures de capitalisation, outils utilisés… Le chef de projet doit pouvoir avoir une visibilité périodique sur l'avancement du projet, au-delà des livraisons intermédiaires ; un reporting comportant les principaux indicateurs de suivi doit être assuré par le sous-traitant. Si le chef de projet n'a pas toujours un droit de

---

4. On dénomme, ici, par « sous-traitant » l'équipe de réalisation externe.

regard sur le choix des ressources du sous-traitant affectées au projet, il peut, néanmoins, demander que les ressources lui soient présentées afin d'initialiser la collaboration. Il doit, en outre, s'assurer que le sous-traitant s'engage à remplacer dans un délai contractuel une ressource défaillante. Une clause doit également préciser si le sous-traitant peut recourir lui-même à la sous-traitance.

Ce qu'il faut retenir...

Le métier de chef de projet évolue : moins directif, il devient facilitateur dans la gestion des hommes qui l'entourent.

Ses qualités interpersonnelles font de lui un bon communicant, qui sait partager ses valeurs et ses convictions avec ses collaborateurs ; l'adhésion de ces derniers, leur responsabilisation et la confiance mutuelle améliorent grandement la productivité et l'efficacité de chacun.

En leader, c'est lui qui emmène son équipe, portée par la vision du projet ; il cultive l'esprit d'équipe pour la performance collective ; il soutient voire protège son équipe le cas échéant, et en est solidaire, puisque partie prenante.

En facilitateur, il aide les collaborateurs à être plus autonomes dans leurs décisions et dans la résolution des conflits ; il les accompagne dans leur apprentissage continu et leur montée en compétences ; il favorise l'acquisition de pratiques collaboratives dans le cadre de processus qu'il sait rendre applicables. Il crée un environnement de travail favorable.

Il sait négocier avec sa hiérarchie pour obtenir des ressources et des moyens, avec le client, pour ajuster le périmètre le cas échéant, avec ses pairs, pour parvenir à un engagement de leur part...

Dans un contexte de plus en plus internationalisé, il doit savoir appliquer ces bonnes pratiques dans le cadre d'équipes dispersées et hétérogènes culturellement ; face aux sous-traitants éventuels, ses qualités de négociateur, sa rigueur et son esprit collaboratif l'amènent à travailler dans de bonnes conditions de partenariat.

7

Adopter une approche agile

Le principe de l'évolution est beaucoup plus rapide
en informatique que chez le bipède

Extrait du journal québécois *Le Devoir*, du 10 mai 1997,
Jean Dion, chroniqueur et auteur canadien de nouvelles.

Le déploiement d'une nouvelle méthodologie de gestion de projet doit être considéré comme un projet à part entière : ce projet a des objectifs, des moyens, un sponsor, des risques, des acteurs… Ici la question est abordée pour adopter une démarche agile : appelons ce projet le projet Agile.

Chaque projet, qu'il s'agisse d'un projet de développement logiciel ou d'un projet pour introduire de nouvelles pratiques, se déroule dans un environnement spécifique ; c'est en tenant compte de ces spécificités que l'on pourra fixer des objectifs réalistes et assurer les meilleures conditions pour le succès du projet. Dans le cadre du projet Agile, projet de changement culturel, la démarche débute par un incontournable état des lieux, suivi d'un plan d'actions accompagné d'un programme de conduite du changement, étapes au cours desquelles la dimension humaine est à privilégier. Sont abordés, également, dans ce chapitre, les cas particuliers des projets externalisés avec des contrats au forfait, des projets offshore, et de la compatibilité d'une approche agile avec une démarche CMMI.

Dresser l'état des lieux

Quelles sont les raisons qui amènent une organisation à faire évoluer sa méthodologie de gestion de projet ? La réponse à cette question rendra plus aisées la compréhension des enjeux du projet et la définition des objectifs.

La première étape consiste donc à recenser les zones de dysfonctionnement dans le déroulement des projets ; puis, au-delà des solutions spontanément envisagées, des interviews menées auprès des différents acteurs impliqués aident à recenser leurs pratiques et à mesurer les difficultés auxquelles ils sont confrontés, leurs attentes, leur maturité et leur prédisposition face au changement, leur mobilisation potentielle, en bref, à analyser l'état du contexte à faire évoluer.

Au travers de cette analyse de l'existant, on cherche à identifier les zones à problèmes pour mesurer l'ampleur de l'effort à déployer, les facteurs à risques et de succès, les priorités et le rythme du déploiement.

Recenser les zones de dysfonctionnement

Lorsque l'on interroge les acteurs des projets sur leurs difficultés, les écueils les plus fréquemment cités sont liés à la qualité des produits qu'ils développent, aux délais et aux coûts de réalisation ou à l'écart constaté entre les besoins du client et ce qui est livré au final (voir la figure I-1). En effet, les symptômes les plus répandus sont : dépassement de délais et/ou de coûts, trop de changements dans les besoins du client, mauvaise compréhension de ceux-ci, mais également trop de documentation à produire, des outils inadaptés, difficulté d'intégration, ressources insuffisantes…

Une fois les problèmes listés, il convient d'en analyser la cause ; et l'on constate qu'il n'y a pas toujours de relation binaire entre un symptôme et l'origine du « mal ». Symptômes et sources peuvent être croisés. Par exemple, un dépassement budgétaire n'est pas uniquement dû à une mauvaise estimation initiale, ou bien l'inadéquation entre besoins et produit livré ne s'explique pas que par une mauvaise gestion des exigences.

Ainsi, une équipe de réalisation très qualifiée sur le plan fonctionnel peut obtenir de bons résultats et la satisfaction du client, même si elle n'a pas mis en œuvre une gestion des exigences outillée ou informatisée. Pour expliquer un problème de coûts, on pourra invoquer une architecture ancienne et sclérosée sur laquelle tout changement nécessite d'importants travaux, ou bien d'importantes demandes supplémentaires survenues pendant le cycle de développement, ou encore une sous-estimation des implications technologiques de ce qui est demandé.

C'est au travers de cette analyse causale menée sur toute la chaîne de fabrication, sur l'organisation des activités, sur l'évaluation des compétences… que l'on est en mesure d'associer les pratiques existantes et « jauger » si elles doivent être maintenues, supprimées ou aménagées.

Cette association problème/cause/pratique(s) correspondante(s) (tableau 7-1) facilite grandement la première étape de cet état des lieux.

Ainsi, dans ce cas, les changements à apporter à la méthodologie porteront en priorité sur le processus de recueil et de formalisation des besoins et sur la stratégie de tests et validation.

Tableau 7-1 Le recensement des zones de dysfonctionnement

Problème	Cause(s)	Pratique(s) correspondante(s)
Inadéquation besoins/produit livré	Mauvaise collaboration entre le client et l'équipe Équipe non mature sur le domaine fonctionnel Mauvaise gestion des exigences	Ateliers de recueil des besoins Formalisation et validation des exigences Tests de validation Rythme des livraisons (...)

Poser les bonnes questions

Le diagnostic que vous avez dressé au début de cet ouvrage sur votre gestion de projet a peut-être d'ores et déjà mis en évidence des pistes possibles d'améliorations ; mais des questions complémentaires, concernant l'organisation, l'équipe, ou la maîtrise d'ouvrage, vous aideront d'une part à déterminer si l'opportunité d'introduire une nouvelle méthodologie est réelle et d'autre part à arbitrer sur les pratiques qui doivent être déployées. Ces questions mesurent la prédisposition au changement ou le degré d'agilité des équipes et des organisations, qui sont des facteurs clés pour la réussite de l'entreprise ; en outre, elles mettent en avant les freins potentiels à la démarche, qui constituent des risques à ne pas négliger.

Voici les points sur lesquels les questions doivent porter.

Sur la genèse du projet Agile

Question : Qui a initié ce projet ? Pourquoi le lance-t-on ?

Dans quel contexte est-on amené à étudier l'opportunité d'introduire une approche agile : s'agit-il d'une contrainte imposée par le marché ? S'agit-il d'un client qui impose telle démarche ou la direction générale qui a opté pour une normalisation des processus ? S'agit-il d'une initiative émanant du département informatique ? Ou tout simplement, parce que le client ne sait pas vraiment ce qu'il veut ? Ou que l'on a tout essayé avant, sans succès ?

Il s'agit de savoir qui a initialisé la réflexion et à partir de quels événements, avec quelles motivations générales. Si vous êtes à l'origine de la démarche, vous prendrez votre « bâton de pèlerin », proposerez un plan d'actions et un agenda de réalisation. Vous devrez convaincre et négocier des moyens ; votre responsabilité s'en trouve accrue et le risque est plus élevé, car vous devrez démontrer des résultats tangibles rapidement.

Si la proposition émane de votre hiérarchie, l'origine réside probablement dans le constat d'un problème suffisamment visible pour que la direction s'en préoccupe ; il vous sera plus aisé d'adresser en priorité ce problème et de négocier les moyens en conséquence. Votre action s'inscrit alors dans une démarche stratégique.

Sur l'organisation

Question : Dans quel type d'organisation évoluez-vous ?

Une organisation de type bureaucratique avec beaucoup de procédures et de longs cycles de décision ? De type hiérarchique dans laquelle les équipes ont peu d'autonomie et où le management est très directif ? De type innovante avec une ouverture au changement ? Orientée client et particulièrement soucieuse de la valeur ajoutée pour le client et de sa satisfaction?

Il s'agit de déterminer si l'organisation crée les conditions favorables au passage à une approche agile. Si l'organisation est innovante, elle sera plus disponible, plus sensible aux objectifs de la démarche, laissant davantage d'initiative et de marge de manœuvre à ceux qui ont une force de proposition. Débloquera-t-elle, pour autant, plus facilement des moyens ? La réponse n'est pas certaine car on voit, à l'inverse, des structures importantes, où les processus de décision sont longs et complexes, se lancer dans des gros projets de changement avec de gros investissements. L'innovation étant souvent inversement proportionnelle à la taille de la structure, il est souvent plus compliqué de convaincre dans une grosse organisation, la mise en place de tableaux de bord étant souvent systématique pour conforter la décision.

Sur la direction générale et le sponsor

Question : Quelle est la position de la direction générale ?

Le projet Agile bénéficie-t-il d'un sponsor au sein de la direction générale ? Le sponsor est-il de type gestionnaire ? Dans ce cas, c'est le retour sur investissement qui l'intéresse, pas simple à quantifier. Sera-t-il impliqué ou partie prenante de la nouvelle méthodologie ? Dans ce cas, il se préoccupera de l'impact sur le métier ou sur les aspects organisationnels. A-t-il un profil de technicien ? Dans ce cas, il mesurera les implications sur le plan technologique et mettra peut-être en avant les outils avant les pratiques.

Question : Quels sont les moyens attribués par la direction générale ?

Le projet Agile est-il financé : formations, plan d'accompagnement, moyens de communication sont-ils prévus ? Incontestablement, les collaborateurs qui bénéficient d'une formation sont mieux armés pour adopter de nouvelles pratiques ; ce budget ne doit pas être sous-estimé. Le projet Agile est-il doté d'un « champion », c'est-à-dire d'un leader mandaté par la direction générale pour être le chef du projet ?

Il s'agit de savoir si cette initiative est un « feu de paille » ou un projet qui s'inscrit dans un programme stratégique avec les ressources qui conviennent.

Sur le(s) chef(s) de projet concerné(s)

Question : Quel est le profil des différents chefs de projet ?

Sont-ils des facilitateurs ou des chefs directifs ? Sont-ils expérimentés ? Bénéficient-ils d'une réelle autonomie ? Favorisent-ils le travail en équipe ? Quel est leur niveau de maturité quant aux techniques de gestion de projet ?

Une évaluation préalable des styles et des capacités de management est souhaitable afin de déterminer le type d'accompagnement nécessaire. Pour démarrer, on s'appuiera plus facilement sur un chef de projet déjà « facilitateur » dans l'âme, en lui donnant le leadership et en le citant en exemple ; on peut toujours craindre qu'un chef de projet « directif » n'ait plus de difficulté à adopter un style de management collaboratif ; certains, le cas échéant, ne pourront pas l'adopter du tout.

Sur les équipes

Question : Les équipes sont-elles à géométrie variable ?

Les équipes travaillent-elles toujours ensemble, pour des raisons structurelles, ou bien sont-elles constituées selon les projets ? Sont-elles stables, une fois constituées ? Les ressources peuvent-elles être parfois affectées à plusieurs projets simultanément ?

D'évidence, des équipes permanentes pourront mieux développer et cultiver, sur la durée, l'esprit d'équipe qui caractérise une équipe agile. À l'inverse, les structures matricielles, si elles offrent la souplesse de pouvoir constituer des équipes « à la demande », ne favorisent pas toujours cet esprit d'équipe avec des collaborateurs qui doivent, chaque fois, apprendre à travailler ensemble, puis trouver un nouveau positionnement.

Question : Les équipes sont-elles familiarisées avec une méthodologie, en particulier ? Depuis combien de temps ? Sont-elles familiarisées avec la nouvelle méthodologie envisagée ? En adoptent-elles une nouvelle avec enthousiasme ? Quel est leur degré de scepticisme ?

On mesurera ce scepticisme grâce aux interviews en face à face. Généralement, plus les collaborateurs sont attachés à une méthodologie, plus ils restent attachés au passé ; une transition doit être examinée ; en revanche, ceux qui n'appliquent pas une méthodologie particulière sont plus demandeurs car elle structure leur gestion quotidienne.

Question : Les équipes sont-elles réparties géographiquement ? Quel est leur degré d'autonomie ? Sont-elles animées par l'envie de partager et d'apprendre ?

Plus les équipes sont réparties géographiquement, plus les obstacles à une bonne communication sont évidents ; le travail collaboratif devient plus compliqué, mais mieux outillé, avec, souvent, des supports de communications appropriés. La langue de travail doit être choisie avec précaution. Des actions spécifiques pour mieux se connaître doivent être planifiées.

Plus les équipes sont habituées à prendre et à assumer des responsabilités, plus grande est leur faculté d'adaptation à l'esprit agile ; si elles ont, en outre, déjà le réflexe de partager leurs connaissances, de capitaliser, et l'esprit d'entraide, le succès est mieux prévisible. À l'inverse, une plus forte sensibilisation et un accompagnement de proximité se révéleront nécessaires dans des organisations où le travail est cloisonné.

Sur le client

Question : Le client ou son représentant est-il accessible ? Quel est le degré d'implication du client ? Des utilisateurs ? Sont-ils disponibles ? Dans quelle proportion ? Sont-ils sur le même site ?

Dans la définition des pratiques à mettre en œuvre, ce paramètre est déterminant : comment prévoir des ateliers de recueil des besoins ou la participation quotidienne du client si celui-ci refuse de s'investir, considérant que le cahier des charges remis à l'équipe est suffisant ? Selon la culture ou l'organisation de l'entreprise, faire en sorte que le client s'implique peut se révéler une démarche de longue haleine ; il faudra le sensibiliser aux enjeux de sa participation active et trouver le mode de collaboration le mieux approprié.

Sur vous-même

Question : Êtes-vous prêt à relever le défi ou y êtes-vous contraint, sans emballement ?

Considérez-vous ce projet Agile comme une opportunité ou comme un changement supplémentaire qui se superpose aux autres (nouvelles technologies, nouvelle architecture, nouveaux outils, nouvelle réorganisation…) ? Votre accueil est décisif dans le succès de la démarche. Les valeurs qui vous guident aujourd'hui vont impacter le déroulement de la transition vers cette nouvelle méthodologie; si vous êtes déjà sensible aux concepts de qualité, feedback, satisfaction client… vous êtes dans de meilleures dispositions que si vous recherchez, en permanence, la conformité au plan initial. Soyez honnête avec vous et, si vous ne l'avez encore fait, procédez au diagnostic qui figure au début de cet ouvrage.

> Non seulement les interviews constituent un moyen d'obtenir les réponses à vos questions, mais elles sont un excellent procédé pour commencer à sensibiliser vos interlocuteurs et à leur faire passer des messages, dans le but d'une appropriation plus rapide de l'approche agile.

La synthèse des réponses à ces questions sera significative pour savoir si le contexte est favorable ou pas pour mettre en œuvre une approche agile dans les projets. Plusieurs situations sont envisageables : 1) Les acteurs ne sont pas du tout disposés à faire évoluer leur méthodologie. 2) Le contexte est plutôt favorable, il y a des velléités de changer mais il reste quelques freins. 3) Enfin, l'organisation, dans son ensemble, a conscience que la méthodologie doit évoluer, elle y est préparée, elle soutient l'initiative et est enthousiaste. Les risques peuvent donc être importants, les bénéfices attendus devront être proportionnels au degré de réceptivité décelé.

> **Attention**
>
> Il est de la responsabilité du chef de projet impliqué dans une démarche d'évolution des méthodes de travail d'alerter sa hiérarchie si tous les signaux indiquent que le projet est trop risqué, que les conditions ne s'y prêtent pas, ou qu'il nécessite des moyens supplémentaires à titre préventif.

Risques ou facteurs clés de réussite ?

Pour être un succès, la démarche d'adoption d'une méthodologie agile doit réunir un certain nombre de facteurs de réussite identifiés avant le démarrage du projet ; mais, puisqu'il s'agit d'un changement, l'enjeu d'un tel projet est triple : humain, organisationnel et technologique.

L'enjeu est humain, d'abord, car introduire une nouvelle méthodologie implique une modification des habitudes de travail ; les collaborateurs ont des réflexes : face à l'inconnu ils se réfèrent spontanément à ce qu'ils savent faire depuis plusieurs années. Abandonner ses pratiques pour en adopter de nouvelles est un changement culturel. Il faudra pourtant compter sur des personnes compétentes, disponibles, motivées et impliquées. Les impliquer, précisément, le plus tôt possible, les informer et leur laisser le temps d'« ingérer » la nouveauté seront des facteurs clés de succès. Si l'on ne prend garde à cet aspect humain, on risque d'être confronté à la réticence, l'opposition ouverte, voire le sabotage.

Organisationnel, ensuite, dès lors que l'on modifie des pratiques de travail ou des procédures. Implémenter une méthode agile a des répercussions sur le re-déploiement des ressources (exemple des testeurs qui sont intégrés dans les équipes projet), sur le regroupement des collaborateurs sur un même site ou encore sur l'implication permanente des utilisateurs.

Technologique, enfin, car adopter une méthode agile suppose un outillage particulier ou l'aménagement d'outils existants (automatisation des tests, intégration continue, gestion de configuration). Le risque réside alors dans l'apprentissage et la prise en main de ceux-ci.

Il existe des environnements plus ou moins favorables que d'autres avec des circonstances qui constituent des risques et des freins ou bien des facteurs de succès.

Le tableau 7-2 synthétise les risques et les facteurs de succès les plus fréquemment rencontrés dans ce type de projet.

Tableau 7-2 Risques et facteurs clés de réussite

Facteurs clés de réussite	Risques
La philosophie, plus que la méthodologie, doit être comprise et acceptée par tous. C'est avant tout l'esprit de la démarche et ses implications culturelles que doivent s'approprier l'ensemble des acteurs d'une organisation, y compris, la direction générale.	**Le scepticisme ou la résistance au changement menacent le succès du projet Agile.** La résistance se manifeste par l'incompréhension ou le refus des acteurs (développeurs, client, direction...) à accepter les changements induits. Des réflexes ou des attentes dérivés d'une culture traditionnelle vont entrer en conflit avec les nouveaux principes. La résistance est naturelle, « normale ». Sensibiliser, communiquer, démontrer par la preuve des résultats.

Tableau 7-2 Risques et facteurs clés de réussite *(suite)*

Facteurs clés de réussite	Risques
La participation volontaire et l'implication du client dans les décisions sont indispensables. Une démarche agile est basée sur la livraison de valeur pour le client, la hiérarchisation des fonctionnalités par le client et son feedback régulier : le client est un maillon indispensable de la chaîne. La qualité des échanges entre client et équipe de réalisation est primordiale.	**L'implication du client est insuffisante.** Il est des projets où les utilisateurs sont en trop grand nombre pour être tous représentés, d'autres où l'entreprise est trop petite pour permettre à ses utilisateurs une disponibilité suffisante. La culture traditionnelle induit ce mode de fonctionnement, tout comme un développement itératif avec des itérations trop longues. Le risque doit être remonté au plus tôt, sur un échantillon représentatif d'utilisateurs sélectionné ; éventuellement, à défaut, trouver un membre de l'équipe de réalisation qui « jouera » le rôle du client.
L'équipe de réalisation est stable. La déperdition d'information et de performance lorsque les ressources passent d'un projet à l'autre n'est plus à démontrer. Si un projet est prioritaire, ses ressources doivent l'être également. Le noyau de l'équipe reste le même tout au long du projet.	**La délocalisation des développements (au démarrage).** La dispersion géographique des équipes doit être sérieusement prise en considération. Mieux vaut commencer à adopter les méthodes agiles dans un contexte d'équipes regroupées, au moins durant les premiers mois de l'expérimentation, pour développer sa « collaborativité ».
Les collaborateurs sont polyvalents. L'idée de disposer d'équipes cross-fonctionnelles est un atout contre la séparation des rôles et la lassitude des collaborateurs, au profit du partage de la connaissance.	**Les tests ne sont pas intégrés au cycle de développement.** Comment, dans ce cas, valider la qualité, la conformité, la performance au fil de l'eau sans risquer la mauvaise surprise en fin de projet… et sans compter la « rupture de charge » dans la connaissance autour du projet ?
L'application est subdivisible. Grâce à la vision et à l'architecture, l'application peut être décomposée en modules, fonctionnels ou techniques, pour s'adapter à la taille des équipes, au rythme du projet (itérations courtes), et contourner la complexité en l'isolant.	**On ne dispose pas d'une description générale des besoins.** Le risque est de ne pas avoir une vision globale des fonctionnalités à implémenter et de se perdre dans la compréhension détaillée des attentes. Il est impératif de compartimenter les besoins et de leur affecter un niveau de priorité et une fenêtre de temps, avant de les détailler.
Deux ou trois membres de l'équipe sont expérimentés. Même s'ils sont rôdés aux méthodes traditionnelles, et pas expérimentés dans la méthodologie choisie, ils doivent avoir une réelle expérience de la vie d'un projet de développement. Leur aisance face aux risques améliorera la qualité des décisions… s'ils font preuve d'ouverture d'esprit face à la nouveauté de la méthode !	**L'adoption « big bang » de la méthode sans support à la démarche.** L'adoption d'une nouvelle méthodologie est un projet : l'adoption doit être itérative et incrémentale, l'apprentissage enrichi des premiers retours d'expérience. On ne forme pas beaucoup de développeurs sur une courte période ou on n'applique pas la nouvelle méthode sur de nombreux projets durant la phase d'apprentissage. Le soutien de la direction générale, un budget, de l'accompagnement, des formations… et du temps sont indispensables. Sans cela, le projet ne pourra rester que confidentiel, limité à un petit département et particulièrement exposé au risque d'échec.
L'acceptation du changement comme opportunité. Observer, apprendre, adapter, pour être plus performant et davantage coller aux besoins du client, grâce au changement qui ne sera plus perçu comme des remises en question pénalisantes.	**Un planning détaillé précisant le nombre d'itérations, leur durée, leur contenu.** C'est le réflexe ! Comment planifier suffisamment sans trop planifier ? En s'efforçant de se limiter aux deux ou trois itérations à venir et en actualisant ses plans en fonction des constats réels. Planifier les dates des itérations, oui, pas le contenu.

Tableau 7-2 Risques et facteurs clés de réussite *(suite)*

Facteurs clés de réussite	Risques
Les équipes ne doivent pas excéder 8 à 10 personnes. La collaboration, le partage d'information, l'animation d'équipes de taille supérieure, sont plus complexes et moins efficaces.	
Une grande autonomie est donnée à l'équipe de réalisation. Le projet ne doit pas être ralenti par l'attente de décisions « en haut lieu ». Les représentants des utilisateurs n'ont pas à en référer en permanence à la hiérarchie.	

En confrontant cette liste, non exhaustive, aux réponses aux questions susmentionnées, on obtient un éclairage sur la nature du contexte dans lequel démarre le projet Agile.

À quels types de projets s'adresse une méthode agile ? Y a-t-il des conditions requises (taille, nombre et profil des acteurs, domaine fonctionnel ou technique…) ?

La réponse de l'expert **David Gageot**, directeur technique chez Tech4Quant.

Plus le projet est risqué, plus les méthodes agiles sont performantes. En gros, on ne commence pas les méthodes agiles avec un projet facile, cela ne prouverait rien.

Les méthodes agiles sont de préférence faites pour les projets de développement logiciel mais fonctionnent bien dans d'autres domaines. J'ai pu, par exemple, expérimenter Scrum sur un projet éditique.

Il vaut mieux commencer en monosite si on a le choix car le multisite ajoute une complexité très importante. Au départ, une petite équipe permet de se rôder en évitant les scrums de scrum.

Le domaine fonctionnel importe peu mais c'est un gros « plus » si chaque fonctionnalité a un ROI facile à calculer ou une plus-value nette par rapport à la concurrence. La construction d'un backlog priorisé n'en sera que plus simple.

Ces méthodes agiles sont apparues avec les nouvelles technologies et les interfaces utilisateurs : elles s'adaptent, par conséquent, particulièrement bien aux projets qui s'appuient sur les technologies objet qui facilitent la modularisation ; ou bien aux projets qui réunissent utilisateurs et développeurs pour mettre au point des interfaces ergonomiques, élaborées et validées de façon incrémentale. C'est la convergence culturelle d'un état d'esprit novateur.

L'approche itérative et incrémentale est précisément appropriée dans un contexte particulièrement risqué parce qu'incertain ou novateur. Par conséquent, les projets qui explorent une nouvelle technologie ou un nouveau domaine applicatif sont de bons candidats à l'agilité, ainsi que les projets complexes où les risques doivent être levés très rapidement.

Enfin, lorsque le client n'a qu'une vague idée de ce qu'il veut ou qu'il n'a ni les compétences ni les ressources pour spécifier son besoin, on n'hésitera pas à aborder le projet avec une approche agile, pour s'assurer au fil de l'eau de l'adéquation du produit développé avec ses besoins émergents.

L'état des lieux est dressé : avec l'analyse des zones de dysfonctionnement et la synthèse des interviews, on est en mesure de fixer des objectifs concrets pour le passage à une nouvelle méthodologie, tout en tenant compte des atouts et des freins liés à l'environnement.

Fixer des objectifs réalistes

Les objectifs annoncés doivent être réalistes et « raisonnables » ; les résultats ne devront pas décevoir, car un échec sur un premier projet compromet les efforts pour la suite.

Voici quelques objectifs d'ordre général :

- meilleure productivité des équipes de réalisation ;
- réduction des risques sur les projets complexes ou exploratoires ;
- réduction du taux d'anomalies, amélioration de la qualité logicielle ;
- meilleure visibilité sur les dérives (coûts/délais), notamment pour le management et la prise de décision ;
- meilleure adéquation du produit fini aux besoins du client ;
- réduction du turnover, car les collaborateurs qui travaillent sur les projets agiles sont volontaires et animés par un esprit altruiste ;
- meilleure réactivité face aux évolutions du marché…

Plus spécifiquement, chaque acteur peut trouver dans l'adoption d'une méthode agile un bénéfice à court, moyen ou long terme :

- Le client aura la satisfaction de pouvoir orienter les développements pour obtenir, très fréquemment, un logiciel qui lui est utile et qui lui apporte de la valeur dans son métier.
- La direction appréciera que l'équipe ne se focalise que sur des fonctionnalités qui apportent une réelle valeur ajoutée et qu'elle soit attachée à la pérennité des développements.
- Le chef de projet appréciera la flexibilité de l'équipe à pouvoir s'adapter aux changements et à donner satisfaction aux différentes parties prenantes.
- L'équipe savourera une meilleure qualité de vie et une plus grande autonomie.
- Les testeurs apprécieront leur intégration en tant que membres à part entière des équipes de réalisation et leur capacité à influer sur la qualité du logiciel plus tôt dans le cycle de vie.

Les objectifs découlent naturellement de l'analyse des dysfonctionnements ; la liste peut être longue, dans ce cas, il convient de les hiérarchiser.

> **Attention**
>
> Ne pas associer trop rapidement méthodes agiles et réduction des coûts ou des délais. En revanche, on peut affirmer qu'elles favorisent la réduction des dépassements des coûts et des délais, puisqu'à chaque fin d'itération le projet peut être interrompu.

Comment se définit un objectif?

Un objectif doit être SMART (Spécifique, Mesurable, Acceptable, Réaliste et défini dans le Temps) :

– Un objectif est spécifique lorsqu'il décrit précisément ce qui doit avoir changé, chez qui, et en quoi cela doit avoir changé.

– Un objectif est mesurable si l'on peut mesurer, objectivement, qu'il est atteint (en termes qualitatifs ou quantitatifs).

– Un objectif est acceptable s'il s'inscrit dans une vision et est compatible avec les autres objectifs.

– Un objectif est réaliste s'il est accessible avec les moyens disponibles. Sa faisabilité doit être réfléchie.

– Un objectif est défini dans le temps, lorsqu'on a déterminé l'échéance à laquelle il doit être atteint (avec des étapes intermédiaires, éventuellement).

Vous avez fixé vos objectifs ? Il est probable que vous ne puissiez pas tous les tenir, que vous ne puissiez pas les prioriser ; vous allez alors générer de la frustration. Focalisez-vous sur un seul objectif, deux ou trois, au maximum ; listez leurs critères d'évaluation, avec un horizon acceptable, pour être certain d'être capable de les tenir. Vous n'en serez que plus conforté dans votre démarche et pourrez démontrer des résultats tangibles.

Comment mesurer le succès de la démarche ?

Comment mesurer le succès d'un projet Agile ? Comment savoir qu'on a réussi ? Quels critères peut-on évaluer ?

La réponse de l'expert **Freddy Mallet**, consultant spécialisé sur les méthodologies agiles, le modèle de maturité CMMI et la qualité logicielle.

Si le client est satisfait, le projet est réussi. Tout le reste, c'est presque de la littérature.

Quelle que soit la méthode utilisée, nos hiérarchies, nos clients sont habitués à suivre des indicateurs classiques : nombre de défauts, dépenses réelles, écart en coût et en délai, nombre de cas d'utilisation ou de fonctionnalités livrées, etc.

Par conséquent si, en effet, dans une démarche agile, l'un des indicateurs les plus pertinents est bien la satisfaction du client, il n'en demeure pas moins que le reporting doit maintenir un même niveau d'information, souvent en conservant le même formalisme, ne serait-ce que pour établir la comparaison avant/après et ne pas introduire trop de changement. Ce qui veut dire que les indicateurs classiques perdurent au-delà de la démarche abordée.

Mais permettent-ils de dire si le client est satisfait ? Un indicateur de bonne qualité du code est-il une preuve que le client est satisfait ?

Autrement dit, comment s'assurer que le client est satisfait ?

> Un dispositif objectif vous permet-il d'analyser la satisfaction de l'ensemble des utilisateurs finals ? Si oui, le client est-il satisfait parce que le produit livré est « bien » ou parce que le produit livré est « mieux » que ce qu'il attendait ?
>
> Dans le premier cas, le client est satisfait, mais envisage peut-être une deuxième version du produit qui prendra en compte des évolutions et des besoins non exprimés initialement, apparus au cours du premier projet. La satisfaction du client n'est donc pas totale et le coût final risque d'augmenter.
>
> Dans le second cas, cela signifie que vous avez répondu à des attentes implicites ou même inconnues de l'utilisateur et que vous avez peut-être su identifier ce qui n'était pas vraiment utile et l'éliminer du produit final en hiérarchisant ; vous avez été capable d'intégrer le besoin émergent au fil de l'eau, pour une plus grande satisfaction du client, à coût égal, sans en passer nécessairement par une deuxième version du produit.
>
> Une approche agile vous permet d'intégrer ce besoin au fil de l'eau, pas une méthode traditionnelle prédictive qui fige les besoins.

La preuve que l'équipe a apporté une vraie valeur ajoutée est le nombre de fonctionnalités prioritaires (considérées comme telles par le client lui-même) développées et livrées au client ; et, dans un projet Agile, ce nombre de fonctionnalités est tangible puisqu'à la fin de chaque itération, l'application, même partielle, fonctionne et est exploitable.

Le client peut donc rapidement mesurer la valeur ajoutée au niveau de ses activités (gain de temps, réduction du coût de la main-d'œuvre, augmentation de la marge, nombre de nouveaux clients…) ; il peut, de fait, revoir ses priorités en fonction du feedback des utilisateurs et mettre à jour le calcul du retour sur investissement sur la base des premières livraisons.

La préoccupation première est donc bien la satisfaction du client qui se mesure en termes de valeur ajoutée, de satisfaction par rapport aux besoins réels au moment où le produit est livré, par une meilleure collaboration et par le respect des coûts et des délais.

Depuis le début du déploiement des méthodes agiles, de nombreuses initiatives ont été lancées pour mettre au point un système de mesure du degré d'agilité des équipes et de leur progression vers l'agilité.

On trouve, par exemple, le modèle développé par Bill Krebs et Per Kroll, *Agile Evaluation Framework* (Agile:EF)[1] : il mesure l'état d'adoption des pratiques agiles au travers d'un questionnaire qui permet d'évaluer si telle pratique est utilisée (toujours, la moitié du temps ou jamais). La figure 7-1 présente les résultats d'une enquête menée auprès des membres d'une équipe agile.

Sur cette figure on peut observer, sur une échelle de 0 (jamais utilisé) à 10 (toujours utilisé), l'adoption d'une pratique : la barre indique le résultat moyen de l'équipe, la ligne les écarts représentés par les réponses individuelles.

---

1. http://www.agilejournal.com/articles/columns/articles/750-using-evaluation-frameworks-for-quick-reflections

Figure 7-1

Résultats d'une enquête Agile:EF

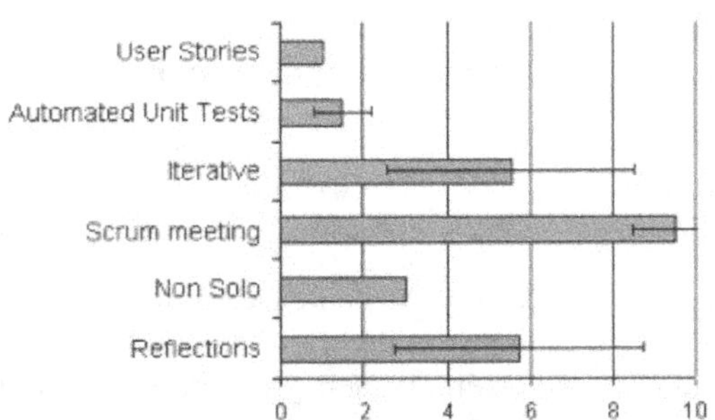

On trouve, également, le modèle *Comparative Agility Assessment*[2], développé par Kenny Rubin et Mike Cohn. Il fonctionne sur un principe de comparaison à d'autres organisations du même secteur ou d'autres projets de même type ou de même taille qui ont procédé à la même évaluation. Il est composé d'une centaine de questions autour des thèmes suivants : travail en équipe, planification, exigences, ingénierie, qualité, culture et gestion de la connaissance.

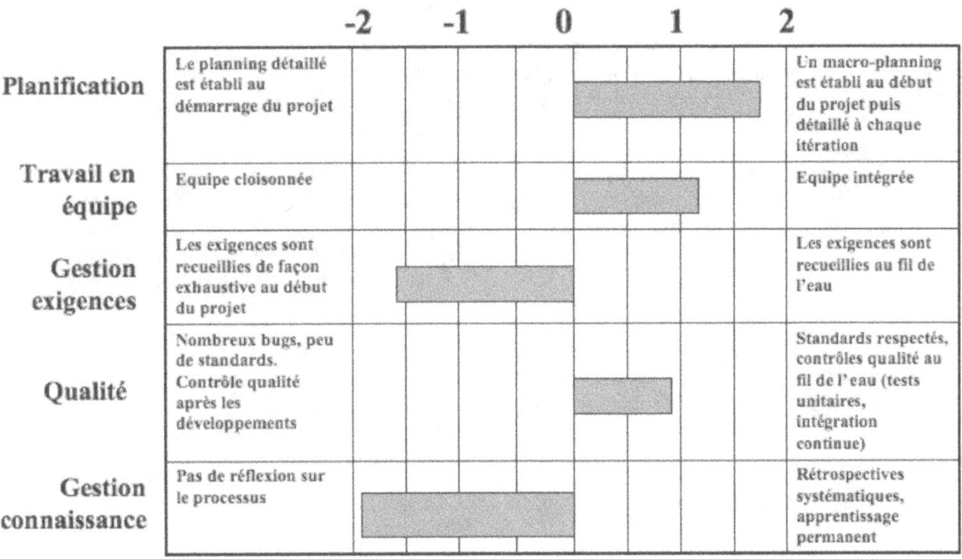

		-2	-1	0	1	2	
Planification	Le planning détaillé est établi au démarrage du projet						Un macro-planning est établi au début du projet puis détaillé à chaque itération
Travail en équipe	Equipe cloisonnée						Equipe intégrée
Gestion exigences	Les exigences sont recueillies de façon exhaustive au début du projet						Les exigences sont recueillies au fil de l'eau
Qualité	Nombreux bugs, peu de standards. Contrôle qualité après les développements						Standards respectés, contrôles qualité au fil de l'eau (tests unitaires, intégration continue)
Gestion connaissance	Pas de réflexion sur le processus						Rétrospectives systématiques, apprentissage permanent

Figure 7-2

Présentation des résultats du Comparative Agility Assessment

L'exemple présenté sur la figure 7-2 montre que, dans ses activités de planning, le projet évalué se positionne au-dessus de la moyenne générale, mais en dessous pour d'autres pratiques.

---

2. http://comparativeagility.com/

Quel que soit le modèle de référence ou le modèle personnalisé, il est important de ne pas négliger les aspects collaboratifs et comportementaux au travers du ressenti des membres de l'équipe.

Quels sont les symptômes de l'échec de la démarche ?

Peut-être n'atteindrez-vous pas complètement vos objectifs ? L'échec n'est jamais total ; certains symptômes ont un effet positif pour accroître la vigilance et mener des adaptations. On ne fait pas systématiquement le bon choix des bonnes pratiques dès le début du projet.

L'expérience montre que l'on constate souvent les mêmes symptômes d'une mauvaise adoption des pratiques agiles (voir tableau 7-3) :

Tableau 7-3 Symptômes et parades

Symptôme	Parade
Le client n'est pas impliqué dans le déroulement du projet. Il n'a pas été convaincu par la méthode.	Un effort de communication doit être fourni pour le mobiliser. Si l'enjeu du projet de développement est réel, son implication doit être à la mesure de cet enjeu.
Les objectifs ne sont jamais atteints en fin d'itération. Il se peut que l'équipe soit trop ambitieuse ou qu'elle ne sache pas calculer sa vélocité.	Mener une rétrospective et analyser pour quelles raisons les objectifs ne sont pas atteints. Prévoir un accompagnement spécifique sur les techniques de planification agiles.
L'équipe n'a pas assez d'autonomie. Ce manque d'autonomie peut s'expliquer par un chef de projet trop directif ou par une équipe qui ne veut pas prendre ses responsabilités.	Là encore, prévoir une action d'accompagnement du chef de projet par un coach agile. Laisser davantage d'autonomie à l'équipe, même au prix d'erreurs qu'elle analysera et corrigera elle-même. L'équipe a droit à l'erreur pour s'améliorer. La confiance qu'on lui accorde doit être manifeste.
Certains membres de l'équipe ne participent pas assidûment aux réunions, notamment à la réunion quotidienne. Il se peut que ces membres non assidus n'aient pas encore pris conscience de l'importance du travail collaboratif et du partage d'information.	Ne les brusquez pas avec autorité en les obligeant à participer. Lorsqu'ils auront besoin d'une information, on leur fera remarquer que ce point a été discuté lors de la réunion et que, par conséquent il serait bon qu'ils y participent à l'avenir. Les sensibiliser, aussi, au fait que l'information qu'ils détiennent présente un intérêt général.
L'équipe ne s'entraide pas, le pair-programming ne fonctionne pas. Il n'est pas aisé pour tous d'interpréter l'objectif de l'itération au niveau collectif ; tous se retranchent derrière leur réussite individuelle.	Il existe des actions de *team building* pour développer la coopération au sein d'une équipe. Mais certains peuvent ne pas du tout adhérer à la philosophie agile et en particulier à la pratique du binômage ; dans ce cas, ils doivent être affectés à d'autres projets afin de ne pas nuire à l'équilibre (fragile, au début) de l'équipe.
Une partie des développements est encore testée a posteriori en dehors de l'itération. Les équipes de test ne sont alors pas totalement intégrées au projet. Le concept de « done », voulant qu'une fonctionnalité n'est aboutie que si elle a été testée, validée et documentée, n'est pas appliqué.	Si l'organisation n'a pas procédé à cette restructuration, il est effectivement difficile d'adopter une démarche agile fondée sur le contrôle qualité et les tests au fil de l'eau. Une action de communication doit être menée afin de convaincre la direction ; détacher au moins une personne et l'affecter au projet pourrait être une première étape, si l'on ne veut pas désorganiser totalement un département tests.

En dépit de ces constats, la démarche ne doit pas être interrompue ; les obstacles peuvent être gênants, le temps nécessaire à l'adaptation… Ce qui est important, c'est de focaliser sur l'objectif, de ne pas dépenser d'énergie sur des plans d'actions secondaires, si l'objectif principal est menacé. La solution consiste, parfois, à mettre en œuvre des actions de petite envergure, mais visibles.

Comment démarrer ?

L'état des lieux est dressé, les objectifs sont fixés, les risques sont identifiés : comment démarrer le projet Agile et amorcer une démarche agile ?

Désigner le projet pilote

Le projet Agile peut être adossé à un projet de développement qui sera le terrain d'expérimentation : le projet pilote ; c'est-à-dire que l'on peut faire en sorte que les deux projets (développement d'un produit et déploiement d'une méthode agile) se déroulent en parallèle.

Le choix du projet pilote doit être judicieux : le projet doit être suffisamment critique et visible pour motiver l'équipe ; l'on veillera à ce que les efforts de l'équipe ne visent pas qu'à assurer le succès du projet de développement lui-même sans se préoccuper du projet Agile conduit en parallèle. Le bilan serait alors difficile à établir. Idéalement, l'équipe doit être réduite à cinq ou six personnes, des personnes compétentes, volontaires, expérimentées et libres. Le projet ne doit pas démarrer tant que les ressources ne sont pas déchargées d'autres tâches. Pour démarrer efficacement, l'équipe doit être dotée, dès le départ, des moyens nécessaires au bon déroulement des tâches, en particulier l'environnement de travail avec les outils adéquats.

La démarche peut être également plus générale au niveau de l'organisation dans son ensemble ; quoi qu'il en soit, l'expérimentation sera réduite à deux ou trois projets pilotes au maximum, suivie d'un bilan pour une généralisation progressive.

Nommer un « champion »

Le champion, c'est celui qui porte le projet Agile, qui a été formé et qui assure le support de l'équipe pilote. Ce peut être le chef de projet lui-même qui pilotera alors en parallèle le projet de développement et le projet Agile ; c'est lui le ScrumMaster (méthode Scrum) ou le coach (XP), qui facilite l'introduction des pratiques et leur assimilation par les équipes. L'interlocuteur côté client (le product owner dans Scrum) doit également être nommé.

Si ce n'est pas le chef de projet lui-même, en particulier dans le cadre d'un projet de changement global au niveau de l'organisation, ce peut être un responsable Méthodes qui accompagne les équipes pilotes durant la réalisation en introduisant les pratiques agiles et en veillant à leur bonne application. Ce « champion » est un « pèlerin » qui aura autorité et crédibilité pour s'adresser à tous les interlocuteurs de l'organisation.

Choisir la méthode

Une méthode agile est un fil conducteur, un point de départ pour une personnalisation adaptée à chaque organisation et à chaque projet.

Il ne s'agit pas de choisir LA bonne méthode, mais de sélectionner, parmi les différentes méthodes, les meilleures pratiques à mettre en œuvre dans chaque contexte.

Elles ont toutefois des affinités avec les différentes typologies de projet et présentent donc un positionnement différent.

On peut les comparer selon différents critères.

Degré de formalisme et cycle de vie

Le niveau de formalisme se caractérise par le nombre de documents à produire et le nombre d'étapes formelles.

Le cycle de vie est séquentiel ou plus ou moins itératif selon le nombre et la durée des itérations.

La figure 7-3 positionne Scrum, eXtreme Programming (XP) et Unified Process (UP) sur deux axes représentant le niveau de formalisme et le cycle de vie.

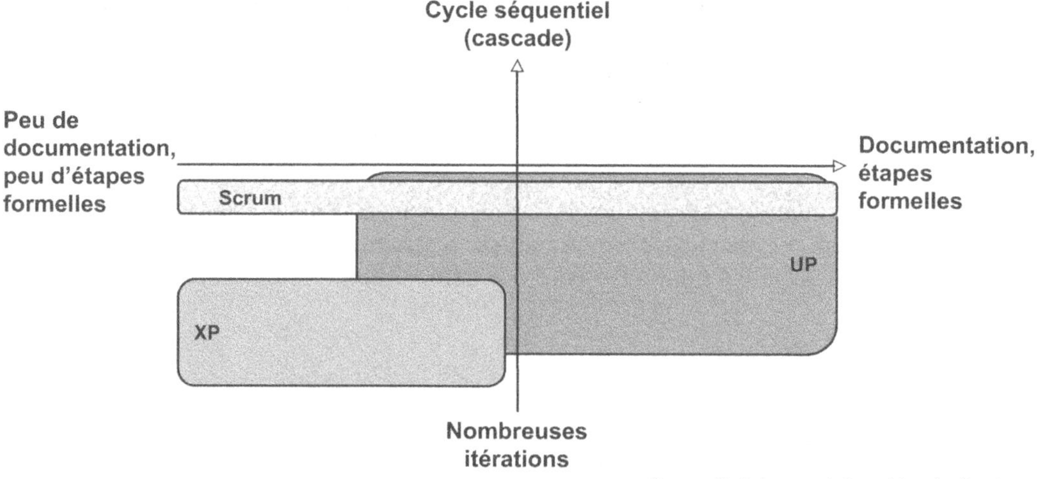

Figure 7-3

Classification des méthodes selon leur degré de formalisme et leur cycle de vie

XP recommande des itérations courtes (entre une et deux semaines), UP des itérations d'une durée variant de deux à six semaines alors que Scrum préconise des sprints de trente jours. Concernant le degré de formalisme, Scrum laisse le choix à l'équipe de le définir elle-même, XP recommande seulement la description des fonctionnalités sur des fiches papier ; en revanche, UP est beaucoup plus formaliste, bien que le nombre de documents à produire soit optionnel et à ajuster selon le projet.

Criticité et nombre de personnes

On peut également comparer les méthodes selon le modèle d'Alistair Cockburn (tableau 7-4), qui comporte deux dimensions : la criticité du projet et la taille de l'équipe. La criticité se détermine par l'impact plus ou moins grave de la défaillance du produit (perte de confort, d'argent, d'un revenu essentiel ou de vie). En fonction de ces deux paramètres, le niveau de formalisme sera plus ou moins important.

E6, par exemple, signifie que le projet a une équipe de 6 personnes au maximum et qu'une perte d'un revenu essentiel est le pire qui puisse arriver si le produit faillit. Un projet de type C6 ne requiert pas le même niveau de formalisme qu'un projet L100.

Tableau 7-4 Le modèle de Cockburn

Criticité/Taille équipe	1-6	– 20	– 40	– 100	
Vie	L6	L20	L40	L100	
Revenu essentiel	E6	E20	E40	E100	....
Argent	D6	D20	D40	D100	
Confort	C6	C20	C40	C100	

Scrum peut couvrir des projets ayant des équipes supérieures à six personnes (tableau 7-5) ; en effet, même si l'équipe est composée de plusieurs dizaines de collaborateurs, Scrum recommande de décomposer les équipes en équipes plus réduites ; on organise alors des scrums de scrums, c'est-à-dire des réunions de coordination avec un représentant de chaque équipe.

Tableau 7-5   Positionnement de Scrum sur le modèle de Cockburn

Criticité/Taille équipe	1-6	– 20	– 40	– 100	
Vie	L6	L20	L40	L100	
Revenu essentiel	E6	E20	E40	E100	...
Argent	D6	D20	D40	D100	
Confort	C6	C20	C40	C100	

XP, en revanche, n'est pas bien adapté à des équipes excédant vingt personnes (tableau 7-6). Et, selon Craig Larman, XP n'aurait pas été testé sur des projets hautement critiques.

Tableau 7-6 Positionnement de XP sur le modèle de Cockburn

Criticité/Taille équipe	1-6	– 20	– 40	– 100	
Vie	L6	L20	L40	L100	
Revenu essentiel	E6	E20	E40	E100	...
Argent	D6	D20	D40	D100	
Confort	C6	C20	C40	C100	

UP couvre, quant à lui, l'ensemble des types de projet (tableau 7-7) ; il s'agit, ensuite, d'adapter le processus et le niveau de formalisme au contexte spécifique du projet.

Tableau 7-7 Positionnement de UP sur le modèle de Cockburn

Criticité/Taille équipe	1-6	– 20	– 40	– 100	
Vie	L6	L20	L40	L100	
Revenu essentiel	E6	E20	E40	E100	....
Argent	D6	D20	D40	D100	
Confort	C6	C20	C40	C100	

Forces et faiblesses

Que peut-on dire de leurs forces et leurs faiblesses ? Le tableau 7-8 résume précisément les différences entre les trois méthodes, ainsi que Crystal et DSDM.

Tableau 7-8 Forces et faiblesses des principales méthodes agiles

Méthode	Résumé en un mot-clé	Points forts	Points faibles
XP	Simplicité	– solides pratiques techniques ; – favorise la qualité avec le client sur site et les tests omniprésents ; – fréquent feedback grâce à la brièveté des itérations ; – la plus connue et sans doute la plus répandue, du moins aux États-Unis.	– méthode radicale, les pratiques sont poussées à l'extrême ; – le pair-programming n'est pas toujours bien ressenti par les développeurs ; – nécessité de l'autodiscipline ; – documentation projet très réduite, donc limites de la méthode dans le cas de projets évolutifs.
Scrum	Valeur ajoutée pour le client	– les priorités sont gérées en fonction de la valeur ajoutée ; – bien adaptée au développement d'un progiciel au sein d'équipes produit, grâce à la présence d'un product owner ; – favorise la communication et la collaboration (scrum quotidien) ; – propose un programme de certification.	– limite les changements avec des itérations de trente jours et un contenu figé durant le sprint ; – limitée à la discipline gestion de projet ; – ne propose aucune pratique technique.
UP	Gestion des risques	– très bien documentée ; – est devenue un standard dans de nombreuses organisations ; – un bon intermédiaire pour le passage d'une approche classique à une méthode itérative.	– méthode la moins agile de toutes, prescriptive, qui peut être lourde à mettre en œuvre ; – beaucoup de livrables à produire ; - est parfois associée à un cycle en cascade, mais c'est alors une mauvaise interprétation non suggérée par la méthode elle-même.

Tableau 7-8 Forces et faiblesses des principales méthodes agiles *(suite)*

Méthode	Résumé en un mot-clé	Points forts	Points faibles
Crystal	Criticité	– la diversité des méthodes selon le type de projet ; – la seule méthode qui admet la variation avec la criticité du projet ; – l'humain est au centre de toutes les pratiques.	– pas bien adaptée à des équipes distantes ; – le passage, en cours de projet, d'une méthode à une autre au sein de la famille est difficile ; – moins répandue (en France).
DSDM	Valeur ajoutée pour le client	– élaborée par des fonctionnels, la valeur ajoutée est donc au centre du processus de priorisation ; – fait clairement savoir au client que les fonctionnalités ne sont jamais toutes incluses dans le produit final ; – bien documentée, en français de surcroît.	– lourde à mettre en œuvre ; – prévoit beaucoup de documentation ; – trop d'autonomie est donnée à l'équipe et aux utilisateurs, par rapport au « payeur ».

Ce qu'il faut retenir de ces comparaisons, c'est que les différentes méthodes prennent toute leur valeur lorsque les pratiques sont combinées : par exemple, les pratiques d'ingénierie d'XP associées aux pratiques de management de Scrum apportent un réel bénéfice à l'équipe. Le formalisme de UP, agrémenté de quelques pratiques XP, constitue un cadre rassurant dans des organisations frileuses face à l'agilité.

Complémentarité des méthodes

La figure 7-4 résume la complémentarité des trois méthodes XP, Scrum et UP :

Figure 7-4

Complémentarité des méthodes XP, Scrum et UP

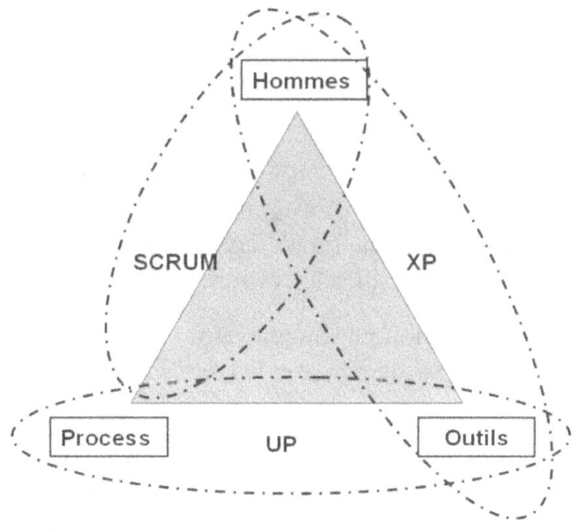

Si l'on considère qu'une méthode décrit des processus et des activités réalisés par des hommes avec des outils, chacune des trois méthodes se positionne différemment ; en effet, UP décrit largement les processus et met en avant les outils (n'oublions pas que Rational-IBM est éditeur d'une suite logicielle complète), Scrum est centré sur la composante humaine d'un projet et décrit assez simplement les processus alors que XP, développé par et pour des développeurs, s'appuit sur les outils (notamment d'automatisation des tests) et moins sur les processus.

Choisir les pratiques

Dans l'étape initiale d'état des lieux, les problèmes ont été recensés. Quels sont les « maux les plus douloureux » ? En répondant à cette question, les objectifs ont été fixés et les pratiques peuvent être aisément sélectionnées.

À partir d'une connaissance générale des différentes méthodes – la littérature offre pléthore d'ouvrages détaillés sur chacune d'entre elles –, il convient, non pas de « faire son marché » aux pratiques, mais de sélectionner celle(s) qui, adaptée(s) à l'environnement du projet, apportera(ont) une solution appropriée aux problèmes. Il s'agit de répertorier les pratiques essentielles qui adressent les besoins immédiats. Rien ne sert d'être trop ambitieux et d'élaborer un modèle d'exposition de toutes les pratiques existantes.

Par exemple, si l'inadéquation du produit livré aux besoins est considérée comme le problème majeur, une attention particulière doit être portée sur les bonnes pratiques en matière de tests : test driven requirement, tests unitaires, automatisation des tests, intégration continue, feedback du client…

L'introduction des pratiques agiles sera progressive pour faciliter leur appropriation, leur expérimentation et leur maîtrise par les équipes.

Choisir les outils

On ne peut dissocier le choix des pratiques à mettre en œuvre du choix des outils qui supporteront les activités ; des outils plus spécifiques seront nécessaires pour les pratiques d'intégration continue ou d'automatisation des tests unitaires alors que le feedback du client peut être recueilli sans recourir à la technologie.

Le choix des outils doit cependant faire l'objet d'une réflexion préalable ; en effet, on distingue les *outils stratégiques* et les *outils tactiques* :

- Les outils stratégiques sont plus lourds à mettre en œuvre et souvent plus chers ; ils sont richement documentés sur les processus à implémenter et sont généralement déployés dans des structures plus importantes qui offrent ainsi du confort à leurs équipes et s'assurent que l'outil sera utilisé de la même façon.

- Les outils tactiques proposent des fonctionnalités mais laissent le choix de leur application et de la méthodologie sous-jacente ; ils sont généralement moins chers, plus légers à déployer, et n'offrent pas de guide d'utilisation ; ils sont généralement *open source* ; ils sont d'une manière générale adoptés par des équipes aguerries et disciplinées.

Le choix des outils doit par conséquent, lui aussi, tenir compte du contexte et de la pérennité de la démarche de changement.

> **Attention**
>
> N'oublions pas que les outils ne doivent être déployés que s'ils supportent utilement les pratiques. L'une des valeurs du Manifeste agile privilégie les interactions entre les hommes par rapport aux processus et aux outils.

Une annexe située à la fin de l'ouvrage propose une liste d'outils dédiés aux différentes pratiques agiles.

Évaluer et adapter

Les réunions quotidiennes, les rétrospectives de fin d'itération, les échanges informels… sont autant d'occasions d'obtenir un feedback et d'évaluer la pertinence de telle ou telle pratique. On n'attend pas la fin du projet pilote pour mesurer les bénéfices de telle ou telle pratique ou évoquer les difficultés pour implémenter telle ou telle autre. Il ne faut pas hésiter non plus à supprimer une pratique devenue inutile : pourquoi maintenir des revues et des inspections si le niveau de qualité du produit requis est globalement atteint au terme de plusieurs itérations ?

Tous les acteurs du ou des projet(s) pilote(s), y compris les représentants du client et des utilisateurs, sont invités à donner leur feedback sur leur pratique. Ces évaluations régulières permettent d'adapter en cours de route la pratique si elle n'est pas totalement efficace ou difficile à assimiler.

Communiquer

Une large communication doit être relayée au sein de l'organisation, non seulement en fin de projet, mais au fil de l'eau, pour maintenir une attention et un intérêt permanents. Le bilan de l'expérience comporte si possible des éléments chiffrés, si possible sur les bénéfices anticipés qui ont été réellement réalisés. Il décrit les leçons apprises, les points d'amélioration et évalue l'effort d'adoption. La nouvelle méthodologie est ainsi ajustée pour être appliquée, ensuite, sur d'autres projets. Les acteurs des projets pilotes se font les « champions » des projets suivants.

Parallèlement à la mise en œuvre des nouvelles pratiques, un effort de communication et d'accompagnement pour conduire le changement est souvent indispensable.

Quelles sont les erreurs les plus fréquemment commises par ceux qui adoptent une méthode agile ?

1) La réponse de l'expert **Jean Tabaka**, coach et mentor agile chez Rally Software Development.

Comme le dit Ken Schwaber dans son cours Scrum, lorsque les équipes se débattent avec l'agilité, « ce n'est pas Scrum qui échoue, c'est l'adoption qu'en fait l'organisation qui échoue ». Voici quelques exemples courants d'échecs dans l'adoption des méthodes agiles :

– La sous-utilisation des rétrospectives : la force de l'agilité est que l'on inspecte et que l'on adapte régulièrement notre processus, les priorités, les estimations et nos engagements. Des rétrospectives permanentes et rigoureuses sont aussi importantes que la discipline de la planification continuelle et rigoureuse.

– L'incapacité à réunir tout le monde aux réunions de planification : les méthodes agiles exigent la participation totale des développeurs, des testeurs, du représentant des clients, des experts et des utilisateurs du produit qui peuvent avoir un impact sur le succès du développement, du déploiement et du retour sur investissement. Si tous ces acteurs sont inaccessibles, on en arrive à des engagements sans fondement sur les priorités et les estimations.

– De mauvais ScrumMasters ou coachs agiles : lorsque l'adoption d'une méthode agile marche bien, cela renforce le rôle de leader au service de l'équipe pour le ScrumMaster ou le coach. Ce dernier ne prend plus de décision à la place de l'équipe. Au contraire, le rôle de ces coachs agiles est de lever les obstacles au bénéfice de l'équipe. Ils la guident dans ses décisions sur les estimations, sur l'auto-affectation des tâches et sur ses engagements.

– L'indisponibilité du product owner ou un très grand nombre de product owners qui n'arrivent pas à se mettre d'accord : le product owner doit être le membre de l'équipe qui s'engage sur le succès d'une release ou d'une itération. Il a la responsabilité d'exprimer la vision globale du produit, de fournir le détail des exigences sans retard et de prendre des décisions pertinentes sur les priorités.

– L'impossibilité de placer les tests plus tôt : l'apprentissage n'est pas envisageable dans un processus agile si l'équipe n'arrive pas à placer les activités de tests dans chaque itération. Elle y arrive en appliquant continuellement une plus grande discipline à ce qu'elle a réalisé durant l'itération. Le test, sous toutes ses formes, est un des meilleurs moyens de mesure de l'achèvement d'une itération.

– L'obtention d'un « chèque en blanc » de la part de l'encadrement supérieur : l'engagement de l'encadrement supérieur dans une démarche agile demande plus que de l'argent et des effets d'annonce. L'équipe de management doit être totalement engagée dans les évolutions organisationnelles nécessaires pour qu'une méthode agile porte ses fruits.

2) La réponse de l'expert **Laurent Bossavit**, président de l'association Agile France.

L'erreur cardinale consiste à penser que, parce qu'on a adopté telle ou telle pratique, qu'on a apporté tel ou tel changement à sa façon de travailler, on n'a plus besoin de s'améliorer. Il faut toujours augmenter son niveau d'exigence !

Du côté des développeurs, l'erreur la plus fréquente, quelle que soit la méthode, consiste à se focaliser sur les moyens, les solutions, sans avoir pris le temps de comprendre voire de poser le problème. Lorsqu'il s'agit de mettre en place eXtreme Programming, cela se traduit souvent par plus d'énergie consacrée à choisir des outils, par exemple, qu'à comprendre la méthode.

« Pour mettre en place des tests de recette nous avons choisi l'outil X (qui demande un certain temps d'apprentissage). » Je leur dis : « Ce n'est pas d'un outil de test dont vous avez besoin, c'est d'un test. » Sous-entendu : « Ce qui est important, c'est la démarche intellectuelle et relationnelle qui vous amène à élaborer, en accord avec le client, un test de recette et à l'automatiser. » L'outil est secondaire, il doit être subordonné à cette démarche. Donc, partir de l'outil, c'est « mettre la charrue avant les bœufs ».

Du côté des demandeurs, des clients, une erreur fréquente consiste à soutenir la méthode « pour faire plaisir » aux développeurs, en tout cas à considérer que c'est une faveur qu'on leur fait. C'est absurde, ce sont des professionnels qui travaillent à répondre à une demande et qui sont rémunérés pour cela. Si on fait le choix d'utiliser eXtreme Programming, c'est pour en retirer un bénéfice, et c'est tout.

Je leur dis : « Impliquez-vous dans l'utilisation de la méthode, apprenez à utiliser la vélocité comme outil de contrôle et de pilotage de vos informaticiens et de la valeur qu'ils vous livrent. Exigez de pouvoir lire, comprendre et modifier les tests de recette, qui vous donneront la meilleure visibilité sur cet objet invisible qu'est le code d'un système informatique. Exigez des résultats et jugez de la méthode sur les résultats. »

Initialiser la conduite du changement

Les interviews sont, très tôt, un moyen de faire passer des messages, pour sensibiliser, convaincre, argumenter et initialiser la *conduite du changement*.

Pourquoi faut-il accompagner le changement ?

Le changement de méthodologie de travail que l'on introduit répond à une nécessité. Il peut être issu de la propre volonté de l'équipe ou imposé par un facteur externe.

Qu'il soit souhaité ou subi, le changement représente toujours une transformation, c'est-à-dire un passage entre deux états d'équilibre, qui génère de l'incertitude et de la complexité. Un changement de méthode de travail est une perte de repères opérationnels et peut occasionner un déséquilibre identitaire. Cette période de transition peut s'apparenter à la traversée du gué (pour passer du point A au point B) : c'est ce que l'on appelle la « vallée du désespoir » (figure 7-5).

Une première partie de la courbe montre que le changement est subi : en phase de *déni*, l'équipe refuse le changement (« Ce n'est pas possible, ce n'est pas le moment, ce n'est pas pour nous ! »), en phase de *colère*, l'équipe se rebelle, parfois violemment (« Ce n'est pas juste, qu'est-ce que cela changera ? ») ; la peur de perdre quelque chose sans en voir les bénéfices et la crainte de changer amènent à « marchander », à négocier un délai, par exemple, ou une évolution moins radicale, en conservant certaines pratiques (« Je comprends mais je n'ai pas d'intérêt à changer. »).

Au creux de la courbe c'est la tristesse, car l'équipe réalise que le changement est inéluctable (« Il n'y a plus rien à faire… »).

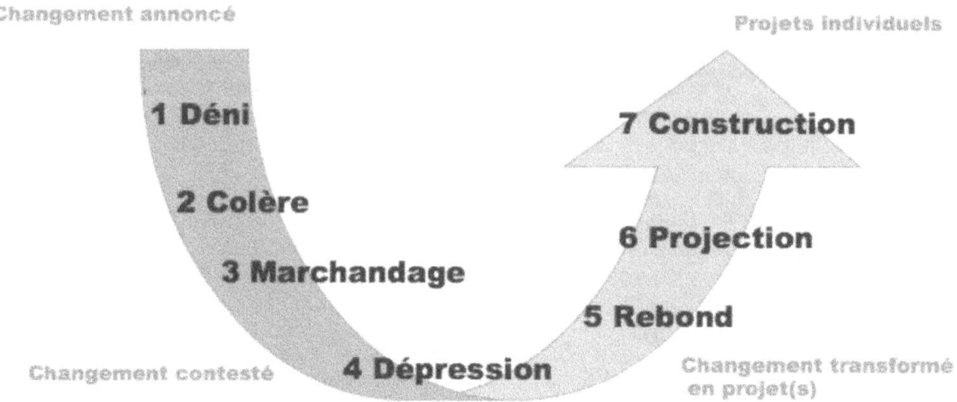

Figure 7-5

La « vallée du désespoir »

Dans la seconde partie de la courbe, après une période de laisser-faire (« J'adhère au changement mais je ne sais pas comment faire. »), l'acceptation du changement dénote la prise de conscience et la réactivité de l'équipe ; celle-ci commence à entrevoir les aspects positifs et les gains du changement ; elle va enfin pouvoir se projeter dans l'avenir et visualiser la situation future ; on commence à explorer (« Et si on faisait cela ? »), pour finalement être partie prenante du changement et s'impliquer dans la construction et la planification.

Résistance ou enthousiasme ?

Généralement, on constate toujours à peu près la même proportion de résistants au changement et de « porteurs » du changement (figure 7-6).

Figure 7-6

Position face au changement

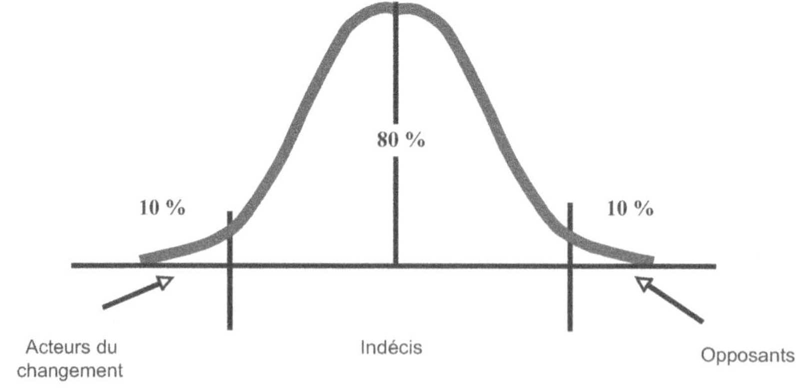

Ainsi, si 10 % des personnes résistent par crainte de l'inconnu, par instinct de conservation, pour préserver un statut, un pouvoir, un emploi… et si 10 % sont moteurs dans la démarche de changement, une grande majorité des personnes ne se prononce pas. Dans cette indécision réside le risque que des opposants trop influents n'entraînent dans leur résistance tous ceux qui n'ont pas de point de vue affirmé.

La culture de l'entreprise est également déterminante pour identifier les résistances au changement ; la figure 7-7 permet d'appréhender l'environnement de l'équipe qui va aborder le changement et ses prédispositions.

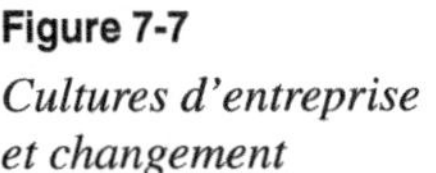

Figure 7-7

Cultures d'entreprise et changement

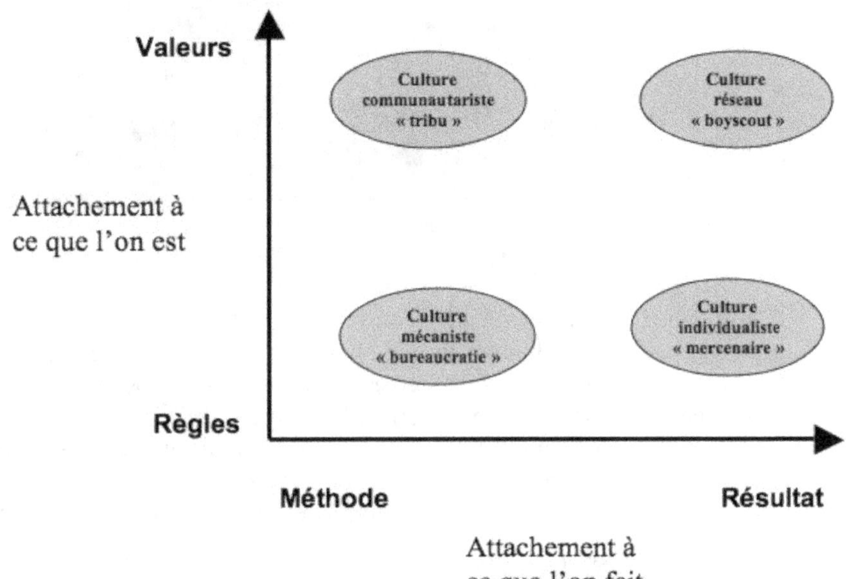

Dans une organisation de type communautariste, le leader charismatique partage des valeurs avec le noyau dur autour de lui ; le changement et son interprétation passent par cette instance et la dimension affective est forte. L'introduction de méthodes agiles peut être tout à fait acceptée ou rejetée par cette instance de décision.

Dans une organisation de type mécaniste, attachée aux règles, à l'organisation et aux méthodes mises en place, c'est l'efficacité et la cohérence du système qui priment. Les méthodes agiles, empiriques et légères seront-elles bien acceptées ?

L'organisation de type individualiste – on le comprend aisément – est un terrain peu favorable à l'introduction de méthodes agiles ; y règnent l'esprit de compétition et l'individualisme.

C'est sans doute dans une culture de type réseau que le mode projet fonctionne le mieux : les interactions entre les membres de ce réseau, qui partagent les mêmes valeurs, sont orientées vers l'atteinte des objectifs. La rigidité des méthodes n'y est pas une préoccupation. C'est le terrain le plus propice à une orientation vers ces nouvelles approches.

Il est alors urgent de bien identifier les profils des acteurs concernés (figure 7-8) et de démarrer dès cette première étape des actions de communication et de sensibilisation.

Figure 7-8

Matrice des profils

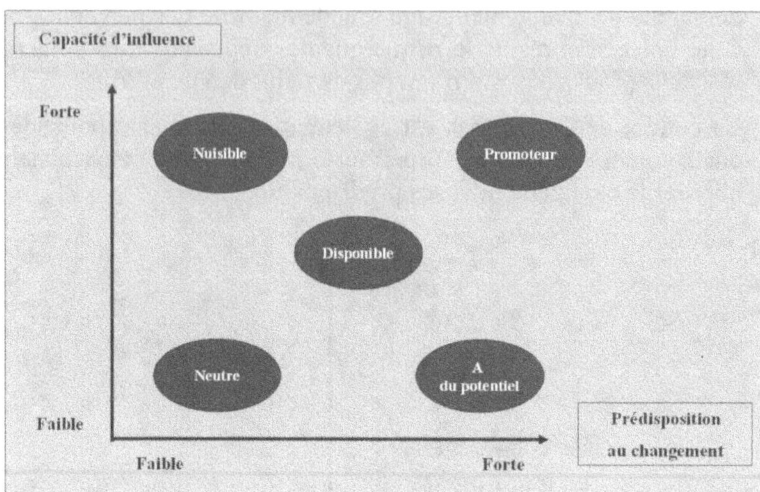

Cette matrice permet de positionner les profils des personnes sur deux axes : l'un correspond à la prédisposition au changement, l'autre à la capacité d'influence. C'est un outil d'aide pour anticiper les résistances et les alliances possibles. Ceux qui sont peu disposés au changement mais fort influents peuvent être des menaces pour le projet. Au contraire, ceux qui sont disposés au changement mais qui ont une faible capacité d'influence ne sont pas suffisamment actifs. Il faut donc prévoir un plan d'actions afin d'impliquer, de motiver, de mobiliser les « moteurs » et de freiner, voire neutraliser les « opposants ».

Ce diagnostic de l'environnement est intégré dans la première étape d'état des lieux. Mais l'accompagnement du changement sera permanent jusqu'à l'adoption réelle des nouvelles méthodes.

Qui convaincre ?

La direction générale ou la hiérarchie

La satisfaction du client et la création de valeur ajoutée sont les arguments à mettre en avant lorsqu'on veut promouvoir les méthodes agiles auprès des dirigeants. Car tout changement a un coût mais doit porter ses fruits : c'est le calcul du retour sur investissement.

Leur conviction est indispensable pour obtenir le feu vert… et le financement du projet de changement. On doit bien insister sur les raisons qui motivent ce changement, présenter des objectifs réalistes et des bénéfices tangibles, si possible quantifiés.

Le client ou la maîtrise d'ouvrage

Pour le succès de la démarche et en démontrer les avantages, l'équipe pilote ne peut faire l'impasse sur l'implication du client : pour le recueil et la compréhension des besoins, leur priorisation, la validation des livraisons… toutes les activités nécessitent sa présence.

Une plus grande implication du client peut être perçue comme un coût ; il faut donc le convaincre qu'il a tout intérêt à effectuer cet « investissement », en démontrant que la valeur ajoutée du produit final compense le coût de sa participation au projet. S'il ne considère pas opportun de s'impliquer davantage, on peut s'interroger sur la justification du projet lui-même. En outre, les avantages doivent lui être présentés très concrètement : plus grande transparence, meilleur arbitrage décisif sur les priorités, satisfaction accrue, meilleure communication, adéquation du produit à ses attentes…

Intermédiaire entre client et équipe de réalisation, la fonction « maîtrise d'ouvrage » tend de plus en plus à se développer dans les organisations ; déjà impliqués dans les projets de développement, les maîtres d'ouvrage sont un vivier pour être de « bons » product owners et, a priori, plus sensibles aux bénéfices qu'apportent les approches agiles. La question est de savoir s'ils bénéficient de l'autonomie dont ils ont besoin pour exercer ce rôle au sein d'une équipe agile. D'autant que, paradoxalement, ces intermédiaires existent souvent dans des environnements non agiles.

Les utilisateurs finals

Ils sont les interlocuteurs les mieux placés pour exprimer leurs besoins et pour restituer un feedback lorsqu'on leur présente des fonctionnalités opérationnelles. Mais les utilisateurs ne se sentent concernés par un projet informatique que si celui-ci leur apporte une solution à un problème métier ou rend leurs activités quotidiennes plus confortables. Il est donc essentiel de parler leur langage et de s'assurer que l'on adresse les vrais besoins.

Ils n'ont malheureusement pas tous la disponibilité souhaitée, mais un utilisateur convaincu par la méthode et surtout par le résultat visible sera plus actif, d'une part pour « porter la bonne parole » auprès de ses pairs, d'autre part pour s'investir encore davantage.

Cette plus grande disponibilité peut avoir des impacts organisationnels : elle relève de décisions prises au niveau de l'entreprise, qui leur accordera ou pas une part d'autonomie et une disponibilité qui doit être durable pour assurer une continuité et une cohérence sur l'ensemble du projet de développement.

L'équipe

Tous les développeurs ne sont pas des passionnés des méthodes agiles ! Et quel que soit le degré d'adhésion, l'équipe, qui adopte de nouvelles méthodes de travail, perd ses repères traditionnels : elle a donc besoin d'être guidée, accompagnée dans sa démarche.

Les méthodes agiles ne sont pas sécurisantes : en effet, elles exposent davantage les collaborateurs et les invitent à plus de responsabilisation. On peut être sensible à ce gain en autonomie et à la possibilité de pouvoir exprimer plus facilement ses talents, ou l'on peut s'affoler à l'idée de ne plus se voir assigner les tâches à exécuter.

L'équipe doit, par conséquent, être rassurée sur l'esprit de la démarche, les conditions de sa nouvelle autonomie ; elle est associée à l'évaluation de la démarche sans crainte du blâme. L'objectif est bien d'améliorer la collaboration au sein de l'équipe qui se voit conférer plus de pouvoir.

Chacun devra bénéficier d'un message clair ciblé en réponse à ses préoccupations, ses propres attentes et ses craintes.

Et ce qui est primordial, c'est que les premiers « convaincus », à leur tour, « portent » le message auprès des plus réticents.

Comment vendre une approche agile à ma direction ou à mes clients ? Quels arguments utiliser ?

La réponse de l'expert **Claude Aubry**, consultant indépendant dans la mise en place des méthodes agiles.

Vendre une approche agile, c'est vendre l'agilité mais aussi la transition vers l'agilité. La conclusion de la « vente » de l'approche agile doit se concrétiser, au minimum, par le lancement d'un projet avec ce nouveau processus.

Les arguments pour convaincre de l'intérêt des méthodes agiles seront généraux, tandis que ceux qui chercheront à convaincre de démarrer un projet avec cette approche seront spécifiques à l'entreprise, au projet.

Convaincre de l'intérêt des méthodes agiles

Les arguments ont comme objectifs d'éveiller la curiosité, de rassurer sur la pérennité de l'agilité, et de donner envie d'aller plus loin, de passer à la mise en œuvre. Pour cela, il faut montrer qu'il s'agit d'un mouvement majeur et reconnu, et mettre en avant les bénéfices espérés, en expliquant comment ils sont obtenus.

L'agilité est un mouvement majeur : il existe une multitude de livres, d'articles, de retours d'expérience, de conférences, de blogs, d'offres de services qui montrent la vitalité du domaine des méthodes agiles. Ce livre en est un exemple. Les enquêtes et études de marché indiquent une diffusion croissante de ces pratiques.

L'agilité apporte de la valeur : outre l'amélioration de la productivité et de la qualité, les méthodes agiles ajoutent une dimension supplémentaire au succès d'un projet : la maximisation de la valeur produite par le logiciel. Cet argument, majeur d'un point de vue économique, nécessite, pour être compris, des explications sur la façon de mettre en œuvre l'agilité, notamment les livraisons fréquentes, l'implication des clients, la gestion des priorités basées sur des estimations de valeur et de coût.

Tout le monde y trouve un intérêt : en plus de cette recherche continue de la valeur, chaque rôle dans l'organisation trouvera dans l'approche agile ses propres bénéfices.

La direction appréciera l'accent mis sur le retour sur investissement et sur la pérennité du logiciel pendant toute sa durée de vie. Les clients apprécieront d'avoir la possibilité d'adapter, même pendant le développement, le logiciel aux besoins métier et de pouvoir donner leur feedback grâce à l'accès régulier aux versions fonctionnelles réalisées. Le management du projet appréciera d'avoir une meilleure visibilité sur l'avancement réel, grâce à une plus grande autonomie de l'équipe et à son engagement sur des objectifs précis. L'équipe appréciera d'être plus responsabilisée, avec plus de liberté pour créer, et la promesse d'une meilleure qualité de vie grâce au renforcement de l'esprit collectif et de la camaraderie.

Convaincre de mettre en pratique

On peut trouver intéressante l'approche agile mais ne pas être rassuré quant à son application dans son organisation. Il faut aussi convaincre que l'approche agile est possible dans le contexte *toujours particulier* d'une entreprise pour qu'elle se décide à la mettre en œuvre sur un projet.

Il s'agit donc de trouver les arguments adaptés au contexte pour :

– montrer que l'approche agile apporte des avantages par rapport à l'approche actuelle de l'entreprise ;

– et que la transition est faisable sans coûts excessifs et en assurant la continuité des projets.

Pourquoi passer à une approche agile ?

La meilleure solution est d'identifier les problèmes dans le processus actuel. À partir de ces problèmes, on montre comment l'agilité y répond. Cela nécessite d'une part l'étude de l'existant et d'autre part une bonne connaissance des réponses apportées par les méthodes agiles. La construction d'une argumentation adaptée est à ce prix.

Dans le cas où l'entreprise possède déjà un processus documenté couvrant toutes les phases du développement ou si elle s'est lancée dans une certification CMMI, un effort supplémentaire devra être fait pour montrer l'intégration des méthodes agiles dans ce cadre.

Comment vendre une approche agile à ma direction ou à mes clients ? Quels arguments utiliser ? *(suite)*

En effet, même la combinaison de Scrum et XP ne couvre pas toutes les facettes d'un développement, notamment au début du projet. Il faudra alors expliquer l'unification en précisant à quelle étape et avec quels éléments en entrée l'approche agile s'applique.

Pour faire en sorte de convaincre, on peut utiliser deux arguments supplémentaires :

– présenter, si on en dispose, une expérience de la mise en œuvre de l'approche agile dans le même domaine, ou en tout cas dans un contexte proche de celui de l'entreprise ;

– mettre en avant les risques si on ne fait rien. Si on constate que la situation actuelle n'est pas bonne, que le projet va droit dans le mur, il est plus facile de convaincre qu'il faut essayer autre chose.

Comment la transition est-elle faisable ?

Pour emporter l'adhésion, il faut démontrer que la transition vers cette approche est faisable sans un bouleversement de l'organisation et sans risques majeurs.

Dans un premier temps par une transition progressive et réversible : sauf si la direction est absolument convaincue des bienfaits de l'agilité et décide d'une action de grande ampleur pour effectuer la transition, on se trouvera plus souvent dans le cas où le lancement de l'approche agile se fait de façon limitée, sur un projet, avec une équipe qui va servir de pilote pendant quelques mois. On ne peut pas remettre en cause trop violemment l'organisation actuelle. L'argument à mettre en avant porte sur la progressivité et la réversibilité de la démarche :

– le changement ne touche que l'équipe qui va travailler sur le projet (une dizaine de personnes au maximum) ;

– un bilan sera fait régulièrement, après chaque itération ;

– une décision sur la suite à donner pourra être prise après environ 3 mois. ☞

Le changement peut aussi être limité sur les pratiques agiles mises en œuvre. Par exemple, le choix de Scrum, avec un backlog constitué d'histoires d'utilisateur (technique des user stories), permet un démarrage progressif. Les pratiques d'estimation et de planification, puis les pratiques d'ingénierie pourront être introduites plus tard.

Dans un deuxième temps par une transition maîtrisée : pour conclure la « vente » de l'approche agile, qui va se concrétiser par le lancement du projet « pilote », il faut convaincre que l'équipe ne va pas être livrée à elle-même et sera mise dans les meilleures dispositions. Il faut pour cela montrer quelles sont les ressources minimales nécessaires pour préparer et accompagner l'équipe :

– implication de la direction qui sponsorise le projet ;

– formation à la méthode agile choisie ;

– accompagnement par un coach pour guider l'équipe et lui éviter de perdre du temps ;

– mise en place d'un espace de travail et d'un environnement de développement adéquats.

Conclusion

Vendre l'agilité à une direction, c'est surtout lui montrer comment elle peut se décliner sur un de ses projets. Comme pour toute gestion du changement, cela prend du temps et nécessite d'en présenter tous les enjeux.

Arguments contre objections

Comment convaincre ? Quelles sont les principales objections auxquelles une solide argumentation doit être apportée ?

- *Il n'y a rien de nouveau ; nous avons déjà cette pratique dans notre processus depuis longtemps.*

Argumentation : les méthodes agiles sont basées sur des retours d'expérience et beaucoup de bon sens. Elles mettent en avant des pratiques qui ont déjà fait le succès des projets et éliminent celles qui sont à l'origine des dérapages que l'on connaît. Mais attention, ce n'est pas parce que l'on va fréquemment à la rencontre de son client et que l'on livre régulièrement, que l'on a adopté une approche agile ; en effet, une approche agile requiert beaucoup de rigueur et d'autodiscipline, beaucoup plus qu'avec une démarche prescriptive. L'essentiel est d'avoir les bons réflexes, les bons comportements qui permettent de livrer fréquemment un produit de qualité et de rechercher le feedback.

- *C'est un truc d'informaticiens ; leur façon de travailler ne nous regarde pas.*

Argumentation : cette affirmation ne signifie-t-elle pas tout simplement un désintérêt pour le projet lui-même ? L'agilité ne traite pas que de considérations informatiques ; au contraire, on parle de valeur ajoutée, de collaboration, de communication, de transparence, de changement... bref, des considérations plutôt économiques, humaines et organisationnelles. Tout le monde devrait être impliqué, à tous les niveaux de la hiérarchie et de chaque côté de la frontière entre les informaticiens et les autres (qui ne devrait plus exister d'ailleurs !).

- *Nous n'avons pas de ressources formées pour cela.*

Argumentation : nos ressources sont déjà expérimentées ; elles possèdent des connaissances techniques et/ou fonctionnelles, une expérience des projets et des qualités humaines. Elles ont donc déjà des acquis précieux : leur expérience les mettra en garde contre d'éventuels écueils rencontrés par le passé ; leurs qualités humaines ne demandent qu'à être développées et leur expertise technique ou fonctionnelle est leur cœur de métier. Les compétences agiles ne sont pas des compétences spécifiques. En revanche, des formations et des prestations d'accompagnement pour aider à utiliser efficacement les compétences existantes peuvent se révéler très utiles. Surtout pour les managers qui ont besoin d'une formation pour animer une équipe auto-organisée.

- *Nous ne pouvons fonctionner sans un planning détaillé basé sur le recueil exhaustif des besoins.*

Argumentation : les besoins ne sont jamais recueillis de façon exhaustive, par conséquent, le planning détaillé est amené à changer tout au long du projet. Et même avec un planning détaillé, la plupart des projets sont en retard. Ce qui est important, c'est de fixer une date butoir que l'on estime réaliste et des étapes qui jalonnent le projet. Au fur et à mesure, on planifie en détail l'étape qui démarre, on actualise l'estimation globale du travail à réaliser et on vérifie que la date butoir est toujours réaliste. Si elle ne l'est pas, le client peut décider de maintenir la date et de revoir ses besoins à la baisse ou bien de dépasser la date s'il veut maintenir son niveau d'exigences. En résumé, le client ne subit plus les dépassements de délais mais les contrôle grâce à de meilleurs éléments d'aide à la décision.

- *Ce sont les coûts que l'on ne contrôle pas.*

Argumentation : ce qui est valable pour le délai l'est tout autant pour le budget. Le client peut décider qu'il soit fixe ou variable en fonction des enjeux du projet. Ce qui est variable, ce sont le périmètre et les exigences. Mais ce n'est pas nouveau, c'est un constat fait depuis longtemps que l'on accepte aujourd'hui et que l'on ne combat plus. D'ailleurs, les coûts sont-ils mieux contrôlés avec des plannings qui dérapent ? La progression par étapes facilite, précisément, l'évaluation et le contrôle du budget.

- *Et la qualité, comment la contrôler alors que l'application évolue tout le temps ?*

Argumentation : la qualité est contrôlée en permanence dès le début du projet (grâce à l'intégration continue) et plus fréquemment tout au long du projet. Les tests sont intégrés à chaque étape pour tester ce qui est produit et vérifier qu'il n'y a pas de régression par rapport à l'étape précédente ; on s'interroge régulièrement sur la qualité de la méthode par des rétrospectives, pour identifier l'origine des écarts ou des problèmes constatés. C'est peut-être le premier argument à mettre en avant sur les bénéfices attendus d'une telle démarche : l'amélioration de la qualité et de la conformité avec les attentes du client.

- *Il paraît difficile que des utilisateurs puissent collaborer avec des informaticiens.*

Argumentation : c'est précisément cette barrière que veulent faire tomber les méthodes agiles. Des réunions dédiées au recueil et à la compréhension des besoins, à la hiérarchisation, à la planification, sont organisées avec le client ; on y parle son langage métier ou on utilise des métaphores pour qu'il comprenne certaines contraintes techniques. En aucun cas, les utilisateurs n'interviennent dans les réunions techniques. Et leur représentant, en la personne du product owner (Scrum), joue justement le rôle d'interface entre les utilisateurs et l'équipe de réalisation, qui est à leur service. Le temps qu'ils consacrent à l'équipe de réalisation est un gage pour obtenir ce qu'ils souhaitent vraiment à l'arrivée.

- *Ce n'est pas adapté à nos projets.*

Argumentation : tous les clients pensent que leurs problématiques sont uniques. C'est partiellement vrai, d'où la nécessité de dresser un état des lieux pour prendre connaissance de l'existant dans chaque contexte. Mais les méthodes agiles adressent une large typologie de projets. Et le projet idéal n'existe pas : celui où l'on commencerait tout à zéro, avec des clients disponibles qui savent définir leurs besoins, avec des développeurs motivés et expérimentés, avec des moyens extraordinaires pour explorer la nouvelle démarche… n'est qu'utopie. Si l'on est convaincu de faire évoluer sa méthodologie, rien ne vaut une première expérimentation.

Certains types de projet se prêtent moins aux approches agiles : projet d'intégration de progiciel, projets peu exploratoires (logiciel de paie ou de comptabilité), refontes isofonctionnelles ou projets *cost cutter* pour faire du « pas cher ». Mais il n'y a aucune contre-indication !

Et ceux qui sont le mieux adaptés, c'est lorsque tout va mal, qu'on a tout essayé (voir le projet Chrysler de Kent Beck) !

- *On ne pourra jamais persuader nos clients ou notre hiérarchie.*

Argumentation : prévoir un séminaire d'information et de sensibilisation d'une demi-journée, avec de vrais retours d'expérience, illustrant non seulement les bénéfices mais aussi les difficultés rencontrées, pour être plus crédible ; les parties seront interpellées, même si elles ne sont pas totalement convaincues. Ensuite, proposer une expérimentation, même courte, sur un projet pilote, avec des objectifs et un bilan qualitatif et quantitatif. Utiliser les nombreux exemples d'expériences réussies dans les différents secteurs d'activités, types de projet, environnements… comme références.

- *Nos utilisateurs ne sont pas disponibles sur site.*

Argumentation : idéalement, l'utilisateur final est le meilleur interlocuteur. À défaut de cet utilisateur, la solution est de choisir un représentant (un *customer proxy*[3]) qui connaît le métier, les exigences. Il est important, toutefois, que les « vrais » utilisateurs valident le produit final et, si possible, soient présents aux réunions de planification.

---

3. Voir Craig Larman, *Agile and iterative Development, a Manager's Guide*, Addison Wesley, 2003.

- *Finalement, avec une méthode agile, on ne sait jamais où on en est et où cela va finir.*

Argumentation : au contraire, on sait précisément où on en est et où l'on va grâce aux étapes successives et à l'acceptation du changement. On connaît précisément les dates de fin d'itération et on peut arrêter le projet à ce moment-là. On peut fixer une date approximative pour la fin du projet et l'affiner au fur et à mesure de l'avancement et des retours d'expérience. Ce ne sont que les résultats des premières itérations qui permettront de déterminer cette date définitive. On peut aussi fixer cette date et ajuster les exigences en fonction de l'échéance. Ce qui est essentiel, c'est la rétrospective à la fin de chaque itération (quelques semaines, à peine) et le suivi rigoureux quotidien.

Les apports d'un coach

Qu'est-ce qu'un coach ? Une bonne définition du coaching ou de la mission d'un coach nous est donnée par Galilée :

> *On ne peut rien apprendre aux gens. On peut seulement les aider à découvrir qu'ils possèdent déjà en eux tout ce qui est à apprendre.* (Galilée)

Bien plus critiques que les écueils rencontrés sur le plan technique – qui peuvent facilement bénéficier d'un support approprié – les obstacles ou les pièges liés aux interactions entre les hommes sont à considérer sans mépris et avec respect ; c'est d'autant plus vrai dans une démarche qui affiche cette préoccupation en premier lieu (voir le manifeste agile).

À ce titre, que ce soit pour le nouveau chef de projet en charge d'une équipe qui adopte l'agilité, ou pour l'équipe elle-même, faire appel à un coach externe semble particulièrement approprié. Le coach intervient non pas sur les aspects méthodologiques ou techniques (*savoir-faire*) mais sur les comportements (*savoir-être*). Il joue, en quelque sorte, le rôle d'un « miroir », qui renvoie la propre image de la personne ou de l'équipe accompagnée.

Pour le chef de projet

Les axes de travail entre le chef de projet et le coach sont multiples, dans ce contexte. La première mission du coach est sans doute d'amener le chef de projet à s'interroger sur l'*envie* qu'il ressent de se lancer ce défi, puis sur la façon dont il évaluera les moyens d'y parvenir. Ensuite, les apports de l'expert doivent aider le chef de projet à atteindre les objectifs suivants.

S'approprier le changement

Face à l'adoption d'une nouvelle méthodologie agile, le manager en charge d'une équipe projet est confronté à deux changements : le premier concerne l'évolution de son propre style de management, le second la transformation de son équipe (évolution méthodologique et technique, mais aussi culturelle et comportementale).

Les apports du coach

Le coach peut aider le manager à :

– intégrer et s'approprier la dimension du changement ;

– s'interroger sur la façon dont il se positionne personnellement face au changement ;

– analyser son style de management actuel ;

– évaluer la maturité de son équipe par rapport au changement envisagé ;

– identifier, avec lui, les actions à mener aux différents stades de maturité de l'équipe (voir la figure 6-5) ;

– communiquer, auprès de l'équipe, pour aborder le changement comme une opportunité et non un danger.

Repérer les freins et les facteurs de succès

Toute démarche qui viserait à introduire un changement sans prendre en considération le *ressenti* des personnes est vouée à l'échec. Chacun des membres de l'équipe doit bénéficier à la fois de *respect* – le même que celui véhiculé par les valeurs agiles, le respect de ce à quoi il est prêt – et d'écoute, en particulier de ses émotions (crainte, doute, peur, colère, joie, etc.).

Les apports du coach

Dans une étape préliminaire, le coach aide son interlocuteur à prendre conscience des freins possibles au sein de l'équipe et lui permet de repérer les facteurs clés de succès de la démarche.

Si le manager a déjà identifié des « réfractaires », le coach peut l'aider à analyser l'origine des blocages et à imaginer des premières solutions.

Développer ses qualités d'écoute

La qualité de la relation entre le manager et chacun des collaborateurs de l'équipe est essentielle ; les méthodes agiles, et XP en particulier, sont en faveur d'une communication *sincère* et *honnête* excluant les jeux politiques et les calculs. Les hommes doivent pouvoir être *authentiques*, à l'aise, exprimer spontanément une difficulté, livrer une préoccupation ou manifester leur désaccord avec une décision prise.

Angélique ou naïve, cette vision ? Surprenante, peut-être, qu'enfin un manager accepte d'entendre les émotions, les doutes ou les résistances de ses collaborateurs, dans un monde où traditionnellement, a fortiori dans un contexte technologique peuplé de machines, on n'exprime pas ses états d'âme.

Les apports du coach

Le coach aide le chef de projet à accroître la **qualité de son écoute**, qui doit être **active**, en démontrant sa **présence** et en s'assurant que toute ambiguïté est levée dans l'échange.

> Le coach sensibilise le manager à l'intérêt qu'il a à écouter ses collaborateurs et à établir une communication avec eux. Cela peut se faire en revenant sur une expérience heureuse (ou malheureuse), où la communication s'est révélée centrale. Il peut l'accompagner pour identifier ses freins à entrer en contact plus direct avec ses collaborateurs, ainsi que la façon dont il reçoit une critique ou un désaccord.
>
> Il peut également l'aider à trouver la meilleure posture à adopter, en travaillant sur le corps, le regard et le déplacement pour signifier sa présence.
>
> Enfin, il l'assiste dans l'observation et l'analyse des évolutions dans son mode d'écoute et des impacts sur les autres.

Déléguer une partie de ses prérogatives

Les qualités d'écoute du chef de projet sont essentielles, d'autant qu'il n'est plus un apporteur de solutions ni un donneur d'ordres, mais un *leveur d'obstacles*. Les compétences techniques du manager, prétendument supérieures, ou son autorité *de facto* ne légitiment plus son positionnement. Il accepte de ne plus *faire* mais de *faire faire* ; c'est-à-dire qu'il consent à lâcher son expertise technique pour se consacrer aux interactions au sein de l'équipe et aux relations de l'équipe avec l'extérieur.

> **Les apports du coach**
>
> Le coach, avec bienveillance, permet au coaché de s'interroger sur son nouveau rôle et sur sa capacité à se détacher de l'envie de tout contrôler ; il l'assiste dans sa recherche d'une nouvelle légitimité et l'accompagne dans son processus de deuil de ses responsabilités.
>
> Il aborde les thèmes de la délégation, la prise de décision et la reconnaissance. Dans une équipe agile, les perceptions et les habitudes en la matière sont en effet modifiées.

Tirer profit de l'apprentissage

Écoute et efficacité dans la levée d'obstacles sont deux moyens de gagner l'adhésion et la reconnaissance des membres de l'équipe et, par conséquent, d'améliorer sa performance.

Néanmoins, la délégation soulève la question du droit à l'erreur. Souvent, un manager qui ne délègue pas assez argue du fait que « l'on n'est jamais assez bien servi que par soi-même », ou que « ce n'est pas assez rapide » ou encore qu'il « ne peut pas compter sur les autres ! »… Déléguer, c'est faire preuve d'humilité pour soi-même et marquer la confiance et le respect que l'on porte aux autres, des valeurs chères aux méthodes agiles.

Rappelons que dans une démarche d'amélioration continue – qui vise à trouver la juste pratique ou le juste processus – l'*expérimentation* est un droit ; l'erreur est donc acceptée ainsi que le droit à reconnaître ses erreurs. Ceci s'applique aux membres de l'équipe comme au manager qui, dès lors, a lui aussi le droit à l'erreur !

> **Les apports du coach**
>
> Le coach peut faire travailler le manager sur son rapport à l'erreur en l'aidant à réfléchir sur les bénéfices qu'il peut tirer, en termes de sérénité et de liberté, de l'apprentissage et de l'autonomie de son équipe. Il l'amène à réfléchir sur ses propres erreurs.
>
> Il est important de définir ce qu'est une erreur, d'analyser comment le manager fait remarquer une erreur à ses collaborateurs, quel ton il utilise ou comment la remarque est perçue par le collaborateur.
>
> Le coach encourage le chef de projet à donner des signes de reconnaissance à ses collaborateurs.

Gérer les relations avec sa hiérarchie

En acceptant de déléguer à ses collaborateurs, en leur accordant le droit d'apprendre, de se tromper, de modifier leurs pratiques ou de revenir en arrière, bref, en leur accordant du *temps* et sa *confiance*, il se peut que le manager subisse la pression de ses dirigeants : justifier, expliquer, argumenter, couvrir, protéger, se positionner, trahir (?), accuser (?), se défausser (?)… Il est possible qu'il ait à « entrer en résistance » contre sa hiérarchie.

> **Les apports du coach**
>
> Le coach peut aider le manager à accepter et à assumer les erreurs de ses collaborateurs, en essayant de trouver ses vraies valeurs.
>
> Il reviendra, par exemple, sur des événements antérieurs et sur la façon dont le chef de projet a rapporté les faits, sur ses sensations à ce moment-là, sur la façon dont il a restitué l'entretien à son équipe, sur les mesures qui ont été prises.

Les apports du coach sont donc multiples mais, en résumé, sa mission est d'aider le chef de projet à évoluer pour devenir un facilitateur, le propre « coach » de son équipe dans l'acquisition d'une culture agile et des réflexes ad-hoc.

Pour l'équipe

Dans son ouvrage dédié au management, Patrick Lencioni[4] recense les cinq sources de dysfonctionnement d'une équipe : absence de confiance, peur du conflit, manque d'implication, fuite des responsabilités, manque d'intérêt pour les résultats. L'enjeu d'une approche agile est précisément de parer ces dysfonctionnements, qui sont à l'origine des conflits et de l'échec de nombreux projets.

Amener l'équipe à gommer ces dysfonctionnements est le travail du coach.

Un coaching d'équipe s'adresse à plusieurs individus, chacun avec sa personnalité, son histoire, ses ambitions, son mode de communication… L'accompagnement d'une équipe se situe, par conséquent, à deux niveaux : l'*individu* et l'*entité équipe* elle-même.

---

4. Patrick Lencioni, *The Five Dysfunctions of a Team*, Jossey-Bass, 2002.

Dans le contexte d'une transformation agile, on peut envisager un coaching individuel pour chacun des membres de l'équipe et un coaching d'équipe global, les deux pouvant être menés en parallèle.

Toutes les actions menées par le coach externe le sont en collaboration avec le chef de projet lui-même.

> **Les apports du coach**
>
> La mission du coach est de faciliter la constitution de l'équipe, en développant son identité et en ajustant son fonctionnement. Sur le plan individuel, le coach amène l'individu à bien se positionner au sein de cette équipe et à avoir une contribution efficace.

Nous nous attacherons ici plus particulièrement au coaching d'équipe.

Diagnostiquer la collaborativité de l'équipe

Un premier travail peut consister en une évaluation de la collaboration dans l'équipe. Au même titre qu'au démarrage du coaching du manager, un état des lieux renforce le coach dans sa bonne compréhension du contexte.

> **Les apports du coach**
>
> Le coach permet à l'équipe de mener une auto-analyse et, ainsi, d'identifier elle-même les axes d'amélioration. C'est le point de départ vers l'agilité. Grâce à son expérience, le coach peut d'ores et déjà repérer les tensions, les zones d'influence, les contradictions…
>
> Le rôle de miroir du coach permet à l'équipe de prendre conscience des bons fonctionnements et des dysfonctionnements qui la caractérisent, la manière dont sont prises les décisions et dont sont gérés les désaccords et les conflits.
>
> Le coach veille à ce que tout le monde puisse s'exprimer et repère ceux qui peuvent se sentir exclus du groupe.
>
> NB : Le diagnostic n'est pas une synthèse technique restituée par un expert du management ; il n'est fondé que sur le ressenti exprimé par les collaborateurs.

Favoriser la constitution de l'équipe

Cette première étape amène les membres de l'équipe à s'interroger sur l'équipe, ses valeurs, ses règles. Elle constitue un premier travail pour constater l'hétérogénéité des visions et du positionnement de ses membres et ainsi valider la nécessité d'une harmonisation.

Le préalable est donc de constituer l'équipe, en dépassant le stade de « collection d'individus » et de l'accompagner dans les phases de développement successives incontournables : formation, confrontation, normalisation et performance (voir la figure 6-5).

Une action de team building peut s'avérer très complémentaire de la démarche d'accompagnement par le coaching, afin d'initier l'esprit d'équipe qui doit animer chacun de ses membres.

Cultiver l'esprit d'équipe

Une fois que l'équipe a pris conscience de son existence et l'a bien intégrée, elle peut travailler à asseoir et à développer son esprit d'équipe. Cet esprit d'équipe passe par une bonne *communication*, le *partage des informations* et une *coopération effective*, sans compétition individualiste. Il peut se manifester par des actions diverses : prise en charge d'un nouvel arrivant au sein de l'équipe, organisation de festivités lors d'une occasion spécifique, mise des connaissances communes dans un outil de *knowledge management*, pair-programming, etc.

Pour améliorer cette communication interpersonnelle au sein d'une équipe agile, Thierry Cros[5] considère les accords toltèques comme une ressource précieuse :

Premier accord : « Que votre parole soit impeccable » – Parler avec sincérité et intégrité.

Deuxième accord : « Ne réagissez à rien de façon personnelle » – Accepter la parole de l'autre comme un retour avec une amélioration à la clef. La parole de l'autre est le fruit de ses propres projections contre lesquelles il faut s'immuniser.

Troisième accord : « Ne faites aucune supposition » – Poser une question est un acte courageux qui évitera bien des malentendus.

Quatrième accord : « Faites toujours de votre mieux » – Faire de son mieux, ici et maintenant, sans culpabilité ni regrets.

---

5.   Voir blog de Thierry Cros, http://www.thierrycros.net/. Les accords toltèques proposent un puissant code de conduite afin de transformer notre vie en se libérant de nos croyances limitatrices et du conditionnement collectif.

Il amène l'équipe et chacun de ses membres à s'interroger sur son niveau de confiance et ses problèmes de communication, sur les informations qui lui manquent pour être plus efficace et les freins qui l'empêchent de les demander ou, à l'inverse, sur les informations qu'il détient qui pourraient être utiles aux autres et ses freins à les transmettre.

Il s'attache à analyser, avec l'équipe, pourquoi certains membres sont en retrait, ne participent pas aux réunions quotidiennes.

En cas de résistance profonde, voire de rejet de ces valeurs de la part d'un membre de l'équipe, peut-on exclure ce membre, mauvais élément qui pourrait nuire au développement de cet esprit d'équipe ?

Les apports du coach

Le coach aide l'équipe à explorer les raisons qui ont conduit à cette situation et à revoir sa décision. Si c'est la décision du groupe, il n'est pas du devoir du coach de valider ou d'invalider cette décision mais bien d'attirer l'attention des membres sur ses conséquences. Le coach, à défaut d'être un médiateur, peut intervenir en tant que **modérateur**, afin d'éviter un « lynchage généralisé ».

Gérer les conflits

La gestion des conflits est l'un des autres axes de travail du coach avec l'équipe ; en effet, toute communication peut être altérée par l'apparition d'un conflit sur le choix d'une solution technique, sur le comportement d'une personne, sur la fixation des objectifs ou des priorités. L'équipe doit, dans ce cas, privilégier la *recherche du consensus*. Cette recherche de consensus ne doit pas, pour autant, supprimer toute manifestation de *contradiction positive*.

Les apport du coach

En facilitateur, le coach amène l'équipe à s'interroger sur les vraies raisons du blocage : manque d'informations, opposition par déontologie, absence de compétences adéquates, etc. L'équipe peut alors reconsidérer sa décision, trouver des compromis et amener tous les collaborateurs à une décision consensuelle, au minimum avec trois doigts levés (voir « la technique du vote à cinq doigts », chapitre 6).

L'objectif du coach est d'amener chacun à réfléchir à son positionnement dans le conflit : pour quelles vraies raisons y a t-il opposition ? Quelles sont les craintes liées à une décision ? Quels aménagement peuvent être apportés ?

Dans le processus de repérage d'autres solutions, le coach stimule la créativité de l'équipe.

Assumer la prise de risque

La résolution des conflits est essentielle au sein d'une équipe en marche vers l'auto-responsabilisation. L'esprit de solidarité et la confiance doivent régner afin de favoriser la culture de l'engagement et le sens des résultats. Toutefois, cet engagement n'est possible qu'une fois validé le droit à l'erreur, lorsque chacun peut dire « Je me suis trompé » sans être condamné, ni par le chef de projet, ni par les autres membres du groupe.

Incontestablement, dans un contexte de projet où tout n'est pas connu ou maîtrisé, cet engagement constitue une prise de risque, à la fois individuelle et collective, à laquelle des collaborateurs traditionnellement « exécutants » dans leur périmètre restreint ne sont pas accoutumés.

> **Les apports du coach**
>
> Le coach propose à l'équipe de réfléchir sur sa capacité à prendre des risques, à oser prendre des décisions, en se trompant peut-être, mais aussi en progressant. Chacun doit réfléchir à ses craintes lors de la prise de décision, à ses ressentis lorsqu'il y est associé, aux bénéfices qu'il en tire et aux conséquences qu'il a eu à assumer.
>
> Le coach travaille à sécuriser chacun face à la prise de risque et ainsi à faciliter le confort collectif.

S'inscrire dans une démarche d'amélioration continue

L'équipe est attentive aux enseignements tirés de l'expérience pour s'améliorer sans cesse. L'équipe agile est une équipe apprenante ; en témoignent les fréquents points de rencontre : réunions quotidiennes, rétrospectives à la fin de chaque étape, bilan de projet, démarche de capitalisation.

Les actions correctives et les adaptations, basées sur les retours d'expérience, sont plus aisées : la prise de décision, avec une meilleure visibilité, s'en trouve confortée.

> **Les apports du coach**
>
> Le coach aide l'équipe à s'évaluer en permanence (par exemple à la fin de chaque itération) et à prendre confiance en elle. Il attire l'attention sur les leçons apprises au regard des expériences, heureuses ou malheureuses.
>
> Il est important d'amener l'équipe à s'interroger sur les difficultés rencontrées, sur la façon dont elle les a contournées : le coach, bienveillant est dans une logique positive.

N'oublions pas que ce travail de coaching d'équipe est facilité grâce à l'implication active du chef de projet, en passe de devenir coach lui-même.

Conclusion

Jean-Pierre Corniou, ancien président du CIGREF, écrit[6] : « Pour la DSI, la gestion des interactions au sein de l'entreprise devient désormais un sujet beaucoup plus central que le choix des fournisseurs ou des techniques. [...] C'est pourquoi le DSI, bien coaché, doit

---

6. CIGREF (Club informatique des grandes entreprises françaises) in Bernadette Lecerf-Thomas, *L'informatique managériale, relations et approche systémique*, Hermès, 2006.

acquérir cette densité émotionnelle que la technique ne développe pas naturellement pour être mieux armé et donc plus efficace. »

C'est un constat : l'humanisme fait, à présent, son entrée dans le monde de l'informatique. Et c'est tant mieux ! Les machines et les programmes tournent grâce à l'intelligence et aux émotions des hommes qui les conçoivent.

Et dans le cadre...

D'un contrat au forfait ?

Pourquoi les clients veulent-ils des contrats au forfait ?

Les clients souhaitent des contrats au forfait, non pas parce que les prestataires fournissent, dans ce cas, des estimations fiables qui les engagent, mais précisément parce qu'ils savent que les estimations ne sont jamais fiables. Forts de ce constat, au travers du contrat au forfait, les clients reportent sur le prestataire les risques liés aux dépassements de délai et de coût constatés lors de la plupart des projets.

Le contrat au forfait est donc souvent privilégié pour répondre à des directives de réduction ou de contrôle accru des coûts de réalisation des budgets, alors que c'est souvent le contraire qui se produit. L'exemple suivant illustre un cas fréquemment rencontré : le projet devait durer six mois, mais il dure depuis douze mois, et ce n'est pas fini ! Le client devra peut-être attendre (et payer ?) trois mois supplémentaires pour obtenir un produit fini.

Pourquoi les contrats au forfait ont-ils l'effet inverse de celui visé ?

Un contrat au forfait est un engagement de résultat de la part de l'équipe de réalisation, c'est-à-dire la fourniture d'un résultat convenu, à un prix fixé et dans un délai imparti.

Cet engagement est pris par le prestataire sur la base d'une estimation, élaborée à partir des exigences du client, avant le démarrage du projet. Or le premier risque majeur réside dans le calcul en amont de cette estimation, puisque plus l'on veut une estimation fiable, plus l'on doit disposer d'une bonne compréhension des besoins, d'une bonne connaissance du contexte et de l'architecture à implémenter. En réalité, la fiabilité de l'estimation n'augmentera qu'avec l'avancement du projet et ce, quel que soit le niveau d'expertise du prestataire.

Au-delà de ce premier risque, les difficultés inhérentes à tout projet font qu'il est difficile de fixer à la fois le périmètre, le résultat, le délai et le budget ; quelle est, alors, la variable d'ajustement ? La qualité ! Elle sera en effet sacrifiée, car si les clients veulent mieux contrôler leurs budgets, les prestataires sont aussi des sociétés avec des objectifs de rentabilité. Il n'y a donc aucune raison qu'ils supportent, seuls, la charge liée aux dépassements.

L'autre travers du contrat au forfait est la mise en place d'un processus lourd de contrôle des changements. Acceptant, l'un comme l'autre, la possibilité de faire évoluer, dans une certaine proportion, l'un des paramètres, client et prestataire conviennent de constituer un comité des changements et de définir un processus de gestion des changements. L'effet boomerang, malheureusement, c'est l'avenant du prestataire présenté systématiquement au client.

Comment rendre le contrat au forfait compatible avec une démarche agile ?

La réponse de l'expert **Claude Aubry**, consultant indépendant dans la mise en place des méthodes agiles.

La contractualisation des relations entre le client et l'équipe de réalisation n'est pas obligatoire, ni même recommandée par les méthodes agiles : le Manifeste agile rappelle qu'une bonne collaboration est plus importante qu'un contrat. Cependant, les directions juridiques et financières, en rationalisant les achats de prestations, imposent bien souvent un contrat à prix fixé aux fournisseurs. De leur point de vue, il est impératif d'avoir une enveloppe budgétaire définie à l'avance.

Comment un client, qui est déjà convaincu des bienfaits de l'agilité, peut-il élaborer un appel d'offres et sélectionner un fournisseur pour un contrat au forfait dans ce contexte ?

À ce client prêt à effectuer la transition vers l'agilité, je conseille d'élaborer un appel d'offres agile (AOA), dans lequel c'est un processus de développement agile qui est préconisé aux fournisseurs (par exemple Scrum, qui est le plus simple à mettre en œuvre). Le budget et le délai, au lieu d'être demandés aux fournisseurs, sont fixés par le client et annoncés dans l'AOA. Comme il est impossible de définir le périmètre fonctionnel à l'avance, le client fournit simplement sa vision du projet dans l'AOA. Le périmètre deviendra la variable d'ajustement.

Le fournisseur effectue sa sélection sur la qualité de la réponse, la pertinence du processus (agile) proposé et sur les compétences de l'équipe pressentie. Par rapport à la pratique d'évaluation actuelle des réponses à appel d'offres, ce qui change, c'est que le prix n'est pas considéré, puisque c'est le client qui le fixe.

Le contrat avec le fournisseur est toujours un contrat au forfait, avec prix et date fixés. Mais c'est un contrat au forfait agile (CFA) qui se différencie du contrat classique parce qu'il impose une livraison à la fin de chaque itération et parce que le périmètre fonctionnel, défini initialement dans la vision, est ajustable. Avec un CFA, l'objectif du client n'est plus de reporter les risques sur le fournisseur, il collabore avec lui pour obtenir le meilleur produit dans le délai défini.

Les clauses du contrat sont adaptées à l'agilité. Voici quelques exemples de ce qu'il est possible d'y introduire, pour le bénéfice du client :

– Le client doit recevoir un produit partiel, mais fonctionnel, à la fin de chaque itération : il peut ainsi fournir un feedback rapide.

– Le client peut arrêter le contrat à la fin de chaque itération (en contrepartie d'une indemnité, calculée en fonction du temps passé pour le fournisseur) : il peut ainsi stopper à temps un projet voué à l'échec.

– Le client définit les priorités : le fait de développer les fonctionnalités à forte valeur ajoutée en premier permet de lever tôt les risques (risques techniques, bien sûr, mais surtout risques de livrer un produit en inadéquation avec les attentes).

– Le client peut changer d'avis sur le contenu fonctionnel (sur les parties qui n'ont pas encore commencé), à condition que ce qu'il ajoute au périmètre soit contrebalancé par ce qu'il y retire.

Dans le cas où je conseille le prestataire titulaire d'un contrat avec un client après avoir remporté l'appel d'offres :

– Si c'est dans un cadre agile (réponse à AOA puis CFA), c'est évidemment plus simple puisque le client est déjà convaincu de l'intérêt de l'agilité. Je suggère au fournisseur d'annexer le backlog (liste des exigences Scrum) dans le contrat. Ce backlog est élaboré soit par le client lors de l'AOA, s'il a déjà une idée précise de ce qu'il veut, soit conjointement par le prestataire et le client, lors d'une première phase de recueil des besoins. En associant à chaque élément du backlog une estimation en points, le dialogue avec le client sur les évolutions du périmètre fonctionnel et les négociations éventuelles est grandement facilité.

– Si c'est dans le cadre d'un forfait classique, l'agilité du fournisseur est limitée par le contrat. Le fournisseur peut néanmoins introduire des pratiques agiles (livraisons fréquentes avec des itérations courtes pour commencer), essayer de collaborer au maximum avec le client, le sensibiliser à l'idée des tests qui pilotent le développement (TDD) et le convaincre de passer au forfait agile pour le prochain appel d'offres.

Le fait de montrer rapidement au client le résultat des itérations et de l'impliquer dans les réunions de planification favorise sa confiance et le met ainsi dans de meilleures dispositions, l'incitant à s'impliquer davantage.

Les principes agiles ne remettent donc pas en cause le souhait de transparence budgétaire et de réduction des risques : le coût global du projet est déterminé a priori. Le projet peut rester dans ce cadre quoi qu'il arrive et le prestataire se focalisera sur la livraison des fonctionnalités les plus prioritaires. À chaque fin d'itération, avec des fonctionnalités opérationnelles, le client peut décider des suites du projet, et donc mieux maîtriser les risques de dérives et de déception. À tout moment, en outre, il dispose d'une application qui fonctionne.

Attention

Le meilleur contrat ne pourra, cependant, jamais se substituer à la confiance et la collaboration dont nous avons besoin pour travailler efficacement.

Ce que propose DSDM[a]

Le fournisseur présente une estimation du coût total du système avant de débuter le projet.

En outre, il calcule un prix estimatif pour chaque phase ou cadre temporel. Les estimations doivent être régulièrement confrontées aux résultats, afin de mettre en évidence les dépassements éventuels. Le client peut décider à tout moment d'arrêter le projet. Dans ce cas, il n'aura pas dépensé inutilement son argent puisque, dans ce type de projet, les livraisons de produits sont fréquentes.

Le client et le fournisseur peuvent signer un contrat de rémunération flexible, basé sur l'évaluation du « coût le plus probable ». Dans ce cas, si le coût réel est inférieur au coût estimé, la

---

a. DSDM FR V.3, 20.10.1998, § 25.1.3, page 151.

> différence est répartie entre le client et le fournisseur. En revanche, lorsque le coût réel excède l'évaluation, le coût supplémentaire est à la charge du client, mais le prix de la journée est revu à la baisse. Cette pratique permet de freiner l'ajout de spécifications inutiles, tout en préservant la flexibilité du processus de développement.
>
> Une autre approche efficace consiste à rémunérer les activités de développement en fonction d'un tarif journalier, jusqu'à un certain stade d'itération du modèle fonctionnel. À ce stade, les parties prenantes ont une meilleure visibilité du domaine d'application et peuvent se mettre d'accord sur un prix fixe pour l'achèvement du système.
>
> Une variante de la technique précédente consiste à rémunérer le développement du premier incrément sur une base journalière puis à déterminer un prix fixe pour les incréments suivants. Là encore, cette technique est rendue possible grâce à une meilleure appréhension du domaine d'application, après le développement du premier incrément.

D'une démarche CMMI ?

Le modèle CMM (Capability Maturity Model) a été mis au point par le SEI (Software Engineering Institute) pour évaluer la maturité des fournisseurs de logiciels. Élargi aux pratiques de développement de systèmes et à l'acquisition de logiciel, le CMMI (Capability Maturity Model Integration) comporte cinq niveaux d'évaluation :

- Initial : il n'existe pas de processus clairement défini ; la réussite des projets dépend des compétences de quelques personnes clés dans l'organisation. Le savoir n'est pas formalisé, la réussite ne peut donc être répétée systématiquement.

- Géré ou reproductible : des règles ont été définies et sont institutionnalisées, applicables par les équipes. Le développement est planifié et suivi ; les produits sont vérifiés par rapport aux exigences initiales. Les projets sont pilotés individuellement et leurs succès sont reproductibles.

- Standardisé : les meilleures pratiques mises en œuvre sont généralisées à toute l'organisation, sous forme de normes, procédures, outils et méthodes. Elles forment un tout complet, cohérent et ajustable aux caractéristiques de chaque projet. Enfin, elles intègrent une dimension de capitalisation et de mesure de l'efficacité des processus.

- Maîtrisé ou quantifié : les processus, qui sont au cœur des activités de l'organisation, sont mesurés ; les causes d'écart peuvent être analysées ; les données collectées sont consolidées et exploitées pour la prise de décision et l'anticipation des risques.

- Optimisé : les processus sont totalement maîtrisés et optimisés en permanence.

> **Une gestion de projet Agile est-elle compatible avec une démarche de certification CMMI ?**
>
> La réponse de l'expert **Alain Pujol**, consultant indépendant dans l'accompagnement et la mise en place du CMMI et évaluateur.
>
> Rappelons tout d'abord que CMMI n'est pas une méthodologie, mais plutôt un « ensemble d'exigences » sur les processus que l'organisation met en place.

Il se caractérise par :

– la mise en exergue de « domaines de processus » et de pratiques associées, par exemple « gérez les exigences », « documentez vos hypothèses d'estimation », « faites des audits de configuration »… qui sont autant d'améliorations à introduire puis à institutionnaliser (sur le mode « c'est comme cela qu'on travaille ici ») ;

– un « chemin d'introduction » de ces améliorations, avec le concept de niveaux de maturité : commencez par traiter ceci (typiquement ce qui est au niveau 2, constitué de 7 domaines de processus centrés sur la gestion de base des projets), puis cela (niveau 3, constitué de 11 domaines de processus couvrant la majeure partie de l'ingénierie, la maîtrise des processus et un approfondissement de la gestion de projets), puis les niveaux 4 (avec 2 domaines de processus orientés « mesure de la qualité ») et 5 (avec 2 domaines de processus orientés « prévention des défauts et optimisation par l'innovation »).

En résumé, on peut dire qu'il y a trois aspects au cœur du CMMI : un ensemble de bonnes pratiques (les domaines de processus), un chemin d'amélioration (les niveaux de maturité), et SCAMPI, le processus formel d'évaluation de la maturité d'une organisation.

Que peut-on dire alors de « CMMI *vs* les méthodes agiles »?

1) Le CMMI n'impose aucun processus. C'est l'organisation qui définit le processus dont elle a besoin pour développer ses produits et maîtriser ses projets. Les méthodes agiles sont donc un candidat parmi d'autres, ayant autant de valeur qu'une méthode traditionnelle fondée sur un cycle de vie en cascade.

2) Le CMMI s'attend d'abord à trouver un certain nombre de bonnes pratiques de base auxquelles les méthodes agiles peuvent parfaitement répondre :

– d'ingénierie (exhiber le besoin et les exigences, maîtriser les changements, transformer ces exigences en une solution, vérifier ce qui est fait et valider avec le client…) ;

– de gestion de projet (estimer les travaux, planifier, allouer, suivre, mesurer les avancements, prendre des actions correctives, gérer les risques…).

3) Le CMMI s'attend aussi à trouver un certain nombre de bonnes pratiques d'organisation.

On voit bien là que cela n'a plus grand-chose à voir avec « les méthodes et cycles de vie » utilisés, mais avec une « introspection de l'organisation » quant à sa façon de travailler, avec une gestion classique ou une approche agile.

Lorsque l'on veut démontrer que l'on a atteint un certain niveau de maturité, il faut procéder à une évaluation « officielle » via un processus rigoureux, SCAMPI (Standard CMMI Appraisal Method for Process Improvement), qui demande pour chaque projet retenu :

– que toutes les activités soient mises en œuvre sur les projets ;

– qu'une preuve directe (document produit, par exemple) et une preuve indirecte (revue) soient fournies.

Autant dire que cet aspect « démonstration officielle » peut être lourd surtout dans une approche agile qui privilégie une approche de décision collective avec des supports visuels (tableaux, Post-it) sans pérennité au-delà de l'usage direct.

En conclusion : CMMI et agilité sont compatibles, en se posant les questions suivantes : « CMMI : pour quoi faire ? » et « CMMI : jusqu'où ? ». Si vous décidez d'aller dans cette direction et en particulier jusqu'à une évaluation officielle, il est essentiel de discuter au plus tôt avec un responsable d'évaluation (*Lead Assessor*) pour bien analyser ce qu'il sera nécessaire de produire en termes de trace et de documentation dans le cadre de cette évaluation. Alors vous ferez ce qui est le plus adapté et pertinent pour vous avec la meilleure valeur ajoutée, bref vous ferez du « CMMI Agile ».

Le *Software Engineering Institute* a publié, en 2008, une note technique[7] clarifiant les raisons pour lesquelles il ne doit pas y avoir de concurrence entre les méthodes agiles et le CMMI ; ce document invite les experts des deux domaines à travailler ensemble pour tirer profit des deux approches et exploiter les synergies possibles, en vue d'améliorer la performance globale des projets.

En quoi CMMI et les méthodes agiles convergent-ils ?

La réponse de l'expert **Jean-Claude Grosjean**, ergonome consultant, certifié ScrumMaster.

La convergence Agile-CMMI repose sur cinq éléments de motivation majeurs :

– **Similarité des buts** : agilité et CMMI se donnent les mêmes objectifs, notamment au niveau client (satisfaction, rétention, acquisition), au niveau projet (respect des coûts, délais, qualité) et au niveau des collaborateurs (satisfaction, montée en compétence…).

– **Complémentarité** : le référentiel CMMI définit, par ses objectifs génériques et spécifiques (seuls requis pour une certification) un « Quoi » à atteindre. L'agilité peut aisément se charger d'une partie du « Comment ».

– **Amélioration continue** : c'est un principe agile, c'est l'essence même du CMMI… C'est aussi un facteur motivationnel de premier ordre pour l'ensemble des acteurs des deux univers qui pourraient, dans l'agilité ou dans la maturité, trouver les moyens d'améliorer leurs propres pratiques, de combler leurs propres lacunes et faiblesses…

– **Popularité** : sans enlever à la notoriété du CMMI, il est clair que les méthodes agiles, et SCRUM en particulier, ont le vent en poupe. Intégrer plus largement et plus visiblement des pratiques agiles permettrait au SEI (*Software Engineering Institute*) d'envisager d'autres cibles. Le futur modèle 1.3 DEV ira probablement dans ce sens.

– **Succès** : de récents retours d'expérience nous ont prouvé l'efficacité, que dire, le succès, de la combinaison des méthodes agiles et du CMMI. Ensemble on est plus fort, c'est le message que fait passer Jeff Sutherland, inventeur de SCRUM, et dont je suis entièrement convaincu !

Le SEI a clairement pris position au travers de sa dernière note technique : la balle est désormais dans le camp des équipes agiles. En attendant, les réussites d'une potion magique Agile-CMMI se multiplient, mais esprit d'ouverture, souplesse et compromis seront nécessaires !

---

7. *CMMI or Agile : Why Not Embrace Both ?*, Software Engineering Process Management, Novembre 2008.

D'un environnement traditionnel résistant

Le contexte idéal pour lancer une expérimentation agile n'existe pas ; il y a même peu de chances qu'une équipe ait un feu vert total pour s'émanciper totalement des contraintes d'un processus existant.

Comment, dans le cas de la préexistence d'un cycle en cascade, rendre compatibles les deux approches ? Comment synchroniser des équipes travaillant avec deux méthodes différentes ?

Trois cas de figures peuvent se présenter :

- Le cycle en cascade prédomine au début du projet : l'équipe doit fournir des spécifications et un planning détaillés pour passer l'obstacle de la revue de spécification et démarrer les développements sur un mode agile. Soit ! L'équipe tire profit de cette contrainte pour asseoir et valider sa vision du projet et satisfaire les membres du comité de validation. Mais elle peut appliquer ses pratiques agiles lors de la phase de développement.

- Le cycle en cascade réapparaît à la fin du projet : la traditionnelle phase finale de tests et de contrôle qualité est incontournable ! Rien n'empêche l'équipe de tirer profit de cette phase qui vient en complément des tests systématiques qui ont été menés dans chaque itération ; rien ne l'empêche, en outre, de traverser cette phase, étape par étape, itération par itération, en conservant son mode de fonctionnement agile.

- Le cycle en cascade et les méthodes agiles cohabitent : c'est le cas d'un projet organisé autour du même produit final, mais avec de multiples équipes. Il convient, dans ce cas, de respecter les échéances et les contraintes du cycle en cascade, mais d'associer étroitement les responsables des autres équipes aux réunions de planification ou aux réunions quotidiennes, par exemple, pour améliorer la communication… et finir par peut-être les convaincre ! Les travaux de conception de l'architecture peuvent être répartis en fonction de la stabilité de telle ou telle partie, l'équipe traditionnelle prenant en charge les composants les plus stables. Et rien n'empêche de procéder par itérations au sein d'une phase classique !

Et puis, certaines pratiques agiles s'appliquent indépendamment de l'approche retenue et peuvent même être d'une étonnante efficacité dans une équipe traditionnelle !

D'un projet offshore ?

Le principe de l'offshore est de recourir à des compétences techniques situées à l'étranger, qui présentent l'avantage d'être qualifiées et 40 à 50 % moins chères.

> Ce n'est qu'un aspect, et il ne faut pas en déduire que le coût d'un développement sera réduit de 40 à 50% ! Des surcoûts apparaissent aux niveaux de la gestion de projet, des déplacements, des traductions…

Néanmoins, la complexité liée à la difficulté de faire travailler des équipes de cultures différentes, situées sur des espaces géographiques distants, soumis aux décalages horaires, accroît les écueils rencontrés traditionnellement sur les projets, notamment ceux liés à la collaboration.

Pourtant, pour répondre à l'objectif de réduction des coûts et des délais de livraison et d'amélioration de la qualité, des organisations ont combiné l'approche agile avec une démarche offshore espérant ainsi cumuler les bénéfices de deux stratégies.

Comment appliquer les principes des méthodes agiles avec des équipes offshore, donc dispersées géographiquement, avec des décalages horaires et des différences culturelles ?

La réponse de l'expert **Jean Tabaka**, coach et mentor agile chez Rally Software Development.

Les équipes qui sont réparties géographiquement ou par fuseau horaire appliquent les mêmes techniques ; en outre, elles développent la collaboration avec quelques techniques supplémentaires :

– Partager des ressources entre équipes par de fréquentes visites sur les autres sites. Faire tourner cette responsabilité sur la durée, afin qu'au final, chaque membre d'une équipe ait visité au moins l'un des autres sites. S'assurer que tout est en place pour bien accueillir les membres en visite.

– Utiliser la vidéoconférence pour les réunions de telle façon que tous les membres de l'équipe puissent se voir et mettre un visage sur un nom.

– S'assurer que chaque site a un « évangéliste » agile, quelqu'un qui se consacre à la réussite de l'adoption des méthodes agiles sur le site.

– S'assurer que les équipes ont des contacts quotidiens ; cela signifie que les membres d'une équipe communiquent entre eux, pas seulement avec le coach agile et pas uniquement par mail.

– Maintenir un wiki où tous les membres de l'équipe peuvent partager de l'information, pas seulement sur le projet mais aussi sur eux-mêmes.

– Organiser des rétrospectives en interrogeant chaque membre de l'équipe par mail afin qu'il puisse apporter son feedback de façon asynchrone. S'assurer que toutes les réponses sont recueillies avant la rétrospective afin que le coach agile puisse animer la réunion en présentant les résultats de l'enquête.

En résumé, les méthodes agiles donnent une meilleure visibilité sur la conformité de ce qui est développé avec les attentes du client, sur la motivation et la productivité de l'équipe et sur l'état d'avancement ; ce qui réduit le risque de divergence, accru à cause de l'éloignement.

Les itérations courtes, le principe d'intégration continue et l'automatisation des tests permettent d'avoir un feedback rapide sur le développement réalisé à distance ; ce qui permet d'adresser des projets complexes ou dont les spécifications ne sont pas figées.

Enfin, le partage des connaissances ainsi que la reconnaissance donnée à chaque membre de l'équipe agile gomment la distance et facilitent ainsi le sentiment d'adhésion, même chez l'équipe éloignée.

Ce qu'il faut retenir

Déployer une nouvelle méthodologie doit être considéré comme un projet à part entière qui s'adossera à un ou deux projets de développement pilotes, retenus pour l'expérimentation.

La première étape consiste à dresser un état des lieux pour bien appréhender le contexte, recenser les zones de dysfonctionnement et prendre la mesure des impacts humains et organisationnels.

Comme dans tout projet, des objectifs clairs mais réalistes et limités en nombre doivent être fixés, en tenant compte des facteurs de succès ou à risques liés à l'environnement. Des critères d'évaluation permettront d'apprécier l'atteinte de ces objectifs, une vigilance devant être portée sur les symptômes d'échec que l'on peut rencontrer sur le chemin.

Après avoir retenu le ou les projets pilote(s) et nommé le « champion » de la démarche agile, le choix de la méthode, des pratiques et des outils est un point de départ pour une implémentation progressive, évaluée régulièrement et adaptée si nécessaire.

On accompagnera la démarche d'un plan de conduite de changement, pour sensibiliser les acteurs aux enjeux et aux résultats tangibles, pour les former, les convaincre et favoriser leur adhésion. L'apport d'un coach externe peut même s'avérer extrêmement utile.

Une démarche vers l'agilité n'est pas incompatible avec la contractualisation au forfait, ni une certification CMMI, ni un projet offshore, ni même en cohabitant avec une approche classique préexistante.

Épilogue

Peut-être avez-vous commencé la lecture de cet ouvrage avec l'idée que la gestion de projet était un processus prescriptif, sinon directif, et que des outils en automatisaient les tâches quotidiennes.

La gestion de projet n'est pas qu'une histoire de processus et d'outils, c'est avant tout une histoire d'hommes et de femmes qui collaborent.

J'espère qu'en parcourant ces pages vous avez mesuré la grande opportunité qu'offre la conduite d'un projet pour un chef de projet, non pas de prendre le pouvoir mais de partager le pouvoir avec son équipe.

Vous l'avez compris, notre rôle n'est pas de « commander et contrôler », mais de diriger, au sens premier du terme, c'est-à-dire de guider l'équipe dans une direction ; le chef de projet « tient la barre » pour « donner et maintenir le cap » et pour assurer la sécurité et l'autonomie de son équipage.

En adoptant, en outre, une approche agile, le projet n'est plus un voyage au long cours, sans horizon ni repères, ni même une croisière ; c'est une succession de courtes aventures partagées, où, chaque fois, l'on fait des découvertes et l'on arrive à bon port (la fin d'une itération) avec la sensation du chemin parcouru.

Comment devenir ce « super » chef de projet ?

Vous pouvez vous former ; et la formation, au-delà des concepts et des travaux pratiques, est aussi un lieu d'échange.

Vous pouvez recenser des méthodes, des pratiques, des outils, sachant qu'il vous faudra choisir pour mettre au point *votre* « plan de navigation » ; il vous faut « lever l'ancre » pour découvrir, expérimenter, tester, adapter, ou changer. C'est un processus d'amélioration continue, et chaque fois une nouvelle équipée.

Dans tous les cas, vous avez du courage et acceptez d'apprendre ; vous n'appliquez pas une méthodologie à la lettre car votre projet est spécifique.

Bien sûr, vous ne restez pas seul. Vous comptez sur votre équipe et œuvrez pour son autonomie, son esprit d'initiative, sa créativité, son efficacité en l'associant aux décisions.

Vous entretenez un réseau de relations, vous observez ce que font les autres, vous partagez vos expériences, vous adhérez à un forum ou une liste de diffusion thématique. Vous n'hésitez pas à vous faire aider.

Vous dressez un bilan de chaque projet et vous constaterez, en le formalisant, combien on apprend encore. Ce bilan sera d'autant plus facile à établir que vous aurez, au fil de l'eau, mené des rétrospectives pour améliorer vos pratiques. Il porte sur des éléments quantitatifs (nombre de fonctionnalités ou de user stories développées, annulées, modifiées, nombre de [points de] cas d'utilisation, nombre de risques, nombre d'itérations, vélocité…) et qualitatifs (pratiques testées, abandonnées, menées avec succès, satisfaction du client, satisfaction des membres de l'équipe, compétences développées et acquises…). Vous capitalisez, vous vous créez une base de connaissances qui peut être régulièrement enrichie et partagée.

Et surtout, vous faites simple. En introduisant de nouvelles pratiques une par une, vous avez le temps d'expérimenter chacune d'entre elles et d'en analyser l'effet. Vous résistez à la tentation d'introduire trop de complexité dans les processus ou avec les outils, nos systèmes d'information le sont déjà bien assez !

Enfin, vous êtes attaché à la dimension humaine d'un projet. Ce sont les hommes qui font le succès d'un projet.

Ce succès que je vous souhaite de rencontrer dans tous vos projets…

Présentation des experts

Christophe Addinquy

Impliqué depuis 15 ans dans le développement orienté objet, Christophe Addinquy a notamment participé à l'émergence d'UML au sein de la société Softeam. Consultant Senior chez Valtech durant 8 ans, il a contribué au succès de nombreux projets par le biais de missions d'audit, de conseil ou de gestion de projet. Également formateur, Christophe a contribué à l'élaboration de nombreux cours (C++, UML, Design Patterns, gestion de projets avec Scrum).

Christophe est actuellement directeur de projets back-office chez Vidal où il procède à la refonte du système d'information en utilisant l'approche agile avec Scrum.

Christophe est auteur d'articles sur les Design Patterns et est ScrumMaster certifié. Vous pouvez consulter son blog sur *http://jroller.com/addinquy* et le contacter à *addinquy@computer.org*.

Claude Aubry

Claude Aubry est impliqué dans le développement de logiciels depuis 30 ans, dans différents domaines (télécoms, spatial, aéronautique, éditeurs de logiciels, énergie, transport, secteur public, sociétés de services...). Après avoir été développeur, architecte logiciel et système, chef de projet, chef de produit, il est consultant depuis 1994, spécialisé dans le génie logiciel. Depuis 2005, il se consacre à Scrum et aux méthodes agiles.

Il est président de l'association toulousaine SigmaT (*www.sigmat.fr*) dédiée à la promotion des méthodes agiles. Il est également professeur associé, à temps partiel, à l'université de Toulouse où il enseigne les techniques de développement agile et encadre des projets étudiants qui les mettent en œuvre. Il est le rédacteur du blog de référence sur Scrum, *Scrum, Agilité et Rock'n roll* qui attire plus de 7 000 visiteurs par mois (*www.aubry-conseil.com*).

Il est l'auteur d'un livre sur Scrum : *Scrum, le guide pratique de la méthode agile la plus populaire*, publié aux éditions Dunod en février 2010.

Il est à l'origine d'IceScrum (*www.icescrum.com*), un logiciel Open Source dédié à Scrum et aux méthodes agiles, pour lequel il continue à tenir le rôle Product Owner.

Jérôme Barrand

Jérôme Barrand est un expert en agilité. Professeur à Grenoble École de Management où il a créé l'Institut d'Agilité des Organisations, il a écrit *Le manager agile* (Dunod 2006) et *L'entreprise agile* (ouvrage collectif, Dunod 2010). Consultant spécialisé dans la transformation des organisations vers l'agilité et l'accompagnement des managers vers des comportements agiles, il donne aussi de nombreuses conférences pour sensibiliser à l'agilité. Il a créé agil'OA en 2009, société qui développe des outils d'aide au conseil et au coaching. En particulier, il promeut l'Agile Profile©, questionnaire permettant d'analyser les modes d'action agiles d'un individu, complémentaire aux outils d'inventaire de personnalité lors d'un recrutement, d'une promotion, d'un choix de manager de projet, de team building ou de coaching.

Laurent Bossavit

Laurent Bossavit est président de l'association Agile France (anciennement eXtreme Programming France), auteur d'ouvrages (*Gestion de projet eXtreme Programming*, Eyrolles, 2002) et d'articles pour des revues internationales telles que *Cutter IT Journal*, et consultant indépendant autour des méthodes agiles. À ce titre, il anime des formations autour des méthodes agiles de développement et de conduite de projets, et conseille et accompagne les entreprises dans leurs initiatives d'amélioration sur ces sujets. En 2006, l'Alliance Agile lui a décerné le prix Gordon Pask pour ses contributions au développement des méthodes agiles.

Pour contacter Laurent, *laurent@bossavit.com*

Antoine Contal

X-Télécom et certifié ScrumMaster, Antoine Contal découvre en 2001 l'eXtreme Programming (XP) dans une start-up au Japon. Par la suite, il introduit des pratiques agiles chez des développeurs AS/400. Depuis 2006, il déploie l'agilité chez un grand opérateur télécom en coachant des équipes de développement ainsi que des équipes de managers. À ses heures perdues, il traduit des œuvres japonaises en free lance.

Élisabeth Ducarre

Élisabeth Ducarre est Consultante Senior Manager chez Valtech Technology. Elle a travaillé chez Valtech India (Bangalore, Inde) comme Coordinateur Offshore de juin 2005 à octobre 2007 et a aidé au fort déploiement des méthodes Agiles dans les projets offshore. Elle est ScrumMaster depuis juin 2006.

Élisabeth a plus de dix-sept ans d'expérience en gestion de projet et en amélioration des processus. Elle intervient dans des missions de conseil en amélioration et recherche d'efficience des processus basées sur des démarches *Lean Software Development*.

Pour contacter Élisabeth, *elisabeth.ducarre@valtech.fr*.

Marc Dumonte

Ingénieur ENSEEIHT, après 10 ans dans le développement logiciel temps réel embarqué pour Matra Transport, il a pris en charge (en 1997-98) le programme d'amélioration des processus en vue d'une certification CMM niveau 3. Il a donc abordé la « maturité » des développements avant leur « agilisation ». Ce sont pour lui des concepts complémentaires.

Il a ensuite rejoint Bouygues Télécom en tant que responsable qualité, puis intégré Canal + Technologies en 2002, qui est devenu NDS France en 2004, pour s'occuper des méthodes, des outils et de la qualité des développements.

Certifié ScrumMaster en 2006.

David Gageot

David Gageot est directeur technique chez Tech4Quant, éditeur d'une plate-forme clé en main à destination des Hedge Funds. Après quatre années chez Valtech Technology, à aider ses clients à comprendre, initialiser et adopter Scrum sur le long terme, David revient à ses premiers amours, l'édition de logiciels, le travail d'équipe et la mise en pratique de l'amélioration continue.

David utilise ses expériences en tant que ScrumMaster sur des projets aussi divers que l'édition de progiciels d'optimisation de plannings, la refonte d'un moteur de facturation de produits financiers ou encore l'éditique dans le domaine de l'assurance.

Il a commencé sa carrière chez Adesoft, éditeur de logiciels, en tant que développeur Java, Team Leader/architecte, puis directeur technique. C'est dans un contexte de recherche de qualité, d'ergonomie et de richesse fonctionnelle qu'il a pu mettre en place pour la première fois les principes de Scrum et de l'« Usine logicielle ».

David est formateur aux technologies J2EE, Spring et aux méthodes agiles. C'est un développeur Java particulièrement impliqué dans l'optimisation des performances d'applications complexes. Il se souvient avec émoi de sa première application Java en 1996 et de ses premiers programmes en C sur Atari et Macintosh.

Jean-Claude Grosjean

Ergonome senior et coach agile chez SQLI, puis chez Valtech, Jean-Claude Grosjean partage son temps entre le conseil en ergonomie web et logicielle et l'accompagnement des équipes dans leur pratique de l'agilité, notamment de Scrum. Il allie la pratique de l'édition logicielle à une grande expérience du conseil (eBusiness et User Experience). Dix années au total, au cours desquelles il a pu également se spécialiser dans la gestion de projet, l'ingénierie des exigences et la qualité logicielle.

Jean-Claude travaille sur les méthodes agiles depuis 2005. Ses blogs (*www.agile-ux.com*, en anglais et *www.qualitystreet.fr,* en français) font aujourd'hui référence sur les questions d'ergonomie et d'agilité.

Sa conviction : l'agilité, ça marche !

Marie-Pia Ignace

Marie-Pia Ignace a une expérience concrète de l'efficacité opérationnelle, acquise par la pratique en tant que directeur des opérations. Depuis 2004, elle déploie des démarches Lean dans de grandes entreprises européennes de services. Membre fondateur de l'Institut Lean France, elle contribue à la diffusion du savoir Lean en animant les communautés françaises du Lean dans les services (*www.institut-lean-france.fr*) et dans l'informatique (*http://leansi.enst.fr*).

Freddy Mallet

Freddy Mallet est fondateur de la société Suisse SonarSource SA et créateur de la plate-forme Open Source de suivi de la qualité du code source SONAR (*http://sonar.codehaus.org*). Son diplôme le plus utile semble être son BAFA (Brevet d'aptitude à la fonction d'animateur). Ses différentes couches de sédiments : développeur Java, chef de projet, manager IT, responsable qualité. Son territoire : bassin genevois et Rhône-Alpes.

Régis Medina

Régis Medina est un consultant spécialisé dans l'accélération des projets informatiques. Après avoir découvert l'eXtreme Programming en 1998, il a mis en œuvre cette méthode en tant que coach pendant six ans dans le cadre de grands projets télécom, obtenant des résultats spectaculaires. Il travaille aujourd'hui à l'application des principes du Lean Manufacturing au monde des projets informatiques. Régis est co-auteur du premier livre en Français sur XP, *Gestion de projet eXtreme Programming* (Eyrolles, 2002).

Pascal Pratmarty

Consultant indépendant pratiquant XP depuis 2002, Pascal Pratmarty partage son expérience sur le terrain dans les projets de ses clients. Il sensibilise, forme et accompagne l'ensemble des acteurs sur les aspects humains et techniques. Ses différentes missions, dans des domaines variés, lui ont démontré la motivation et l'engagement que pouvait susciter une approche agile au sein d'une équipe de développement.

Il partage régulièrement sur son blog (*www.extremepill.com*) ses réflexions autour des problématiques complexes de dynamique d'équipe et d'organisations apprenantes. Son offre de service est accessible sur le site *www.agitude.fr.*

Alain Pujol

Depuis quatre ans, Alain se consacre principalement au conseil en entreprise pour la mise en œuvre du CMMI, modèle qu'il a découvert via le CMM en 1994 dans un grand groupe industriel. Évaluateur officiel CMMI, il aide à définir des plans d'actions d'amélioration et accompagne leur mise en œuvre, soit en aidant à l'introduction des bonnes pratiques préconisées par le modèle, soit en pilotant lui-même le projet d'amélioration. Quel que soit le contexte, il s'appuie sur ses compétences, tant techniques que de gestion de projet, acquises au cours des années passées en tant qu'informaticien de terrain, sans oublier une composante de formateur, établie depuis de nombreuses années.

Jean Tabaka

Jean Tabaka est coach et mentor agile chez Rally Software Development. En plus d'être *Certified Scrum Trainer and Practitioner*, elle est aussi *Certified Professional Facilitator*. Ses passions alliées à ses compétences sont mises en œuvre dans différentes organisations, grandes ou petites, centralisées ou distribuées, toutes désireuses d'adopter le meilleur des méthodes agiles et d'obtenir le meilleur de leurs équipes. Auteur de l'ouvrage *Collaboration Explained*, dans la série *Agile Software Development*, Jean a obtenu un master en sciences de l'informatique à l'Université Johns-Hopkins. Lorsqu'elle n'est pas en train de partager sa passion des méthodes agiles avec ses clients, elle réside à Boulder, Colorado, États-Unis.

Dominic Williams

Dominic Williams (*http://dominicwilliams.net*) pratique l'eXtreme Programming depuis 1999. Il a été coach de nombreuses équipes XP, a dirigé plusieurs groupes de travail en méthodologie et est co-auteur du livre *Gestion de projet eXtreme Programming* (Eyrolles, 2002). Il est actuellement directeur R&D chez un éditeur de serveurs télécoms et anime le développement du logiciel libre Extreme Forge (*http://extremeforge.net*), un environnement de développement et de collaboration dédié aux équipes XP utilisant Erlang.

B

Les outils de gestion de projet

Planification, suivi de projet

Dans la famille des produits dédiés à la gestion de projet, on trouve, en plus des « classiques », de plus en plus d'outils Open Source.

- **MS Project** permet de planifier les projets et les ressources, et d'assurer le suivi des projets pendant leur réalisation. Par visualisation graphique, cet outil permet de communiquer efficacement sur les plannings et leur avancement (*www.microsoft.com/france/office/project/*).

- **Ca Clarity PPM On Demand,** propose des modules autour des principales activités du chef de projet : finance et budgets, planning, allocation et suivi des ressources (*www.ca.com/us/online-project-management-software.aspx*).

- **PSNext** (Sciforma) est une solution de gestion de portefeuilles de projets (*www.sciforma.com*).

- **Open Workbench** est une application open source, alternative à MS Project (*www.openworkbench.org*).

- **Ganttproject** permet la planification de projets à l'aide du diagramme de Gantt. Il propose les fonctionnalités de base de ce type d'outil, comme la création des activités, l'affectation des ressources, la gestion des dépendances et de l'avancement (*www.ganttproject.biz/*).

- **Critical Tools** constitue un ensemble d'outils d'aide à la création de structure de découpage (WBS) et de diagramme Pert (*www.criticaltools.com*).

- **Planzone Entreprise** est un logiciel collaboratif de gestion de projet en mode SaaS (*www.augeo.com/fr/produits/planzone.html*).

- **DotProject** est un outil libre pour le suivi de projet en environnement web autour de la gestion de projets et le reporting (*www.dotproject.net*).

- **Xplanner** est un outil de planification et de suivi pour projets XP (*http://xplanner.org*).

- **Zoho Projects** (*http://projects.zoho.com/home.na*).

- **TaskJuggler** est un outil de gestion de projet open source (*www.taskjuggler.org*).

- Parmi les autres produits : **Double Chocco Latte** (*http://dcl.sourceforge.net*).

Pour plus d'informations, consulter le site du CXP : *www.cxp.fr/domaine-expertise_gestion-projet.htm*

Outils spécifiques dédiés à la gestion de projet agile

Certains éditeurs, positionnés plus particulièrement sur le développement agile, proposent des outils intégrés :

- **Rally Software Development** est une suite comprenant la gestion des exigences et du backlog, la planification et le suivi, la gestion des tests et des défauts (*www.rallydev.com*).

- **VersionOne** est une offre constituée de modules de gestion des demandes, des fonctionnalités, des activités, des problèmes, des tests, des défauts et des modules de planification (*www.versionone.com*).

- **IceScrum2** est destiné aux équipes qui développent des projets en utilisant Scrum ou une autre méthode agile (*www.icescrum.org*).

- **ScrumWorks Pro,** Danube Technologies, est un système collaboratif qui permet à l'équipe, aux clients, au product owner, de suivre un projet Scrum, aux niveaux du programme, du produit, de la release et du sprint (*http://danube.com/scrumworks*).

- **Visual Studio Team System (VSTS) 2010** est un environnement composé de Visual Studio pour la conception, le codage et les tests, et de Team Foundation Server pour la gestion de projet, des sources, des demandes de changements, des builds, des tests et de la qualité. VSTS 2010 supporte maintenant Scrum en natif au travers du template MSF (*Microsoft Solution Framework*) Agile V5. L'utilisation d'Excel et de MSProject, en mode connecté à Team Foundation Server, permettent de gérer les backlogs produits et de sprints (pour ces termes voir le glossaire en annexe C).

- **Project Management Assistant,** Time Performance, est un logiciel de gestion de projet différent avec une approche légère, souple et collaborative. Avec PMA, le chef de projet se concentre sur l'essentiel : le pilotage du projet (*www.timeperformance.com/pma/logiciel-gestion-de-projets-pma*).

- **Change Vision,** Trichord, est un outil de gestion de projet agile simple (*http://trichord.change-vision.com/en/index.html*).

- **Mingle,** ThoughtWorks Studios (*www.thoughtworks-studios.com/mingle-agile-project-management*).

- **Agilo** (*www.agile42.com/cms/pages/agilo/*).

- **Management Dashboard, Agitar** (*www.agitar.com/solutions/products/dashboard_ reports.html*).

- **Scrum for Team Systems** (*www.scrumforteamsystem.com/en/default.aspx*).
- **Urban Turtle** (*www.urbanturtle.com/*).
- **Agile on Demand** (*www.serena.com/products/agile-software/*).
- **XP Plan-it** (*www.itwks.com/products/xp-planit.html*).
- **Twiki XP Tracker plugin** (*twiki.org/cgi-bin/view/Plugins/XpTrackerPlugin*).

Pour davantage d'informations sur les outils de gestion de projet agile, voir *www.user-stories.com/products*.

Gestion de la connaissance, communication

Ce sont les outils qui facilitent la communication entre les différents acteurs d'un projet.

Wikis et blogs

Un *wiki* est un système de gestion de contenu de site web qui rend les pages web librement et également modifiables par tous les visiteurs autorisés. On utilise les wikis pour faciliter l'écriture collaborative de documents avec un minimum de contraintes. On y accède en lecture comme en écriture, avec un navigateur Web classique. Chaque page web contient de nombreux liens qui la relient à d'autres pages.

Un wiki peut être créé pour un projet, chaque collaborateur alimentant le site avec sa propre production, partageant, ainsi, avec tout le monde la connaissance du projet.

Un *blog* est « un site web constitué par la réunion d'un ensemble de billets classés par ordre chronologique. Chaque billet (appelé aussi note ou article) est, à l'image d'un journal de bord ou d'un journal intime, un ajout au blog ; le blogueur (celui qui tient le blog) y porte un texte, souvent enrichi d'hyperliens et d'éléments multimédias, sur lequel chaque lecteur peut généralement apporter des commentaires » (Wikipédia).

Un blog peut constituer un élément de la politique de communication du projet, son « journal de bord » pour communiquer sur l'avancement, les résultats des itérations, le contenu des rétrospectives…

Chat et messagerie instantanée

Ces outils de communication « en direct » facilitent les échanges entre plusieurs ordinateurs connectés, et donc les dialogues interactifs. Ils remplacent utilement les conversations en face à face lorsque celles-ci ne sont pas possibles d'un point de vue logistique. Privilégier tout de même le téléphone ou le déplacement.

Conférence électronique

Le principe de la conférence électronique est de réunir des personnes distantes géographiquement ; ces réunions à distance sont basées sur la technologie du Web ; bénéficiant de l'image, les participants peuvent ainsi converser de visu. Tout comme dans une réunion classique, un animateur ou « modérateur » relance et recadre les échanges.

C

Glossaire

Backlog (product ou *iteration* ou *sprint)*

Liste d'exigences priorisées et grossièrement estimées au niveau du produit (product backlog) ou sous-ensemble de cette liste pour l'itération en cours (iteration ou sprint backlog).

Burndown chart

Représentation graphique (sous forme de courbe) du travail restant à faire, actualisé chaque jour de l'itération.

Chemin critique

Sur un diagramme de réseau, c'est le chemin le plus long dans l'enchaînement des activités. Tout retard sur une activité positionnée sur le chemin critique induit automatiquement un retard sur le projet.

CMMI (Capability Maturity Model Integration)

Modèle, mis au point par le SEI (Software Engineering Institute), qui mesure la maturité des organisations pour le développement logiciel, matériel ou système ; c'est un recueil de bonnes pratiques, organisées en cinq niveaux de maturité et vingt-deux domaines de processus.

Cycle de vie

C'est « un ensemble, généralement séquentiel, de phases de projet, dont le nom et le nombre sont déterminés en fonction des besoins de suivi par l'(es) organisation(s) impliquée(s) dans le projet » (voir PMI, Project Management Institute).

Diagramme de Gantt

Représentation graphique permettant de visualiser l'ordonnancement (enchaînement) et la planification (positionnement dans le temps) des activités nécessaires à la réalisation d'un projet.

Diagramme de réseau

Représentation graphique des dépendances entre les activités d'un projet. L'objectif est de trouver le meilleur ordonnancement pour que les ressources soient optimisées (délai, disponibilité, compétences, coût, faisabilité…).

« Done »

État d'une exigence ou d'une fonctionnalité lorsqu'elle est globalement acceptée par toutes les parties prenantes et lorsqu'elle satisfait aux attentes du client : développée, testée, documentée, validée et potentiellement mise en production.

Feedback

L'une des valeurs essentielles des méthodes agiles : recueillir, le plus fréquemment possible, les appréciations, les impressions, les remarques, le ressenti, des acteurs du projet sur le produit, sur les conditions de réalisation, sur la méthodologie, sur les relations au sein de l'équipe… On l'obtient grâce à la collaboration.

Incrément

La ou les fonctionnalité(s) supplémentaire(s) développée(s) et livrée(s) par l'équipe à chaque itération. C'est l'apport de valeur pour le client à chaque itération.

Intégration continue

Action visant à consolider tous les développements, le plus fréquemment possible (tous les jours, toutes les heures…), afin d'obtenir une application testable dans son ensemble.

Itération

Espace de temps répétitif – une boucle –, de quelques semaines, au cours duquel une ou plusieurs fonctionnalité(s) est(sont) développée(s) ; tous les acteurs y sont impliqués. L'utilisateur visualise un résultat tangible. Il restitue son feedback.

Maîtrise d'œuvre

Entité qui réalise « l'ouvrage » : elle détermine, avec la maîtrise d'ouvrage, les conditions de la réalisation, les délais et le budget. Elle est responsable des choix techniques et du bon déroulement du projet.

Maîtrise d'ouvrage

Entité qui achète « l'ouvrage » ; elle porte la vision, définit l'objectif et a la propriété de la liste d'exigences et de leur priorisation. Elle définit, avec la maîtrise d'œuvre, le calendrier et le budget consacrés.

Offshore

Pratique qui consiste, pour une entreprise, à externaliser, c'est-à-dire confier, tout ou partie de ses développements à une autre entreprise, le plus souvent localisée dans des pays étrangers. L'idée d'origine est de réduire les coûts de réalisation grâce à une main-d'œuvre moins chère.

Pair-programming

L'une des pratiques phares de l'eXtreme Programming, qui consiste à faire travailler les développeurs en binôme, sur un même poste de travail.

Planning game

Réunion de planification à laquelle participent le client et l'équipe de réalisation ; le client décrit les fonctionnalités, puis l'équipe estime le coût d'implémentation en listant et en évaluant les activités nécessaires. Cette réunion a lieu avant chaque itération.

PMI (Project Management Institute)

Organisation internationale de standardisation des pratiques en gestion de projet.

Product backlog item

Éléments qui constituent le product backlog : cas d'utilisation, user stories, exigences… Ils sont priorisés et estimés.

Product owner

Représentant de la maîtrise d'ouvrage, du client et des utilisateurs, qui a la responsabilité du product backlog : recensement des items, priorisation en fonction de l'apport de valeur ajoutée, ajout/suppression ou modification d'items.

Refactoring

Opération de maintenance régulière du code, pour en améliorer la qualité, la lisibilité et la simplicité, qui se déroule tout au long du projet.

Reste à faire

Estimation de la charge nécessaire restant à consommer pour l'achèvement d'une activité.

Retrospective

Réunion menée à chaque fin d'itération au cours de laquelle un bilan est dressé : l'équipe s'interroge sur la façon dont elle a travaillé et sur les adaptations éventuellement nécessaires à apporter pour améliorer le processus.

Roadmap

Présentation des dates de sortie des versions majeures d'un produit.

Scrum

Réunion quotidienne de quinze minutes, la « mêlée », au cours de laquelle l'équipe, le ScrumMaster et le product owner font le point sur ce qui a été fait la veille, ce qui va être fait le jour même et les difficultés rencontrées par chacun.

ScrumMaster

Personne chargée de veiller à la bonne application des pratiques de Scrum, de « protéger » l'équipe des éléments perturbateurs externes et de lever tous les obstacles rencontrés dans la réalisation.

Sprint

Itération de trente jours dont le résultat est un ensemble de fonctionnalités validées par le client.

Timeboxing

Principe consistant à définir une échéance fixe pour développer et livrer un ensemble de fonctionnalités. Si le travail planifié n'est pas achevé, on ne décale pas la date de fin, mais on analyse les raisons expliquant ce retard pour apporter rapidement des adaptations.

Team building

Ensemble d'actions visant à renforcer l'esprit d'équipe et à développer la collaboration au sein d'une équipe, et entre celle-ci et ses interlocuteurs extérieurs.

Vélocité

Somme des points correspondant aux fonctionnalités réellement développées au terme d'une itération ; elle détermine la capacité de l'équipe. Cette vélocité est utile pour la planification des itérations suivantes, et est ajustée en fonction des résultats constatés.

D

Bibliographie

Gestion de projet « classique »

J. Printz, C. Deh, B. Mesdon, N. Trèves, *Coûts et durée des projets informatiques. Pratique des modèles d'estimation*, Hermès, 2003.

T. Capers Jones, *Estimating Software Costs*, Mc Graw-Hill, 1998.

Guide du corpus des connaissances en management de projet, 3e édition (Guide PMBOK®), PMI, 2006.

Harold Kerzner, *Project Management, A systems Approach to Planning, Scheduling and Controlling*, Van Nostrand Reinhold puis John Wiley & Sons à partir de la 7e édition.

Walker Royce, *Software Project Management, a unified framework*, Addison Wesley, 1998.

Steve McConnell, *Software Project Survival Guide*, Microsoft Press, 1998.

Gilles Vallet, *Techniques et suivi de projets. Assurer les conditions d'achèvement d'un projet*, Dunod, 2e édition, 2003.

Gestion de projet itérative ou agile

Jim A. Highsmith, *Adaptive Software Development. A collaborative approach to managing complex systems*, Dorset House , 2000.

Robert C. Martin with J. W. Newkirk & R. S. Koss, *Agile Software Development: Principles, Patterns and Practices*, Prentice Hall, 2003.

Mike Cohn, *Agile Estimating and Planning*, Prentice Hall, 2004.

Mike Cohn, *Succeeding with Agile, Software Development using Scrum*, Addison-Wesley, 2009.

Craig Larman, *Agile & Iterative Development. A managers'guide*, Addison Wesley, 2003.

Robert C. Martin, K. Schwaber, M. Beedle, *Agile Software Development With Scrum*, Prentice Hall/Series in agile software development, 2001.

Ken Schwaber, *Agile Project Management with Scrum*, Microsoft Professionnal, 2004.

Alistair Cockburn, *Crystal Clear, a Human-Powered Methodology for Small Teams*, Addison Wesley, 2004.

The DSDM consortium, Jennifer Stapleton edt., *DSDM, Business focused development, 2nd edition*, Addison Wesley, 2003.

Jean-Pierre Vickoff, *Estimation et architecture des développements Agiles*, Hermès, 2005.

Esther Derby, Diana Larsen, *Agile Retrospectives, Making Good Teams Great*, Pragmatic Bookshelf, 2006.

Kent Beck, *Extreme Programming Explained: Embrace change*, Addison Wesley, 1999.

J.-L. Bénard, L. Bossavit, R. Medina, D. Williams, *Gestion de projet, eXtreme Programming*, Eyrolles, 2002.

I. Jacobson, G. Booch, J. Rumbaugh, *Le Processus unifié de développement logiciel*, Eyrolles, 2003.

Alistair Cockburn, *Rédiger des cas d'utilisation efficaces*, Eyrolles, 2001.

Philippe Kruchten, *The Rational Unified Process, an introduction*, Addison Wesley/O.T. series, 1998.

I. Jacobson, G. Booch, J. Rumbaugh, *The Unified Software Development Process*, Addison Wesley/O.T. series, 1999.

Steve McConnell, *Rapid Development, Taming wild software schedules*, Microsoft Press, 1996.

Steve McConnell, *Software Estimation: Demystifying the Black Art, Microsoft Press*, 2006.

Lean

Mary Poppendieck, Tom Poppendieck, *Lean Software Development. An agile toolkit*, Addison Wesley, 2003.

James P. Womack, Daniel T. Jones, Daniel Roos, *The Machine That Changed the World: The Story of Lean Production*, HarperPaperbacks, 1991, Free Press, 2007.

Jeffrey K. Liker, *The Toyota Way: 14 Management Principles from the World's Greatest Manufacturer*, McGraw-Hill Professional, 2004.

J. Morgan, J. K. Liker, *The Toyota Product Development System*, Productivity Press, 2006.

Freddy Ballé, Mickael Ballé, *The Gold Mine: A Novel of Lean Turnaround*, Lean Enterprises Inst Inc, 2005.

Agilité, management des équipes et des hommes, coaching

Jean Tabaka, *Collaboration Explained, Facilitation Skills for Software Project Leaders*, Addison Wesley, 2006.

Jérôme Barrand, *Le Manager agile. Vers un nouveau management pour affronter la turbulence*, Dunod, 2006.

Jérôme Barrand *et al.*, *L'Entreprise agile : Agir pour une performance durable*, Dunod, mars 2010.

Olivier Badot, *Théorie de l'« entreprise agile »*, L'Harmattan, 1997.

Fons Trompenaars, *L'Entreprise multiculturelle*, Éditions Maxima, 1993.

James Surowiecki, *The Wisdom of Crowds: Why the Many Are Smarter Than the Few and How Collective Wisdom Shapes Business, Economies, Societies and Nations* Doubleday, 2004.

Jon Katzenbach, Douglas Smith, *The Wisdom of Teams: Creating the high-performance organization*, Harpercollins, 1993.

Tom De Marco, Timothy Lister, *Peopleware : Productive Projects and Teams*, Dorset House Publishing Company, 1999.

Bernadette Lecerf-Thomas, *L'informatique managériale, relations et approche systémique*, Hermès, 2006.

Patrick Lencioni, *The Five Dysfunctions of a Team*, Jossey-Bass, 2002.

Spencer Johnson, *Qui a piqué mon fromage ?*, Michel Lafon, 1998, 2000.

Michel Giffard, Michel Moral, *Coaching d'équipe*, Armand Colin, 2007.

Jacques-Antoine Malarewicz, *Réussir son coaching, une approche systémique*, Pearson Education France, 2007.

Rachel Davies, Liz Sedley, *Agile Coaching*, Pragmatic Bookshelf, 2009.

Tayeb Louafa, Francis-Luc Perret, *Créativité et innovation, l'intelligence collective au service du management de projet,* Presses polytechniques et universitaires romandes, 2008.

Cette liste n'est évidemment pas exhaustive, dans les domaines cités.

Imprimé en Allemagne par BoD
Dépôt légal : octobre 2018